Sushi
EN SHOSHOLOZA

—

Rugbyreise en pelgrimstogte in Japan

ERNS GRUNDLING

QUEILLERIE

Queillerie
is 'n druknaam van NB-Uitgewers,
'n afdeling van Media24 Boeke (Edms) Beperk,
Heerengracht 40, Kaapstad

Omslagontwerp: Mike Cruywagen
Fotografie op omslag: Shutterstock
Geset in 11 op 14 pt Sabon deur Susan Bloemhof

Oorspronklik gedruk in Suid-Afrika
ISBN: 978-0-7958-0210-2 (Eerste uitgawe, eerste druk 2019)

LSiPOD: 978-0-7958-0213-3 (Tweede uitgawe, eerste druk 2019)

Eerste uitgawe 2019
ISBN 978-0-7958-0211-9 (epub)
ISBN 978-0-7958-0212-6 (mobi)

Vir Catharien

"One life, one encounter." – Sen no Rikyu (1522-1591)

Tokio

Die Daruma-pop is 'n Japannese simbool van uithouvermoë. Dit is rond, in die vorm van 'n bebaarde man se kop, en meestal rooi. Die wenkbroue is ruig en gekrul. Dit gee die pop 'n vasberade, byna moerige gesigsuitdrukking. Sy oë is spierwit, sonder pupille.

Die pop verteenwoordig Bodhidharma, 'n Boeddhistiese monnik wat in die vyfde of sesde eeu in China geleef het. Hy word beskou as die vader van Chan-Boeddhisme, wat in die twaalfde eeu in Japan as Zen gevestig is. In Japan staan Bodhidharma as Daruma bekend.

Daar is baie legendes oor Daruma. Hy het glo in 'n stadium nege jaar lank in 'n grot gesit en mediteer en nie 'n woord gepraat nie. Toe hy ná sewe jaar van sit aan die slaap geraak het, het hy uit frustrasie sy ooglede afgesny. Die ooglede het op die grond geval en die eerste teeplante het daaruit ontspring.

Volgens nóg 'n weergawe van die legende het hy só lank in die grot gesit dat sy arms en bene weggekwyn en afgeval het. Dit is glo waarom die Daruma-pop slegs sy kop uitbeeld.

Dié poppies, wat wissel in grootte, is baie gewilde gelukbringers in Japan. Winkels, restaurante en selfs sake-ondernemings het dikwels iewers 'n rooi Daruma op 'n rak. Soms met slegs een wit oog, soms met twee swart pupille wat stip kyk.

Dit werk so: Jy moet iets wens, of vir jouself 'n doelwit stel. Verf dan 'n pupil in die pop se linkeroog. Plaas die pop op 'n prominente plek, wat jou gereeld aan die doel voor oë herinner.

Wanneer jou wens waar word of jy jou doelwit bereik, verf jy dan 'n pupil ook in die pop se regteroog.

* * *

"Alles gaan in plek val en alles gaan gedoen kom op een of ander manier . . . Everything is going to be OK in the end. And if it's not yet OK, it's not yet the end."

Ek lees hierdie gerusstellende WhatsApp-boodskap van my meisie, Catharien, 'n paar keer op Qatar Airways se vlug QR 806 tussen Doha en Tokio.

Oor 'n paar uur land ek en 'n klein kameraspan op 'n eiland in die Stille Oseaan. Honshu, Japan se hoofeiland. Ons vlieg na die Narita-lughawe in Tokio . . . die grootste metropolitaanse gebied op aarde, met agt-en-dertigmiljoen inwoners. Meer as 15 000 kilometer, soos die kraai vlieg (nie dat die kraai ooit so ver sal vlieg nie), van Kaapstad. Ek vlieg al lánk.

My eerste vlug was van Kaapstad na Johannesburg, waar ek die kameraspan ontmoet het. Ons gaan vir vyf weke in Japan reis om die kykNET-reeks *Elders: Japan* te skiet. Van Johannesburg het ons nege uur gevlieg tot in Doha in Qatar. En nou is ons op die laaste skof, van Qatar na Tokio – meer as tien ure.

Dit is my tweede *Elders*-reeks in die buiteland. In September 2017 het ek en 'n kameraspan na Spanje gereis vir die eerste een, *Elders: Die Camino*. Ek was goed voorbereid en het geweet wat om te verwag, aangesien ek reeds in 2015 die Camino gestap het.

Met Japan het ek weinig sekerhede. My omstandighede is ook baie anders as tydens daardie eerste reeks. Ek werk nie meer voltyds as joernalis by die reistydskrif *Weg* nie. Deesdae is ek my eie, streng baas. Hoewel ek genoeg opwindende projekte het om brood – en soms sushi – op die tafel te sit, bly admin en deadlines twee van my grootste uitdagings. Ek trap in al die voorspelbare strikke van vryskutwerk in 'n poging om die nuwe normaal van "famine or fortune" te bestuur. Ek pak te veel projekte op dieselfde tyd aan en sê bitter selde "nee dankie".

Dit is juis waarom ek nou so angstig is hier op drie-en-dertigduisend voet. Ek het verskeie stukke vryskutwerk – wat 'n boekprojek en 'n *Weg*-artikel oor die kusdorp Port Edward insluit – wat nie afgehandel is nie. Ek sal dit noodwendig in Japan moet klaarmaak, en ek weet uit vorige reisreekse (ook binne Suid-Afrika) hoe moeilik dit is om enige ander werk tydens so 'n produksie te doen. Gelukkig is Japan se wi-fi glo vinnig en betroubaar . . .

Ek en Catharien het boonop 'n paar maande gelede saam 'n huisie gekoop in die Kaap, en twee honde, Suki en Mika, gekry. Ons behoort darem daagliks in kontak te wees, maar dit is 'n lang tyd weg van die huis af.

Toe ek haar gisteroggend groet, het die gerusstellende klankbaan van die Franse kunsfliek *Amélie* in die Uber gespeel. Ons het dit albei as 'n goeie teken ervaar.

Vir die Japan-reeks het ek 'n nuwe span.

PJ Kotzé van Bonanza Films dra verskeie hoede: Buiten dat hy die reeks saam met my vervaardig, is hy ook regisseur, kameraman en redigeerder. PJ is 'n briljante filmmaker en 'n koelkop vennoot. Ons het die afgelope ses maande baie lekker saamgewerk aan die beplanning vir die reeks.

Die groot uitdaging was om kontantborge vas te maak. Ons het aan meer as dertig deure geklop, ure in raadsale uitgekolf, lank gewag op antwoorde, aanhou opvolg, die frases "the show and concept is not in line with the strategic objectives", "we have to decline" en "we have already allocated our budget" intiem leer ken, en meer as een keer moed verloor.

Uiteindelik – en net betyds – het ons die reeks se borge bevestig: Toyota SA, ClemenGold Gin, Showmax en Sure Travel. Cape Union Mart het ook ingestem tot 'n ruilooreenkoms, wat baie gehelp het met ons klere en toerusting.

PJ se vrou, Roxanne Ferreira, reis saam. Sy is ons produksiebestuurder en doen ook kamerawerk. Roxanne het reeds baie gehelp met ons beplanning en logistiek. Ek waardeer haar geesdrif vir die projek. Sy het voor ons vertrek vir my 'n notaboekie met 'n "maneki-neko" – daardie bekende wuiwende katjie wat in Japan as 'n teken van voorspoed beskou word – op die voorblad persent gegee. Roxanne het ook vir ons *Elders*-besigheidskaartjies laat druk, iets wat ons beslis gaan nodig kry in Japan.

Die vierde lid van ons span is Jaen Kleynhans. Hy is 'n puik kameraman en redigeerder. Jaen het saam met PJ die redigering van my Camino-reeks gedoen. Ek het hom toe goed leer ken, en geniet sy aweregse sin vir humor. Hy is 'n meester wanneer dit by woordspel kom. Reeds op Doha se lughawe het hy opgemerk dat ons deur "Dohane" moet gaan.

Jaen het 'n neut-allergie, so ons moet almal mooi kophou. Hy het op sy foon 'n kaartjie gestoor wat in Japannees sê: "Due to allergies, I cannot eat any nuts or peanuts including their oils. Thank you for understanding."

Vir die veiligheid het hy ook EpiPens, oftewel adrenalieninspuitings, ingepak. Ek hoop van harte ons het nie in Japan 'n *Pulp Fiction*-agtige toneel soos waar John Travolta inderhaas vir Uma Thurman moes inspuit nie. Jaen het al geterg dat, indien ek sou sumo-stoei in Japan, ék dalk ná die tyd 'n EpiPen gaan nodig hê . . .

Dit gaan intens wees om vir vyf weke voltyds saam te reis en vrek hard te werk in 'n vreemde land, maar ek het volle vertroue in die span. PJ en Jaen moes tydens die eerste reeks se redigering ure en ure se beeldmateriaal van my in Spanje deurwerk. Hulle ken my – en my streke – goed.

Hoekom Japan? Ek kon seker op 'n makliker of meer bekende bestemming besluit het, soos die Portugese Camino. Ek het egter gevoel dit is tyd vir 'n nuwe avontuur, verkieslik na 'n onbekende en eiesoortige plek.

Ek wil hierdie antieke en mistieke land, wat so dramaties van my leefwêreld verskil, gaan verken. Die vooruitsig van so 'n lang besoek aan Japan – veral met die uitdaging van 'n TV-reeks skiet – is iets wat my opgewonde maak én heeltemal uitfreak.

Tydens my navorsing het ek na 'n Japan-podcast deur Dan Carlin geluister. Hy haal die historikus R. Taggart Murphy aan wat Japan beskryf as "unquestionably the most distinctive of all modern industrial societies, culture wise".

Ek het maar onlangs eers raakgelees dat Jan van Riebeeck Japan in die 1640's besoek het as werknemer van die VOC. Hy het glo die voorstel gemaak om dierevelle van die Kaap na Japan uit te voer. Wie weet, dalk het daardie voorstel 'n rol gespeel in die VOC se besluit om hom in 1652 na die Kaap te stuur.

Met die Rugbywêreldbeker wat vanaf 20 September tot 2 November 2019 in Japan plaasvind, gaan die reeks ook 'n sterk rugbyfokus hê. Ons reisplan sluit buiten Tokio stede soos Nagoya, Toyota City, Osaka, Kyoto en Hiroshima in.

Ek wil ook graag die ikoniese Mount Fuji uitklim – mits die weer dit toelaat – en twee pelgrimstogte gaan stap. Die weer was egter tot dusver 'n groot bekommernis. Verlede maand, September 2018, het Tifoon Jebi – glo die magtigste tifoon in vyf-en-twintig jaar – Japan getref en grootskaalse skade veroorsaak . . .

* * *

Ek is nie die eerste Grundling in ons gesin wat Japan besoek nie. My sussie, Charlotte, het in 2010 baie impulsief saam met 'n vorige kêrel wat daar moes gaan werk na Japan gereis, vir nie veel langer as 'n langnaweek nie.

Sy het onder meer Tokio, Kyoto en Hiroshima besoek. Iewers in Kyoto het sy vir haar 'n peperduur goue kimono aangeskaf. Hoewel sy nog nie in Europa of elders in Asië gereis het nie, het sy Japan as "die Parys van die Ooste" beskryf. Sy was lank ná daardie kort vakansie heeltemal verlief op die land.

My eie blootstelling aan Japannese kultuur is baie beperk. Ek het as kind die animasiereekse *Heidi* en *Nils Holgersson* slaafs gevolg, sonder dat ek besef het dit was Japannese animasie.

Dit het niks met die land te doen nie, maar Uitenhage (my grootworddorp) se dorpspan het ook 'n wildewragtig-rugbyspeler met die naam Japan le Roux gehad.

Op hoërskool het 'n Afrikaans-onderwyser, Joe Cloete, my bekendgestel aan die Japannese haiku-digvorm. Die heel eerste gedigte wat ek geskryf het, was haiku's. In my matriekjaar het Joe 'n haiku-bundel, *Deur die oog van die son*, saamgestel en self uitgegee.

Ek is nogal 'n opgaarder en het twee jaar gelede die opruimkenner Marie Kondo se topverkoperboek *The Life-Changing Magic of Tidying Up* gekoop. Die boek sit helaas nog ongelees op my rak.

* * *

Ons het reeds in Kaapstad die reeks se eerste episode geskiet. Ek het met die oud-Springbok en rugbykommentator Toks van der Linde 'n onderhoud gevoer in my gunsteling sushi-restaurant, Obi, in Langstraat. Hy was baie gaaf en het lekker gelag vir my "Toks en Chopsticks"-grappie toe ons sushi kom. Ek het ook opnuut besef dat ek uiters onhandig is met chopsticks . . .

Obi se mede-eienaar en sjef is die legendariese Papa San, wat al dekades lank in Kaapstad woon en werk. Hy was in die tagtigerjare op televisie te sien in 'n Douglas Green-advertensie ("Where Douglas Green?").

Papa San werk op 76 steeds voltyds en speel elke week gholf. Hy het my 'n paar basiese Japannese woorde geleer. In my hempsak het ek 'n klein stukkie papier met Papa San se handgeskrewe notas. "Arigatou gozaimasu" ("Baie dankie"), "Konnichiwa" ("Goeiedag"), "Sayonara" ("Totsiens").

My vriend Botha Kruger en sy vrou, Hilda, het 'n aanlyn besigheid, Waza, wat huishoudelike produkte en gereedskap van Japan na Suid-Afrika invoer. Hulle het onlangs saam met twee ander vennote ook die JPN Concept Store in Soutrivier begin.

Ons het by dié winkel ook geskiet. Botha, wat my baie gehelp het met navorsing en wenke oor Japan, het my meer vertel van etiket – iets waarop die Japannese baie gesteld is. Hy het my wel gerusgestel dat ek waarskynlik elke tien minute 'n fout gaan maak, maar dat die Japannese dit darem met grasie sal hanteer.

"Solank jy nie hard praat op die trein nie en jou skoene uittrek waar jy dit moet uittrek. Sê asseblief, sê dankie, wees bedagsaam. Dit is maar goeie ou maniere," het hy aan my verduidelik.

Ons het ook geskiet by Stellenbosch se Botaniese Tuin, 'n plek wat 'n interessante verbintenis met Japan het: Sade van bome wat op wonderbaarlike wyse die 1945-atoombom in Hiroshima oorleef het, is aan dié tuin geskenk en leef nou daar voort as bonsaibome.

Die tuin se bonsaiversameling is iets besonders. Ek het daar gesels met die oudjoernalis en kurator van die SA Bonsai-erfenisversameling, Willem Pretorius.

"Die doel is nie om 'n boom na 'n bonsai te laat lyk nie, maar om 'n bonsai na 'n boom te laat lyk. Dit is 'n groot kuns," het hy gesê. Die boompies kan ouer as eenduisend-vyfhonderd jaar word. Hy het Tokio terloops beskryf as die "stilste" stad wat hy ken.

Ek het ook met 'n vriend van Willem, dr. Gert van Tonder,

gesels. Hy is 'n neurowetenskaplike en landskapkenner wat tot onlangs saam met sy gesin in Kyoto gewoon het en tans mostuine ontwerp.

* * *

Ek het Catharien einde Januarie 2016 op die sosialemedia-app Tinder ontmoet. Dit was 'n bietjie meer as ses maande nadat ek my eerste Camino gestap het.

Die ironie ontgaan my nie dat ek vir veertig dae in Spanje op 'n digitale detoks was en sonder my iPhone gaan stap het, net om uiteindelik via 'n app liefde te vind . . .

Catharien was die eerste persoon met wie ek 'n gesprek op Tinder gevoer het, en toe ook my eerste Tinder-date. (Niemand wil dít natuurlik glo nie.) Ons tweede afspraak sou 'n buitelugfliek by Kirstenbosch gewees het, maar weens goor weer het ons eerder op die Labia-rolprentteater in die Tuine besluit. Die fliek wat ons gekies het, *The Revenant* met Leonardo DiCaprio, sal waarskynlik nooit 'n lys van goeie date-night-flieks haal nie. Veral aangesien Leonardo se karakter vroeg in die fliek drie minute lank in 'n bloedige geveg met 'n beer betrokke raak.

By die Labia het ons eers drankies bestel. Catharien het vertel dat sy nie 'n produktiewe dag tuis as vryskut gehad het nie, want sy het die Proteas se eendagkrieketwedstryd teen Engeland gevolg. Dit was reeds vir my goeie nuus, want ek het gehou van die vooruitsig van 'n meisie met wie ek oor krieket kan gesels.

Nog voor ek haar kon vra of sy dalk ook rugby kyk, sê sy: "Die volgende Rugbywêreldbeker is mos in Japan. Ek wil nou al begin spaar om soontoe te kan gaan."

Ek merk nie sekere boksies af wanneer ek iemand ontmoet nie, maar toe sy dít sê, het ek gedink: She's a keeper.

* * *

Ek was van kleins af rugbymal. Ek het in die tagtigerjare grootgeword op Uitenhage. Dit was in apartheid se beseringstyd, met Suid-Afrika steeds in sport-isolasie. Die naaste wat ons kon kom aan 'n toetswedstryd, was 'n Curriebekereindstryd tussen die WP en die Blou Bulle.

Ondanks die sportboikot het ek, soos die meeste ander seuns, daarvan gedroom om eendag vir die Springbokke uit te draf. Ek het gehoop op 'n hupstoot van my pa se gene – hy was op hoërskool 'n Cravenweek-senter en het vir die OP se o.20-span gespeel. Op universiteit het hy sy sleutelbeen gebreek tydens 'n plettervat deur die Bok-kaptein Hannes Marais.

My pa kon egter ná 'n groot motorongeluk as jong man nooit weer rugby speel nie, maar was wel later jare 'n skeidsregter in die OP-liga. Ek het dikwels saam met hom gegaan wanneer hy Saterdae op klein dorpies soos Patensie en Kirkwood "gaan blaas" het.

Ek het I.D. du Plessis se boek *Die Silwervaring* (1933) in standerd drie skelm in die wetenskapklas gelees. Dit gaan oor 'n toetsreeks tussen die Springbokke en die All Blacks in Nieu-Seeland.

Die destydse TV-reeks *Springbok Sage* was 'n terugblik op Suid-Afrika se toetsrugbygeskiedenis. Die laaste episode het dramaties geëindig met die wapens van die toetsunies regoor die wêreld, en 'n stem wat die hoop uitspreek dat die Springbokke weer eendag internasionaal sou mag meeding.

Daardie beelde in *Springbok Sage* was van die min kere in my jeug wat ek voor die TV tranerig geword het. ('n Ander keer was toe Dawie die Kabouter en sy vrou gesterf en in bome verander het.)

Ek het my middae omgespeel, alleen in die agterplaas met 'n Super Springbok-rugbybal, en voor 'n skare van nul in my verbeelding wendrieë in 'n Wêreldbekerfinaal teen die All Blacks gedruk.

Op die werklike rugbyveld was ek helaas minder suksesvol. Teen 1989 was ek in standerd twee en 'n lomp, korterige slot in die o.13B-span van die Laerskool Handhaaf. Daar sou wedstryde kom en gaan dat ek nie eens aan die bal geraak het nie. Selfs nie in lynstane nie.

In dieselfde jaar het twee boeke my lewe verander. Met puberteit om die draai en Noord-Transvaal op pad na nóg 'n Curriebeker-eindstryd, het my ma dit goedgedink om een middag ná skool dr. Jan van Elfen se *Wat seuns wil weet* en Edward Griffiths se Naas Botha-biografie (bloot getiteld *Naas*) heel diskreet op my bed neer te sit.

Ek weet nie wat Freud hiervan sou sê nie, maar ek het albei boeke met groot ywer begin lees, sommer in tandem. Ek het nooit weer dieselfde na meisies óf na Naas Botha gekyk nie.

Een sin uit *Naas* het my hewig ontstel. Edward Griffiths het op 'n filosofiese trajek gegaan oor hoe belangrik jou omstandighede is om sukses in die lewe te behaal. As Naas byvoorbeeld in China gewoon het, het die skrywer retories gevra, sou hy ooit rugby gespeel het? Dit is sekerlik 'n geldige vraag, maar toe vra hy ook: "Sou ons ooit van Naas Botha gehoor het, vra hulle, as hy byvoorbeeld op Uitenhage grootgeword het?"

Ek het die boek eenkant toe gesmyt en my eerder verdiep in 'n hoofstuk in die ander boek, waar dr. Van Elfen masturbasie afmaak as "niks anders as seks op eie houtjie nie".

Edward Griffiths het duidelik vergeet dat Christo van Rensburg op Uitenhage grootgeword én op Wimbledon tennis gespeel het. En dat ons buurdorp Despatch se rugbyklub twee keer in die tagtigerjare nasionale klubkampioene was.

Danie Gerber, die Doring van Despatch, het skaars tien kilometer van my ouerhuis af gewoon. Frans "Domkrag" Erasmus, wat die dowe rugbykenner Zandberg Jansen altyd aan die einde van sy TV-program *Rugby Forum* met "Nag, ou Grote" gegroet het, was nog een van my groot helde.

In standerd ses het ek byna oornag in 'n naelloper ontpop en vinnig in die agterlyn – eers senter, later vleuel – my plek oopgespeel. Ek was nooit lief vir duikslae nie, maar was nog-al 'n drieëvraat. In matriek het ek selfs 'n paar wedstryde vir Hoërskool Brandwag se eerste span gespeel, saam met Sean Plaatjies en Wylie Human, wat albei later bekende professionele rugbyspelers geword het.

Maar ek was 'n ongeluksvoël wat beserings betref. Ek het in standerd nege my sleutelbeen gebreek én met my terugkeer harsingskudding opgedoen. Toe ek in matriek voor 'n rugby-toer tydens 'n oefening my neus breek – in 'n desperate poging om die einste Wylie Human te probeer ankle tap – het ek be-sluit om my tokse eerder op te hang. 'n Neusoperasie tydens my laaste Julie-skoolvakansie was nie pret nie.

Koos Kombuis het jare gelede in 'n rubriek geskryf oor hoe hy een oggend wakker geword het met die teleurstellende besef – dalk selfs eksistensiële krisis – dat hy uiteindelik net te oud is om ooit 'n Springbokrugbyspeler te word.

Ek het ook daardie punt bereik. As 38-jarige is al die hui-dige Springbokke – selfs Schalk Brits! – jonger as ek. Soms flous ek myself en droom van nog één kompeterende rugby-wedstryd, maar ek kom gelukkig betyds tot my sinne . . .

* * *

Ek en my vriend JP van Grahamstad gesels dikwels oor Ja-pan. JP is passievol oor bonsai en het 'n groot versameling van die boompies, onder meer verskeie inheemse spesies, in sy tuin.

Hy hou van die stadige en eentonige proses – hoe jy baie lank met 'n bonsai kan werk sonder om werklik vordering te sien. Tot jy op 'n dag so terloops – byna uit die hoek van jou oog – 'n verskil waarneem. En jy gaan ook al lankal dood wees voor die bonsai, wat veel ouer as 'n mens word, op sy heel beste lyk. Om 'n bonsai te versorg verg 'n heel ander fokus en manier van doen.

JP het my van die Japannese konsep "wabi sabi" vertel. Dit is 'n filosofie wat verganklikheid en onvolmaaktheid verwelkom. JP sê in die Weste is ons idee van skoonheid aan iets perfek of simmetries gekoppel, waar dit in Japan presies die teenoorgestelde is. Die volmaan op 'n wolklose aand mag mooi wees, veral vir 'n Westerse oog, maar vir 'n Japannees lyk die maan nóg mooier wanneer dit deels verbloem word deur die takke van 'n kersieboom. Dít is wabi sabi.

JP het my ook vertel van Yoshida Kenko (1284-1350) se werk. Hy was 'n Boeddhistiese monnik en skrywer van *Tsurezuregusa*, oftewel *Essays in Idleness*.

In die Weste het ledigheid 'n negatiewe konnotasie. Volgens JP het Kenko ledigheid eerder as iets positiefs beskou: Dit is 'n geleentheid om werklik oplettend te wees, eerder as om kunsmatige goed na te jaag of net te strewe na wat goed en gemaklik is. "Neem die wonderwerk waar wat om jou aangaan, wat jy raaksien as jy kyk," het JP al meer as een keer opgemerk.

En om dit te doen, moet jy jouself ook kan versoen met die onbekende, soos hierdie vyf weke wat nou op my wag in Japan. Ons weet min of meer watter stede of ervarings ons in die episodes wil insluit, maar daar is baie veranderlikes en onsekerhede.

In Tokio sal ons tuisgaan by die bekende Suid-Afrikaanse predikant Johann Symington en sy vrou, Hennie. Ek het Johann jare gelede by 'n geselligheid of twee raakgeloop en 'n bietjie vryskutwerk gedoen vir Bybel Media op Wellington, waar hy toe gewerk het. Hy is sedert 2013 die senior pastoor by die Tokyo Union Church.

Ek het maar 'n maand gelede gehoor dat die Symingtons nou in Japan woon, en het toe vir hom 'n e-pos gestuur. Hy het vriendelik aangebied om ons vir 'n paar dae in die pastorie te huisves. (Ons het ook vasgestel dat Johann op skool by PJ se ouma elokusielesse geneem het, en later as predikant vir Roxanne gedoop het.)

Ná Tokio het ons verblyf vir vier dae in Toyota City, maar ons moet die maand wat daarop volg se akkommodasie nog als in Japan bespreek, na gelang van hoe ons reisplanne uitwerk. Ons het byna geen bevestigde afsprake nie. (Die beroemde Japannese romanskrywer Haruki Murakami se uitgewer het 'n versoek vir 'n onderhoud vriendelik van die hand gewys.)

Ons is gelukkig 'n klein en ratse span en sal maar moet aanpas by wat ook al gebeur. Kenko het juis eeue gelede geskryf: "The most precious thing in life is its uncertainty."

* * *

Binnekort land ons in Japan. Ek luister weer na Dan Carlin se podcast. Hy vertel kortliks die ongelooflike storie van Hiroo Onoda, 'n luitenant in die Japannese weermag, wat in 1944 op 'n klein eiland in die Filippyne gaan veg het.

Die nuus dat Japan in September 1945 oorgegee en die Tweede Wêreldoorlog beëindig is, het Onoda nooit bereik nie. Hy en 'n paar makkers het eenvoudig aangehou met guerrilla-oorlogvoering daar op die eiland. Dit het dekades lank voortgeduur. Onoda het, soos die meerderheid Japannese onder die keiser vóór die Tweede Wêreldoorlog, vas geglo Japan sal nooit oorgee nie. Japan sou slegs die oorlog verloor indien elke man, vrou en kind gesterf het.

Die Japannese regering het teen die vroeë sewentigs met Onoda kontak gemaak. Nie eens stapels vol koerante of 'n besoek deur sy eie familielede kon hom oortuig nie. Uiteindelik moes sy destydse bevelvoerder – wat in daardie stadium in 'n tweedehandse boekwinkel gewerk het – al die pad na die Filippyne reis om hom amptelik te ontslaan. Op 9 Maart 1974 het Hiroo Onoda se Tweede Wêreldoorlog toe geëindig en kon hy terugkeer na Japan. Hy het later 'n boek getiteld *No Surrender* geskryf.

Dit is 'n ekstreme voorbeeld, maar dit wys tog sekerlik iéts van 'n fanatiese aspek aan die Japannese kultuur.

Vlug QR 806 se daling begin. Hier is uiteraard baie Japannese op die vlug. Die meeste omies dra beige baadjies, soos die ontslape Australiese krieketkommentator Richie Benaud. Ek sien ook baie brille en mediese maskers.

Vir die eerste keer land ek nou in Japan. Ek voel vlugvoos, maar ook baie opgewonde. Alles lyk 'n klein bietjie anders, selfs vir 'n internasionale lughawe. Dit is klinies, skoon en netjies. Niks lê rond nie.

Behalwe 'n stem wat af en toe aankondigings in Japannees doen, is dit merkwaardig stil. Alles geskied bedaard en ordelik: Ons beweeg flink deur doeane, tel ons bagasie op en bereik die aankomssaal.

Ek kry vir my 'n simkaart met data sodat Catharien kan weet ek is veilig. Ons sal hier in die Eerste Wêreld darem daagliks kan kontak hou.

'n Busrit van negentig minute tot in die buurt Shibuya lê voor, waar die Symingtons ons gaan optel. Die Japannese portiere by die bushalte is flink en lyk trots op hulle werk. Hulle "groet" elke bus wat vertrek deur plegtig te buig.

Dit is so lekker om hier in die vreemde deur twee vriendelike Suid-Afrikaners ingewag te word. Die Symingtons groet ons soos ou vriende by die bushalte in Shibuya.

Die pastorie is 'n ruim huis, ingerig vir buitelandse predikante en aansienlik groter as die gemiddelde Japannese wo-ning. Johann vertel hier kan oor Kersfees tot tagtig mense by die pastorie kuier.

Hulle bederf ons met sushi, saki én boerekos. Ons kon nie vir 'n sagter landing in Japan gevra het nie.

Die elektroniese toilet, met 'n warm sitplek en 'n paneel met knoppies vir allerhande "spuite", is 'n openbaring. Vir die eerste keer ooit moet iemand my wys hoe 'n toilet werk!

Voor ek gaan slaap, sê Johann: "As jy iets nodig het, skree." En as nagedagte: "As daar 'n aardbewing kom, lê net stil."

* * *

"Oh, you just fed my fish, thank you," sê Johann vir sy assistent toe hy by sy kantoor instap.

Dit is my eerste oggend in Tokio. Johann het aangebied om vandag ons "gids" te wees. Ná ontbyt by die pastorie het ons gery na sy werkplek, die Tokyo Union Church. Die kerk is geleë digby die beroemde Omotesando, 'n breë rylaan met boomryke wandellanings aan weerskante, wat as Tokio se Champs-Élysées bekendstaan.

Johann wys my in sy kantoor 'n interessante item: 'n replika van 'n fumi-e, of kleitablet, wat Christene destyds in Japan moes stukkend trap as hulle wou leef en nie vervolg word nie. Dié kleitablette, wat soms ook van hout gemaak was, het afbeeldings van Jesus of Maria op gehad. Deur daarop te trap het jy Christus verloën, maar jou lewe behou.

Veral in die sewentiende eeu, in die Edo-tydperk toe Japan geïsoleer was van die buitewêreld, is duisende Christen-martelare wreed vermoor. Johann sê die roman *Silence* (1966) deur Shusaku Endo vertel die storie van hierdie tragiese gebeure. In 2016 het Martin Scorsese 'n epiese fliek van die roman gemaak, met Liam Neeson in die rolverdeling.

Ek het nog nie die boek gelees óf die fliek gesien nie. Ek besef opnuut daar is ooglopende gate in my navorsing oor Japan . . .

Hennie is in 'n kantoor langsaan besig om voor te berei vir haar Bybelstudieles. Sy is bekommerd dat sy te min tyd het voor die les begin.

Ek het 'n paar jaar gelede 'n artikel in *The Guardian* gelees met die opskrif "Everyone is totally just winging it, all the time".

Die artikel het "winging it" as 'n fundamentele feit van die menslike toestand beskryf. Elkeen van ons – of jy nou 'n sakereus of skorriemorrie, president of pleb is – probeer gereeld 'n beeld van kalmte voorhou, terwyl jou binnewêreld vol chaos en paniek is. Volgens die artikel is dit aanvanklik ontstellend om tot hierdie besef te kom, maar ook gerusstellend, omdat jy nie alleen in jou stryd is nie.

Ek vertel maar vir Hennie dat ons almal besig is om dinge te "wing", of jy nou 'n land regeer, vir 'n Bybelstudieles voorberei, of 'n TV-reeks in Japan probeer skiet.

Die Tokyo Union Church bestaan reeds byna honderd-en-vyftig jaar, maar is al verskeie kere herbou. Tydens die Tweede Wêreldoorlog, vertel Johann, het 'n Amerikaanse bomwerper per abuis 'n vuurbom op die kerk laat val, wat dit heeltemal vernietig het. Al wat in die rommel gevind kon word, was een kollektebord. Johann wys my dié beskeie bordjie. Die kerk is toe herbou en in 1951 amptelik heropen.

Ons stap die kerkruimte binne. Teen die muur agter die preekstoel is 'n hoë loodglasvenster wat lyk asof dit uit groot, blink klippe gemaak is.

"Die klippe beeld die trane van God uit," vertel Johann. "In byna veertig jaar het die venster nog nooit 'n bars gemaak tydens 'n aardbewing nie. Die vrou wat dié venster gemaak het, lewe nog. Sy is 98 jaar oud."

Johann sê baie geboue in Japan – insluitend hierdie kerk – word so elke dertig jaar vervang. Die gebou waarin ons nou staan, dateer uit 1980.

"Ons het onlangs die dak versterk," sê Johann. "So ons dink dit gaan staan tot 2030. Om 'n gebou in stand te hou moet dit in perfekte balans wees, jou een kant kan nie swaarder wees as die ander kant nie. Wanneer hy bewe, moet hy nie tilt nie."

Dit maak sin. Vir die Japannese gaan alles oor harmonie. Geboue moet seker ook maar in harmonie bewe.

Die kerk het lidmate van byna veertig lande regoor die wêreld en die dienste is in Engels. Japan se voormalige nasionale rugby-afrigter, Eddie Jones, was 'n lidmaat hier. Ook Springbokke wat voorheen in Japan rugby kom speel het, soos Fourie du Preez en Albert van den Berg.

"Hopelik kan buitelanders die kerk besoek tydens die toernooi en darem sien daar is 'n bietjie Christene in Japan. Ons gaan 'n inligtingsentrum en koffieplek hê en in die aande konserte aanbied," sê Johann.

Die kerk het twee kore, twee orreliste – en selfs 'n balletgeselskap! Johann vertel van 'n Japannese balletdanser wat tot bekering gekom het. "Hy het kerk toe gekom in sy ballet tights en al. Hy sê toe hy kan nie praat nie, maar hy's 'n danser, hy wil sy getuienis dans. Ek wonder toe hoe gaan ek dans in die erediens toelaat . . . Hy het hier voor kom sit en vreeslik begin huil, en toe Bybel gelees en al hoe vroliker begin word. Daarna het hy opgestaan, om die Nagmaaltafel gedans en by die venster gaan kniel. Hy het dit so mooi gedoen, almal was in trane."

Om te dink daar is nog steeds Christen-denominasies in Suid-Afrika wat ongemaklik is met dans.

* * *

Ons stap in Omotesando-straat af. Dis 'n luukse inkopiemekka met beroemde boetiekhandelsname soos Gucci, Emporio Armani en Louis Vuitton.

Ek het al in soortgelyke strate in ander wêreldstede soos Parys en Berlyn gestap, maar hier lyk en voel als heeltemal anders. Minder van 'n gedreun; die voetgangers wat verbygaan, is gedemp en stil, en daar is geen rommel op straat nie. Niemand eet of drink nie. Hier is ook nie 'n enkele vullisdrom nie.

Teen 'n kragboks sien ek 'n advertensie vir die Rugbywêreldbeker. Daar is 'n groot foto van die wildewragtig-Japan-agtsteman Michael Leitch ('n gebore Nieu-Seelander) wat 'n drie teen die Springbokke druk. Eben Etzebeth probeer hom van agter keer, en Bryan Habana strek verlaas sy arm uit, maar dit is tevergeefs. Bo-oor die foto pryk die woorde: "Once in a Lifetime . . ."

Ek vra vir Johann wat hy van die foto dink. "Ek ontken dié dag, dis 'n swart dag," sê hy, darem met 'n laggie. "Jy moes nie daai dag in Tokio gewees het as 'n Suid-Afrikaner nie, jy't jou kop weggesteek."

* * *

19 September 2015. Ek ry teen 'n taamlike hoë spoed op die N2 tussen Riviersonderend en Caledon, op pad na 'n poetry-aand by die Breytenbachsentrum op Wellington.

Slegs 'n paar uur tevore het ek 'n gedig klaargeskryf by die Wimpy op Riversdal, wat ek dieselfde aand moet voorlees. Maar die vars gedig is nou eers vergete, want ek luister op RSG hoe die Springbokke teen Japan speel in hul eerste groep-wedstryd van die Rugbywêreldbeker in Brighton, Engeland.

Binne die eerste vyf minute teken Japan 'n strafskop aan. 3-0. So in die ry kry ek 'n vreemde voorgevoel én 'n lawwe idee.

Ek dobbel nie sommer nie en het nog nooit sportweddenskappe geplaas nie. Jare gelede, by 'n hotel op Swakopmund, het die rocker Piet Botha egter by 'n backpackers se kroeg vir my die volgende raad gegee: "Vat die week se wages en sit dit op swart by die roulette-tafel." Alles of niks. Of, soos ek graag na die lewe kyk: Voluit of fokôl.

Ek stuur in die ry vir my broer Winand 'n whatsapp: "Sit R1 000 op Japan om te wen en ons werk dalk nooit weer nie." Hy antwoord: "Hahaha!"

Ek daag net betyds by die Wimpy op Wellington op om die laaste vyf minute van die wedstryd te kyk. Die Bokke is nael-skraap voor – 32-29. Die paar ondersteuners rondom my se senuwees is gedaan. Dit verg min om die serotonienvlakke te laat tuimel in 'n oorbeligte Wimpy op 'n plattelandse dorp, en om 'n tweemalige wêreldkampioen só te sien sukkel teen 'n span wat nog net één wedstryd ooit in 'n Rugbywêreld-beker kon wen (teen Zimbabwe, in 1991), is verbysterend.

Japan se Brave Blossoms val meedoënloos aan, nes samurai-krygers op 'n slagveld. Hul lywe – dalk selfs hul lewens – word op die spel geplaas.

In die doodsnikke van die wedstryd kry Japan 'n strafskop in die Bokke se kwartgebied. 'n Maklike skop pale toe sou die eindtelling 32-32 maak – 'n geskiedkundige gelykopuit-slag wink.

Maar Japan besluit om te skrum, en toe Karne Hesketh in die vier-en-tagtigste minuut 'n sierlike wendrie druk, kan ons klompie in die Wimpy nie anders nie: Ons spring soos een man orent en klap lank en luid vir die Japannese span hande.

Ek bel my broer: "Het jy die R1 000 gewed?"

Helaas nie.

Later sien ek die wedsyfer vir Japan om te wen was 80-1. Nie genoeg om mee af te tree nie, maar R80 000 sou darem 'n skaflike troosprys gewees het.

* * *

Japan se skokoorwinning oor die Springbokke was die ekwivalent van ons Joel Stransky-skepskop in 1995. 'n *Invictus*-oomblik. Dit was een van die grootste opskuddings in wêreldsport en het rugby in Japan onherroeplik verander.

Daar is tans 'n film in ontwikkeling oor dié geskiedkundige oorwinning, met die voorlopige titel *The Brighton Miracle*. Die breë Japannese publiek het ná die mirakel vir die eerste keer daadwerklik van rugby kennis geneem. Dit was die beste moontlike reklame vir die komende Rugbywêreldbeker.

In Japan staan rugby wat gewildheid betref agter in die ry teen ander sportsoorte soos bofbal, sokker, basketbal en sumo (die land se nasionale sport). Waar rugby selde vantevore op die groot TV-netwerke in Japan uitgesaai is, het dít onmiddellik ná daardie wedstryd verander.

Tot sowat vyf-en-twintigmiljoen kykers – 'n vyfde van die land se bevolking! – het laat wakker gebly om Japan se derde groepwedstryd in die 2015-toernooi teen Samoa te kyk. Dit was 'n nuwe rekord vir rugbykykergetalle in Japan.

Die spelers het in 'n oogwink nasionale helde geword. Mense het hulle in groot stede op straat en in restaurante begin herken. In die stad Fukuoka is die vleuel Karne Hesketh vereer met die titel van polisiehoof (darem net 'n dag lank). Hamamatsu se dieretuin het 'n kameelperd Goromaru gedoop, ter ere van die heelagter Ayumu Goromaru, wat vier-en-twintig punte teen die Springbokke aangeteken het.

Met die Rugbywêreldbeker 'n raps minder as 'n jaar weg, sien ek hier in 2018 reeds vlae wapper in Tokio se groot sentra met Ren-G, die toernooi se amptelike gelukbringers, daarop. Ren (die pa) en G (die kind) is twee oulike leeuagtige figure wat glo afkomstig is van 'n Japannese mitologiese wese. Hul koppe is in die vorm van 'n ovaal bal. Dié twee verteenwoordig die vyf rugbywaardes: integriteit, passie, solidariteit, dissipline en respek.

Onlangs het die toernooi se organiseerders spelers én ondersteuners vermaan om hulle tatoes in die publiek te bedek. Die meeste tradisionele Japannese warmwaterbronne (of onsen) verbied ook besoekers met tatoes om die baddens te gebruik. Die rede hiervoor is die sterk assosiasie wat tatoes het met die gevreesde Japannese mafia, die Yakuza.

Hoewel dié versoek nie afdwingbaar is nie, en spelers en toeskouers nie beboet sal word nie, hoop die organiseerders dat almal die nodige respek sal betoon. Malcolm Marx, neem kennis . . .

Ons kameraman, Jaen, het self 'n paar tatoes, insluitend 'n jakkals op sy regterskouer. Hy sal ook maar moet ligloop wanneer ons later in warm water week.

* * *

Japan het meer as vyftigduisend geriefswinkels. Selfs hier op Omotesando sien ek een om elke hoek en draai. Die drie grootste winkelgroepe is FamilyMart, Lawson en Seven Eleven.

Johann stel voor ons koop vir middagete sommer iets by 'n FamilyMart. Dit gaan my eerste transaksie in Japan wees buiten toe ek gisteraand op die Narita-lughawe 'n simkaart vir my iPhone gekoop het. Ek wil nou die geleentheid gebruik om die wisselkoers tussen rand en yen uit te pluis.

R1 is vandag gelyk aan 7,7 yen. As ek dit dus 'n bietjie oprond, is 1 000 yen gelyk aan R130. Japan het net drie banknote: duisend yen, vyfduisend yen en tienduisend yen.

Johann reken 800 yen (R100) is meer as genoeg vir 'n lekker maaltyd by 'n geriefswinkel én iets te drinke. Hy stel my bekend aan onigiri: palmgrootte rysballetjies, meestal in 'n driehoekvorm, toegedraai in seegras. Onigiri het verskeie vulsels: tuna-en-mayonnaise, salm, viseiers of gepiekelde pruim. En dit kos maar sowat R20 elk. Ek koop sommer twee, én 'n stukkie netjies verpakte gebraaide salm.

Johann stel voor ek probeer ook 'n rysballetjie met natto –

gefermenteerde sojabone. Dit is sy gunsteling. "Die natto maak sulke drade. As ek dit eet, sê my sekretaresse ek moet gaan koffie drink, want dit stink," skerts Johann.

Hier is 'n reuse-verskeidenheid items: onder meer peusel-happies, lekkergoed, fyngebak, kitsnoedels, koeldranke, bier én hardehout. Dit is 'n inkopiehemel en wat supermarkte be-tref eenvoudig op 'n ander vlak as waaraan ek gewoond is. Die meeste geriefswinkels in Japan is boonop vier-en-twintig uur per dag oop.

Ons koop nie koeldrank of koffie by die FamilyMart nie, want Johann wil ons wys hoe 'n vending machine in Japan werk. As ek gedink het hier is baie geriefswinkels, is dit nog níks in vergelyking met die vending machines nie! Japan het meer as vyfmiljoen van hulle. En hoewel die VSA meer as dit het, het Japan die hoogste digtheid: Hier is een vending ma-chine vir elke drie-en-twintig mense.

Ons gaan staan by so 'n masjien skuins oorkant die Family-Mart. Hier is 'n groot keuse van koeldranke, gegeurde water, tee, koffie (koud én warm) en iets wat soos 'n mieliedrankie lyk.

"Hier is selfs deurskynende koffie," vertel Johann, "sodat jou baas nie weet jy is verslaaf daaraan nie."

Johann demonstreer hoe dit werk. 'n Rooi liggie onder die produk wys dit is warm. Ek kies 'n Wonda Morning Shot-koffie teen 130 yen (R16), en 'n rooi blikkie met vuur-warm koffie land onderin die masjien.

Op die blikkie staan "Wonderful Coffee". Eintlik is 'n mens in Japan nie veronderstel om op straat te eet of te drink nie, maar ek vat gou 'n slukkie. Dalk is ek net 'n koffieslaaf, maar dit smaak wonderlik . . .

'n Kleuterskool kom by ons verbygestap. Die kinders sing 'n liedjie. Hulle stap almal netjies in 'n lang ry en hou hande vas, onder die wakende oog van twee juffrouens. 'n Mooi toneeltjie.

Ons stap na 'n klein parkie, maar al die bankies is reeds beset. Ons gaan sit maar op 'n muurtjie vir ons middagete-piekniek. Nie heeltemal Japannese etiket nie, maar ons is honger. En dit is darem nie asof ons eet terwyl ons op straat stap nie.

Om die onigiri oop te maak, moet jy die plastiek op drie genommerde plekke skeur, in die korrekte volgorde. Ek het tien duime, maar kry dit darem reg. Die onigiri is heerlik – ek sien al hoe dit my standaardmiddagete kan word oor die volgende vyf weke.

Die natto is egter 'n gedoente. Dit ís draderig, selfs slymerig. Ek mors orals lang, dun drade oor my hemp, my hande stink en die smaak is intens en bytend. Dit voel of ek 'n kokon eet.

Johann sit en giggel soos 'n stout seun. "Jy kry maar 'n asempie daarvan. 'n Mooi woord vir 'gefermenteer' is 'vrot'. Vat maar 'n slukkie koffie om die reuk weg te kry."

Ná ete sit ons met 'n interessante uitdaging: Hier is geen vullisdromme op straat nie. Ons moet vir eers met ons Family-Mart-plastieksakke rondstap.

Nog iets wat ek opmerk terwyl ons op straat stap, is dat al die kragdrade bó die grond is en tussen die geboue hang. Die dik swart drade kan nogal 'n mooi foto – of in ons geval, videoskoot – bederf.

Johann vertel die kragdrade is bo die grond weens die ge-vaar van natuurrampe, veral aardbewings. Indien daar 'n aardbewing plaasvind, is dit dan makliker om herstelwerk te doen. Dit is glo ook goedkoper om die drade bogronds te installeer.

Ons ontmoet vir Hennie en mik stasie toe. Op pad daar-heen stap ons verby 'n klein Sjinto-altaar. In die middel van hierdie bedrywige straat vol luuksewinkels is dit 'n beskeie plekkie van aanbidding, met rooi vlae en sementbeeldjies van jakkalse.

"Die Sjinto-godsdiens het 'n animistiese aard, dit beteken alles het 'n siel. God is in alles, en jy respekteer dit. Kom ons doen 'n bietjie Morning Mass, Tokio-styl," sê Johann.

Ons stap deur die torii-hek – twee pilare met 'n dwarsbalk bo – wat hier die tradisionele ingang is na 'n heilige ruimte. 'n Mens is nie veronderstel om reg in die middel deur die hek te stap nie – slegs die gode mag daar wandel.

Eers moet ek hande was en my mond afspoel, als reinigingsimbole. Dan stap ek tot by die altaar. Johann begelei my deur die stappe: Ek plaas 'n muntstuk in die boksie, buig twee keer, klap my hande twee keer saam, buig 'n laaste keer en verlaat dan die altaar deur die torii-hek.

Ek is bly 'n oopkop afgetrede NG-predikant kon my in Tokio wys hoe die rituele by 'n Sjinto-altaar werk. So iets sou ek my nooit destyds in die Sondagskool kon verbeel het nie . . .

Ons kom by die stasie aan, waar Johann ons wys hoe om geld op ons Suica-treinkaarte, wat 'n oulike pikkewyn as logo het, te laai.

My eerste treinrit duur minder as 'n minuut, na die Harajuku-buurt. Dit is alles wat ek van 'n Japannese treinrit verwag het: stiptelik, vol en stil. Niemand eet of gesels of maak oogkontak op die trein nie. Die meeste mense is diep doenig op hulle slimfone. Jy mag wel nie op die trein op jou foon praat nie.

Ons stap Takeshita Street in Harajuku binne. Dit wemel van mense, kleure, klanke en geure. Weerskante van dié straat van vierhonderd meter lank is daar 'n magdom winkels wat kostuums, speelgoed, sokkies, skoene en soetgoed verkoop. Hier is ook modieuse boetiekwinkels en verskeie pannekoekrestaurante. Meisies stap rond met enorme bolle spookasem in reënboogkleure. Ligte glim helder, die atmosfeer is elektries. Ek stap verby 'n advertensie vir 'n uilkafee, sagte speelgoedkatte in psigedeliese kleure en maskers van

Donald Trump, *Star Wars* se Yoda, en natuurlik Godzilla.

Hoewel die Japannese kultuur sterk ingestel is op 'n groeps-identiteit, is daar ook baie ruimte vir ontsnapping en individu-ele uitdrukking, soos die tonele wat hier rondom my afspeel.

Ek voel eensklaps springlewendig, die moegheid ná ons lang vlugte vergete. Ek stuur vir Catharien 'n whatsapp: "Sjoe, google bietjie Takeshita Street. Dis MAL!"

Ons verloor byna vir PJ en Jaen in die mensemassa. Hulle probeer soveel moontlik van die aksie afneem. Roxanne, wat self 'n fyn oog vir modes en mooi goed het, is ook hard besig om foto's te neem. Sy is verantwoordelik vir ons agter-die-skerms-foto's en -video's, wat ons later wil gebruik om die reeks te bemark.

Johann en Hennie stap met breë glimlagte rond. Ons is baie bevoorreg om hulle as gidse te hê. As dit nie vir hulle was nie, het ons dalk nooit eens hier in Takeshita Street gestap nie.

Japan het sowaar die kopiereg op "kawaii", of "cute". Dit speel voor my oë af hier in Harajuku met al die kleurvolle kos-tuums, Hello Kitty, Pokémon en manga-strokies.

En dan is daar Kit Kat. Japan het al meer as driehonderd Kit Kat-geure die lig laat sien! Dit is 'n absolute fenomeen in dié land en by verre die gewildste sjokoladestafie. Wanneer jy "Kit Kat" uitspreek, klink dit soortgelyk aan die Japannese frase "kitto katsu", wat "you will surely win" beteken. Kit Kat het dus ontpop as 'n gewilde geskenk om studente voor-spoed toe te wens in eksamentyd.

Gegewe die Japannese se geweldige produktiwiteit, lang werksure en min verlof, sou die Kit Kat-slagspreuk wat óns ken, "Have a break, have a Kit Kat", duidelik nie hier dieself-de hoogtes bereik het nie.

Johann neem my na 'n klein winkeltjie, Kaho, wat meer as twintig verskillende geure Kit Kat verkoop, onder meer pers soetpatat, appel, wasabi, en rum-en-rosyntjie. Ons proe Kit Kat vir 'n vale: Ek begin met Johann se gunstelinggeur, saki, wat 0,8% alkohol bevat. Ons "Kampai!" met die saki-sjoko-lade.

Daarna is dit rooi bone en aarbeikaaskoek se beurt. Dit is alles 'n bietjie volksvreemd, maar een ding kan jy van die Japannese sê: As hulle jou 'n spesifieke geur belowe, smaak dit presies net só.

Ek sluit die proe-sessie af met groentee-Kit Kat. My mond trek skeef. Nie vir my nie. Johann lag en bied eerder vir my nog 'n stukkie saki-Kit Kat aan.

Ná die oordosis Kit Kat is dit tyd vir nóg kos. As ek nie kophou nie, gaan ek oor vyf weke op die vliegtuig terug na Suid-Afrika baie meer weeg as vandag. Hopelik help die pel-grimstogte wat ons beplan my om 'n bietjie gewig af te skud.

Johann en Hennie neem ons na een van hul gunsteling-restaurante. Madosh spesialiseer in avokadogeregte. Dit is geleë in 'n stil systraatjie naby Takeshita Street.

Ons sit buite by 'n tafel. PJ en Jaen kry hulle kamerahoeke reg. Dit is 'n lekker geleentheid vir 'n onderhoud met die Sy-mingtons. (Ek kan ook hier uiteindelik my FamilyMart-plas-tieksak van vroeër weggooi.)

Ons bestel avokado-smoothies. "Sal ek en jy weer 'n kam-pai'tjie maak?" vra Johann, en ons klink ons (nie-alkoholiese) smoothie-glase.

Ons gesels oor hul belewenis van Tokio en Japan die af-gelope vyf jaar. "Aanvanklik het die enormiteit van die stad ons van stryk gebring," sê Hennie, "maar dit is 'n vriendelike stad en die mense is behulpsaam. En hulle is maar so baie op straat want hulle huisies is klein."

Die werksetiek hier is intens. Johann vertel van 'n Suid-Afri-kaner wat in Tokio werk en sy kollegas op Vrydae vroeër laat huis toe gaan het. "Na twee weke wou die mans eerder langer op kantoor bly. Hulle vrouens het gesê hulle is lui as hulle vroeg by die huis aankom."

Johann het as predikant 'n taamlik unieke uitdaging. "Dit is baie moeilik om hier oor sonde te preek, want ek kan aan niks dink wat hulle verkeerd doen nie," sê hy laggend. "Jy kan in die middel van die nag vroualleen in die straat stap, of jou kind op 'n trein laat ry. Dis veilig. Of jy kan jou selfoon op hierdie tafel vergeet en dit vanaand kom haal. Dit sal steeds hier lê, of binne wees, of by 'n polisiestasie. Hier is ongelooflike respek vir mekaar se besittings."

Hier is ook glad nie 'n kultuur van fooitjies gee nie. "As jy dit doen, sal hulle agter jou aanhardloop en die geld vir jou teruggee," sê Johann. "Hulle voel hulle word betaal vir hulle werk."

Soms trap die twee self klei met al die etiketreëls. "Ons maak nog foute," sê Hennie. "Ons is so bietjie soos olifante wat verkeerd trap. Dit ontstel die Japannese soms geweldig. Hulle sê niks nie, maar jy voel dit aan. Jy leer gou."

Ons kos daag op. Roxanne sê ons moet eers wag. "Dit is so mooi, ek wil net alles afneem. Ek's 'n millennial," sê sy met 'n laggie.

Ek het 'n "bowl" bestel met avokado, tuna-sashimi, rys en 'n Koreaanse sousie. En 'n rou eier wat ek met my chopsticks moet deurroer. Die Japannese kos is darem glad nie so eksoties soos in ander lande in Asië waar jy nie altyd seker is wát in jou bord dryf nie.

Al het Papa San by die Obi-restaurant in Kaapstad my mooi gewys hoe om met chopsticks te eet, kry ek dit eenvoudig nie reg nie. Johann gee ook raad en beduie, maar ek voel weer soos in die Kabouterland-kleuterskool op Uitenhage toe ek nie my skoenveters kon vasmaak nie. Gelukkig is hier 'n lepel op die tafel.

Ons gesels oor harmonie. "Vir die Japannese is harmonie die belangrikste, in alles wat jy doen," sê Johann. "Dit gaan oor ewewig en balans. Hoe eenvoudiger, hoe beter. As 'n stuk porselein breek, sit hulle hom aanmekaar met goud, niks mag verlore gaan nie. Wanneer iets heelgemaak word, is daar weer harmonie."

Ek vra hulle oor aardbewings. "Daar is maar so hier en daar 'n skudding," sê Hennie. "En dit raak ontstellend as jou bed vieruur in die oggend begin skud. Dan bid jy maar en hoop vir die beste."

Wat mis hulle die meeste van die huis? "Ons kinders en kleinkinders. En biltong," sê Hennie. "En beskuit en koeksisters," voeg Johann by. "Ons verlang na Afrikaans, maar ons het darem 'n groepie Afrikaanse vriende hier. Jy verlang na die afsondering en stilte, sonder mense. Japan is net 'n derde bewoonbaar. Jy is nooit op 'n plek waar daar niemand anders is nie."

'n Byderwetse hipster stap by ons verby, gevolg deur 'n ou tannie wat met 'n geboë rug geduldig voortslof. Vir al wat ek weet, is sy 103 jaar oud. Japan is immers die land met die hoogste lewensverwagting op aarde: In 2018 is dit 84,2 jaar.

Johann vertel hy moes sy bediening aanpas hier in Japan. "As ek voorhuwelikse kategese doen, kan ek nie praat oor liefde of kommunikasie nie. Ek praat oor praktiese reëlings, soos wie doen wat in die huis. Hier is 'n ander konsep van verhoudings as wat ons het. Dit voel of ek op laerskool is met 'n nuwe kurwe, wat 'n wonderlike ervaring vir 'n afgetrede dominee is."

Hy het die afgelope vyf jaar in die vreemde 'n verdieping in sy geloof ervaar. "Mense kom hier tot bekering sonder dat jy verstaan hoekom. Ouens sal na jou toe kom en sê hulle wil gedoop word. Ek sê altyd ek het weer hier leer glo in die Heilige Gees."

* * *

Ons is op pad na die Shibuya Crossing, maar stap nog eers 'n laaste draai deur Takeshita Street.

Ek bestel een van die bolle stroopsoet spookasem. Terwyl ek daarvoor wag, gesels ek met twee Amerikaners, Linda en Dwayne, van Kalifornië. Hulle is half skamerig om te sê dat hulle van Amerika af kom. "Don't hold it against us. We are on a Trump Apology Tour in the East," sê Linda.

'n Neonpers hemp vang my oog. Dit het 'n groot grys kat op wat lyk of hy die een of ander vorm van nirvana bereik het. Ek kan myself nie keer nie en koop dit impulsief, vir 1 500 yen (R190). Dit is die tipe hemp wat Catharien vinnig sal laat "verdwyn" as sy haar sin sou kry, maar dit is vir my lieflik en laf.

Dit is opvallend hoe baie mense op straat mediese maskers oor hul mond en neus dra. "Dit is om die mense om hulle te beskerm," verduidelik Johann. "As jy 'n verkoue het, dra jy uit bedagsaamheid 'n masker. Veral op treine, waar mense so opmekaar sit. So as ek die dag siek is en verkoue het, moet ek dit self kerk toe dra."

Ek kry in my gedagtes 'n prentjie van Johann met 'n toga en 'n masker op. Hy lag vir my beskrywing. "Nee, as ek preek, haal ek die masker af. Maar daarna dra ek dit weer as ek die mense groet."

* * *

Dit is byna sononder. Ek is nog nie vier-en-twintig uur in Japan nie en voel reeds heeltemal oorweldig.

Ek staan by die Shibuya Crossing, die besigste voetoor-gang ter wêreld. Vir 'n outjie van Uitenhage is dit dalk die naaste wat ek in hierdie lewe gaan kom aan 'n ervaring op 'n ander planeet.

Ek kyk na die massas mense rondom my. Vér in die Eerste Wêreld. Japan is op soveel maniere meer as sewe ure voor Suid-Afrika.

Niemand sit 'n toon op die teer terwyl die verkeersligte

rooi is nie. Sodra die ligte groen slaan, begin tot soveel as tweeduisend-vyfhonderd mense – Japannese sakemanne in raadsaalpakke, trendy tieners en oorblufte toeriste – flink en gefokus 'n minuut lank oor al vyf diagonale oorgange stap.

In spitstyd is hier dus sowat vyf-en-veertigduisend mense in minder as 'n halfuur. Byna 'n vol Loftus . . . Honderde voetgangers dokumenteer die sowat veertig meter se stap oor die groot sebrastrepe. Arms en selfie sticks strek lugwaarts om die aksie op slimfone vas te vang. 'n Shibuya-selfie is gewaarborgde lokaas vir likes.

Rondom my toring hoë geboue, byna volledig bedek met skerms waarop kleurvolle advertensies in Japannees flits, vir produkte wat ek nie ken óf begryp nie. Hipermodern en intens. Dit klink egter – ondanks die elektriese atmosfeer en die klanke van reklame, voetgangers en voertuie – asof hierdie wêreldstad se volumeknoppie sagter gedraai is as in ander soortgelyke stede.

Ek het 'n paar jaar gelede in die skrywer John Miles se plaashuis buite Nieuwoudtville 'n skildery deur Breyten Breytenbach gesien. Breyten het dit onderteken en onderaan geskryf: "Maar ons sal aanhou beweeg en stilte maak." Hier in Tokio word aanhou beweeg en stilte gemaak.

Die enigste reuk wat vir my uitstaan, is die reuk van vooruitgang. Ook hier is geen rommel óf vullisdromme op straat nie. Zibi sal werkloos wees in Japan (en hy sal by verre in die minderheid wees – die land se werkloosheidsyfer is 'n skamele 2,5% uit 'n bevolking van 126 miljoen).

Ek stap na die Shibuya-stasie, reg oorkant die kruising, waar toeriste poseer vir foto's by die bronsstandbeeld van Hachiko. Hy is waarskynlik die beroemdste hond in die Verre Ooste en 'n Japannese simbool van lojaliteit. Sy standbeeld is dié plek waar mense in Shibuya afspreek om mekaar te ontmoet.

Hachiko is die Hachi van die fliek *Hachi: A Dog's Tale*,

met Richard Gere in die hoofrol. Ek het nog nie self die fliek gesien nie, maar ek moet nog iemand ontmoet wat nie daartydens gehuil het indien húlle dit gekyk het nie. (Die fliek speel helaas, in tipiese Hollywood-styl, in die VSA af en nie hier in Shibuya nie.)

Die eintlike storie loop so: Hachiko was 'n Japannese akita-hond. Sy eienaar was Hidesaburo Ueno, 'n professor wat klasgegee het aan die Universiteit van Tokio (destyds die Tokyo Imperial University). Die hond het elke dag getrou by Shibuya-stasie vir sy baas gewag om ná werk terug te keer.

Ueno is in 1925 onverwags by die universiteit oorlede. Hachiko het elke dag daarna – meer as nege jaar lank – stééds by die stasie vir sy baas kom wag. Hy het reeds in sy leeftyd 'n Shibuya-legende geword. In 1934 het hy selfs die bekendstelling van sy eie standbeeld, gebou deur Teru Ando, bygewoon. Of dalk het hy eintlik maar nes enige ander dag daar gesit en tevergeefs vir sy baas gewag . . .

Ná Hachiko se dood in 1935 is sy as begrawe langs sy baas in die Aoyama-begraafplaas hier in Tokio. Sy vel is bewaar en danksy taksidermie maak Hachiko op 'n effens bisarre wyse deel uit van 'n permanente uitstalling in die hoofstad se National Science Museum of Japan. Asof dít nie vreemd genoeg is nie, word sy bewaarde organe ook uitgestal in die biblioteek van die Landboudepartement – waar sy baas klasgegee het – by die Universiteit van Tokio.

Daardie eerste standbeeld by Shibuya-stasie is ongelukkig tydens die Tweede Wêreldoorlog gesmelt – die metaal is benodig vir hoër diens. In 1948 het die oorspronklike beeldhouer se seun, Takeshi Ando, 'n nuwe standbeeld geskep, wat vandag nog hier staan. In 2015 is nóg 'n standbeeld by die universiteit opgerig, van 'n jolige Hachiko wat teen Ueno opspring. Negentig jaar ná sy dood is die hond uiteindelik – in brons – met sy baas herenig.

Japan is baie groot op gelukbringers (of mascots), wat yuru-chara genoem word. Die nie-amptelike gelukbringer vir Shibuya heet Soft Kuriinu – 'n vrolike pienk figuur in die vorm van 'n hondedrol! Hy beweeg glo gereeld hier in Shibuya rond met 'n pienk skropborsel om die strate en Hachiko se standbeeld skoon te hou.

Weird en oulik gaan duidelik hand aan hand in hierdie land . . .

Ek is nie 'n hond nie, maar ek wag ook vir iemand hier by Shibuya-stasie. En as ek wel 'n hond was, het my stert beslis geswaai: Die Springbok-agtsteman Duane Vermeulen behoort enige oomblik oor een van die voetoorgange te stap.

Voor my vertrek na Japan het ek kontak gemaak met MyPlayers, die organisasie wat Suid-Afrikaanse rugbyspelers verteenwoordig. Met meer as twintig Suid-Afrikaners wat tans in Japan klubrugby speel, wil ek darem baie graag 'n paar onderhoude voer terwyl ek hier is. Verskeie bekende afrigters soos Jake White, Frans Ludeke en Allister Coetzee verdien ook tans goeie yen hier in Japan.

Heel boaan my wenslys was 'n onderhoud met Duane Vermeulen. Hy het maar 'n paar maande gelede die Franse klub Toulon gegroet en by die Japannese klub Kubota Spears aangesluit. Ander Suid-Afrikaners wat vir Kubota Spears speel, is Lappies Labuschagné, Gerhard van den Heever en Burger Odendaal.

In Junie 2018 het ek en Catharien op Ellispark gekyk hoe die Bokke teen Engeland 'n agterstand van 24-3 uitwis om uiteindelik met 42-39 te wen. Dit was my eerste toets op Ellispark en die mees opwindende rugbywedstryd wat ek nóg bygewoon het.

Siya Kolisi was daardie dag die eerste swart rugbyspeler wat in 'n toets as Springbok-kaptein uitgedraf het. Duane Vermeulen was 'n yster op agtsteman en het saam met Siya en van die ander senior spelers die span op koers gehou en 'n belangrike leierskaprol gespeel.

Met Duane wat duidelik Rassie Erasmus se eerste keuse op agtsteman is, wil ek vanselfsprekend graag met hom gesels. Ons Japan-reeks gaan mos van Julie 2019 af dertien weke lank op televisie uitgesaai word, in aanloop tot die Rugby-wêreldbeker. Dit sal dus uitstekend werk as ek reeds in ons eerste Tokio-episode 'n speler kan ontmoet wat waarskynlik op 21 September 2019 in die Springbokke se eerste groep-wedstryd in Yokohama teen die magtige All Blacks gaan speel.

Ek het Duane al vantevore in 'n ander konteks as rugby op televisie gesien. Hy het 'n gasverskyning op 'n leefstyl-program gemaak vanuit Nice, Frankryk, en dit was duidelik dat hy gemaklik is voor die kameras, en nie in voorspelbare rugbytaal praat nie.

Ek was dus baie opgewonde toe Duane gunstig op my ver-soek aan MyPlayers reageer het. Hy het die oggend van ons vertrek uit Johannesburg laat weet hy is later in die week beskikbaar en sal ons graag in Tokio ontmoet vir 'n onder-houd.

Duane is vanaand lag-lag die langste man in Shibuya. Hy staan letterlik kop en skouers bo die honderde ander mense uit wat saam met hom oor die Shibuya Crossing stap.

Hy is inderdaad enorm – sy bynaam is met goeie rede Thor. Hy groet ons hartlik. "Welkom, welkom in Japan!" Duane tref my van meet af as 'n vriendelike reus, 'n plat-op-die-aarde Springbokheld.

"Kyk, ek kom van die plaas af, ek hou van stilte," sê hy, "so hierdie is net iets heeltemal anders. Maar ek hou ook van nuwe uitdagings."

Dit gaan moeilik wees om ons onderhoud op straat te skiet, selfs al is Tokio stiller as ander wêreldstede. Hier is net te veel klanke wat meeding, en kort-kort brul go-karts boonop verby waarin toeriste in prettige onesies – van Super Mario tot Mickey Muis – deur Shibuya se strate ry. En nie in 'n spesiale baan vir go-karts nie . . . Nee, tussen ál die taxi's, busse en motors deur.

Ek besluit op 'n aweregse bestemming wat stilte behoort te waarborg: Cat Café MoCHA, op die agtste vloer van 'n gebou sowat vyf minute se stap van waar ek vir Duane ontmoet het.

In Japan se groot stede is daar allerhande kafees – diép weird vir jou gemiddelde Westerling – om uit te kies. Of jy nou met 'n uil, krimpvarkie, babahondjie of selfs 'n slang wil uithang, jy sal regkom in Tokio. Let wel: Uithang, nie eet nie – die kafees in Japan is nie soos dié in sommige ander lande in Asië waar enigeen van bogenoemde diere dalk op jou bord kan beland nie.

Die idee met hierdie kafees is om vir moeë en oorwerkte Japannese stedelinge, wat meestal in beknopte ruimtes woon, die geleentheid te bied om ná werk saam met mak diere te ontspan. En natuurlik lok dit ook nuuskierige toeriste, soos ons.

Die massas mense in Shibuya is intens, ook in die systrate rondom die Crossing. Ek sien geen ander Westerling binne ons onmiddellike radius nie. Ook hier toring wolkekrabbers vol flitsende reklame op enorme skerms.

Ek en Duane stap verby tradisionele restaurante, kettingwinkels en bekende franchises soos McDonald's en Starbucks, albei hier met 'n sterk Japannese invloed – ek vermy in beginsel gemorskos, maar ek sal die een of ander tyd 'n Japannese McDonald's-hoenderburger met teriyaki-sous móét probeer.

Ek het maar 'n halfuur gelede aan hierdie lawwe Cat Café MoCHA-idee gedink, so ons het geen afspraak gemaak nie. Die Japannese is gesteld op afsprake.

Ons loop ons rieme daar styf teen 'n burokratiese muur.

Die personeel – twee vriendelike jong vroue – lyk verward toe ons uit die bloute met 'n groot rugbyspeler en kameras daar opdaag. Hulle begin 'n vergadering hou oor of ons sonder 'n afspraak mag skiet. Nóg personeel kom by; dit lyk kompleet of 'n ad hoc-subkomitee gestig word . . .

Ek pleit by die groepie met 'n brief wat Ryan Keet van die Japannese ambassade in Pretoria goedgunstiglik vir my gereël het. Dit is die eerste keer dat ons dié brief as 'n troefkaart probeer inspan. Dis in Engels en genadiglik ook in Japannees. Die ambassade spreek daarin sy seën oor ons projek uit en "To Whom It May Concern" word versoek om ons asseblief ter wille te wees.

PJ en Jaen hou maar vir eers die kameras sover moontlik buite sig. Roxanne maak geselsies met Duane, wat besig is om solank tevergeefs vir 'n paar pantoffels (jy moet jou skoene uittrek) te soek wat aan sy voete pas. Ek staar met 'n glimlag en vol afwagting na die personeel, maar in my binneste stres ek myself oor 'n mik.

Ek wil régtig graag met Duane oor rugby gesels te midde van 'n onredelike aantal Japannese katte.

* * *

By 'n katkafee, van alle plekke, kry ek nou eerstehands te doen met die Japannese konsep "aimai", wat dubbelsinnigheid beteken. Jy kry basies nooit 'n reguit "ja" of "nee" uit 'n Japannees nie.

In 'n akademiese boek genaamd *The Japanese Mind*, wat ek by my vriend Botha Kruger geleen het, word hierdie voorkeur vir dubbelsinnigheid in detail verduidelik.

Dit kom daarop neer dat mense hier die groep vooropstel bó die individu. Om nie die harmonie te versteur of moeilikheid te maak nie, vermy mense dit soms om hulself direk uit te druk. 'n Antwoord wat dus ontwykend of onseker kan voorkom en verwarring veroorsaak, moet binne hierdie konteks verstaan word.

Die Japannese is oor die algemeen baie meer gemaklik met stilte as Westerlinge. Wanneer 'n Japannese persoon 'n bietjie stil raak, eers huiwer en dan sê: "I'm not sure", kom dit dikwels reeds neer op 'n hoflike "nee", terwyl 'n tentatiewe "That will be difficult" as 'n báie ferm "NEE!" gelees moet word.

Ek het in *The Japanese Mind* 'n klassieke voorbeeld raakgelees. As jy vir 'n Japannees tee of koffie aanbied, is die antwoord dikwels: "Either is OK." Aimai in aksie.

Ek besef opnuut hier in die katkafee hoe radikaal anders die kultuur is waarin ek en die span onsself tans bevind. Ons hou mos van reguit praat, om presies te weet waar jy met iemand staan.

Maar Westerlinge stoei ook maar met dubbelsinnigheid. Die digter William Stafford skryf in die gedig "A Ritual to Read to Each Other": "the signals we give – yes or no, or maybe – should be clear: the darkness around us is deep."

Stafford sou Japan waardeer het. Hier kan jy ver kom met 'n reguit maybe.

* * *

Uiteindelik maak 'n personeellid 'n oproep, vermoedelik na iemand meer senior by hoofkantoor. 'n Lang gesprek volg, en net toe ek wil tou opgooi, sit sy die foon neer en sê ons mag maar binne die katkafee skiet. Ons mag net nie ander mense in die kafee afneem nie, waarmee ons vrede het.

Eers moet ons hande was. Ons kry dan elkeen 'n armband met 'n gelamineerde kaartjie waarop nóg reëls staan: Ons mag nie die katte jaag, ronddra of van ons eie kos en drankies voer nie. En ons mag nie hard praat in die kafee nie. Hier is dus geen ruimte vir kattekwaad nie.

Die deur skuif oop en ons gaan 'n ruim, stylvolle vertrek binne wat voel soos iets tussen 'n whiskeykroeg en 'n biblioteek. Hier is verskeie boekrakke, vending machines en hoekies met gemaklike leerstoele. En katte.

Ek en Duane sit op twee leerstoele en gesels in gedempte stemme. Ek kon kwalik vir 'n stiller plek gevra het . . . Kortkort draf 'n kat verby. Die katte stel omtrent so min belang in ons as wat die All Blacks in verloor belangstel.

"Ek is nie regtig 'n katman nie," sê Duane, wat beslis nog nie só 'n onderhoud ervaar het nie. "Ek het maar grootgeword met honde. Dis redelik cozy hierbinne en hier is 'n paar katte wat rondloop. Gelukkig is ek nie allergies vir hulle nie."

Duane vind baie aspekte van die Japannese kultuur volksvreemd, maar daar is ook baie waarvan hy hou. "Dinge werk hier, alles is op tyd, niks is laat nie. Ek hou van orde in my lewe. En die kos is baie lekker. Ons Suid-Afrikaners hier hou ook van 'n Koreaanse braai of yakiniku, waar jy om 'n tafel sit met 'n gasbraaiertjie en daar jou vleisie braai."

Hy vertel die klubrugby hier is vinnig én hard. 'n Tackle bly 'n tackle. "Die Japannese klim nogal in as hulle moet," sê hy. "Ek leer baie en dit is ook lekker om dit wat ek oor die jare geleer het met hulle te deel."

Duane geniet die anonimiteit in Japan. Hier kan hy in vrede in Shibuya wandel. Ek twyfel of hy dieselfde sal kan doen op 'n Saterdagoggend in die Kaap se Tygervallei-winkelsentrum.

"Ek is een van daai ouens wat as kind baie skaam was om iemand vir 'n handtekening te vra. Ek voel ook jy kan nie vir kinders nee sê nie. Hoewel dit ook 'n bietjie lekker is om so nou en dan gesien te wees, is dit heeltemal 'n ander storie in Japan. Hier is jy stil en onder die radar, maar jy het ook 'n bietjie meer vrye tyd. Jy kan in rus en vrede sit en eet."

Ek vra hom oor daardie donker dag in September 2015. Duane was deel van die Springbokgroep vir daardie toernooi, maar was die dag in Brighton beseer en op die pawiljoen.

"Ek was in die kleedkamer ná die wedstryd," vertel hy. "Niemand het iets gesê nie. Die coach was so geskok en heeltemal doodstil. Die ouens het gestort, klere aangetrek en in die bus geklim. Niemand het niks in die bus gepraat nie. Almal was die volgende twee dae doodstil en het eers die Maandagoggend weer behoorlik gepraat."

Hy sien baie uit na die 2019 Rugbywêreldbeker. "Kyk, dis vir my nog 'n bietjie ver vooruit. Ek dink nog net aan volgende naweek se wedstryd. Maar ek sal baie graag wil deel wees daarvan en in daardie eerste wedstryd teen die All Blacks speel. Omdat ek reeds hier rugby speel en die kultuur leer ken, sal ek baie kan deel met die span. Iets soos humiditeit kan jou knou, jy sweet ongelooflik baie en dit maak 'n groot verskil aan hantering."

'n Kat snol teen 'n spoed by ons verby. Ek vra vir Duane aan watter speler die kat hom laat dink. "Jis, hy het nou geskuif, soos Aphiwe Dyantyi."

Ek deel my ideale scenario vir die Rugbywêreldbeker: Die Springbokke speel in hul eerste groepwedstryd teen die All Blacks in Yokohama, en ongeag wat die uitslag is, ontmoet dié twee spanne weer in die finaal op 2 November in dieselfde stadion.

Duane lag. "Jy weet, hy sal maar uitspeel soos hy moet. Ek kan nie sê teen wie ek waar wil speel nie. Maar om die beste te kan wees, sal jy die beste span moet klop. Ek doen darem ook 'n ding waarvoor ek baie lief is en ek glo elke rugbyspeler kan dieselfde sê. Hopelik maak ons die land trots op dit wat ons doen."

Ondanks die feit dat 'n kat tydens ons gesprek op my skoot spring, raak ek bekommerd dat ons te min van hulle op televisie gaan wys. Die laaste keer dat 'n kat in die buiteland op my skoot kom sit het, was tydens my eerste Camino in 2015, by die dorpie Rabanal del Camino.

Ons bestel twee yskoffies en volg die trappe na 'n boonste vlak, waar die éintlike katkafee blykbaar is. Hier is 'n goeie stuk of dertig katte. Party sit op tafels, ander loop of lê rond. Dit is duidelik wie hier in beheer is.

Die spirituele skrywer Eckhart Tolle het eens gesê: "I have lived with many Zen masters, all of them cats." MoCHA se katte lyk egter minder zen as verveeld met al die mense en aandag.

Hoewel Duane 'n hondemens is, leef hy hom ten volle in by die katkafee. Hy probeer die katte naderwink en streel, en gebruik een se dik stert as 'n "pruik", sonder om enige van die kafee se streng reëls te verbreek.

Duane is nie net 'n Bok nie, maar ook 'n bok vir sports.

* * *

Ons eet ná die uitstappie in die katkafee ramen-noedels in 'n klein restaurant met 'n lang toonbank vol kroegstoeltjies en slegs 'n paar tafels. "Ek hou nogals van ramen, maar dis 'n noedeltjie wat 'n ou vinnig dik kan maak," sê Duane. "My liefde vir kos is al daar van kleins af, ek het nogal begin om as 'n sjef te studeer voor rugby oorgeneem het."

Ons gesels oor die treine, hoe almal so stil en rustig met hul fone op silent sit. Elkeen fokus maar net op dit wat hulle doen. Ek wonder wat gaan gebeur as Springbokondersteuners ná 'n wedstryd op 'n vol trein lostrek met 'n "Olé" of "Shosholoza".

"Dit gaan vreemd wees vir die Japannese," meen Duane, "maar hulle sal weet dit is die Wêreldbeker. En daar is 'n hele paar lande met jolige ondersteuners. Ek dink hulle maak reg daarvoor."

Ons bestel ramen – op Duane se aanbeveling "een met lekker noedels en 'n stukkie vleis en eiertjie" – en bier. "Ek's altyd in vir 'n bier, ek het 'n lelike rubberarm," sê hy laggend.

Ek hoor taamlik brutale geluide van tafels aan weerskante van ons. "Soos jy kan hoor, suig en slurp hulle die noedels," sê Duane. "Jy moet dit so half insluk. Hulle suig hom hier van agter die kiewe af. Dit is ook 'n manier om dankie te sê. As jy dit nie doen nie, is dit 'n klap in die sjef se gesig. Dit gaan alles hier oor respek. Ek sukkel so nou en dan om te slurp, dan spat die noedels in alle rigtings. En ek was my klere self, dis nie te lekker om die oliekolle uit te werk nie."

Hy vertel hoe die elektroniese toilette in Japan hom aanvanklik verras het. "Dit is asof my toilet by die huis jou verwelkom. Die deksel maak oop soos jy naderstap, hy wag vir jou. Die tegnologie hier is net ongelooflik."

Sy vrou, Ezel, en twee jong seuns is tans in Kaapstad. "Dit is 'n moeilike opoffering," sê hy. "Ek kan hulle hier hê, maar my vrou het haar eie besigheid, wat haar passie is, en my oudste seun gaan volgende jaar skool toe. Ons het darem 'n plan en ons weet waarheen ons gaan en wat ons wil bereik binne die tydperk wat ek nog rugby speel. Hulle kom binnekort kuier en ek gaan hulle beslis na Tokyo Disneyland toe vat."

Hy wys vir ons op sy foon video's van die twee seuns, aangetrek soos superhelde, wat die volkslied sing voor 'n rugbytoets. En van sy beeste op 'n plaas in Suid-Afrika. Ek hou van die gedagte dat 'n Springbok in Tokio iewers in die oggend eers op supervinnige wi-fi kyk hoe dit met sy beeste by die huis gaan.

Ná meer as drie uur se kuier sê ons weer totsiens by Hachiko se standbeeld. Ek vind nou eers uit dat Duane byna negentig minute per trein moes reis om by ons uit te kom! Hy was só vrygewig met sy tyd. Ek wens hom net die beste vorentoe. Mag hy die nommer-agt-trui vir die Springbokke dra wanneer ek en Catharien in die Yokohama-stadion sit tydens daardie eerste wedstryd teen die All Blacks.

'n Whatsapp rol in terwyl ons baie tevrede terugstap na die Symingtons se pastorie. Duane skryf: "Baie dankie vir vanaand, dit was regtig baie, baie lekker. En ek hoop julle het 'n great tyd in Japan."

* * *

Ons ry op ons tweede oggend trein na die Tokio Teleport-stasie by Odaiba, 'n mensgemaakte eiland in Tokio-baai. Dit is een van Tokio se gewildste toeristebestemmings en 'n hiper-moderne, futuristiese gebied.

Die ikoniese Fuji TV Building, met sy yslike staalkolomme en 'n tamaai titaanbal wat as uitkykdek dien, lyk pure *Blade Runner*. Hier is ook 'n kleiner replika van die Statue of Liberty (die Japannese geniet 'n replika) en 'n Gundam-robot (een van anime se ikoniese karakters) van byna twintig meter hoog.

Ons is op pad na die Mori-gebou se Digitale Kunsmuseum. Sedert Junie 2018 is hier 'n digitale uitstalling deur teamLab Borderless wat selfs net op foto's verstommend lyk. Ek is baie nuuskierig om hierdie uitstalling, wat gebruik maak van vyf-honderd-en-twintig rekenaars en vierhonderd-en-sewentig projektors, te sien. Of eerder te ervaar, want dit stimuleer glo ál vyf jou sintuie.

Kaartjies vir die uitstalling is dikwels dae vooruit uitver-koop, maar ons kon gelukkig aanlyn bespreek.

Gister het ons waarskynlik reeds genoeg materiaal geskiet vir 'n volle Tokio-episode. Ons het egter gou genoeg besef ons moet ten minste nog een episode hier skiet. Hier is so baie om te sien en te doen, 'n mens kan lag-lag 'n hele reeks van dertien episodes net in Tokio maak.

Soos ons uit die ondergrondse stasie stap, sien ek 'n enor-me Ferris wheel. Met 'n hoogte van honderd-en-vyftien meter was dit die wêreld se grootste groot wiel tot die London Eye in 2000 oopgemaak het.

Hier in die blinknuwe Odaiba dink ek terug aan Playland,

die pretpark uit my jeug op King's Beach in Port Elizabeth. Ek het as kind in die tagtigs elke jaar tydens die Kersvakansie daar mallemeule, stampkarretjies en rollercoaster gery. En 'n baie meer beskeie Big Wheel as die een waarna ek nou staar.

Odaiba se Ferris wheel is helaas vandag gesluit vir opknapping, anders het ek dit beslis ná die museumuitstappie gery. Ek dra maar nog altyd iets van Playland se verwondering met my saam.

Op pad na die museum sien ek 'n reuse-skoulokaal, Megaweb, wat ook 'n tegnologie-uitstalling huisves. Dit is Toyota se grootste skoulokaal in Japan, met modelle van deur die dekades, uitstallings wat hul nuutste tegnologie wys én 'n kykie na die toekoms met konsepmodelle vir 2030.

Megaweb pas ons goed, aangesien Toyota SA ons reeks se hoofborg is. Ek kom egter my moses teë toe ek myself aan die nuuskierige skakelbeampte wil voorstel.

Botha Kruger het my in ons eerste episode in Kaapstad 'n mooi etiketles geleer oor die gebruik van besigheidskaartjies. In Japan is besigheidskaartjies byna belangriker as 'n paspoort of ID. Wanneer jy iemand ontmoet, veral in 'n sakekonteks, is die uitruil van besigheidskaartjies die eerste ritueel. Die spesifieke ontwerp van die kaartjie, die lettertipe, logo's en selfs foto's is 'n wetenskap op sy eie. Dit het alles te doen met status en respek.

Jy haal jou kaartjie uit en hou dit dan met albei hande – met jou vingers teen die hoeke – na die persoon wat jy ontmoet. Sodra julle flink kaartjies uitgeruil het, is dit etiket om die persoon se besigheidskaartjie met aandag te bestudeer, 'n paar opmerkings te maak en vrae te vra. Wanneer jy dan sit om te vergader, plaas jy die kaartjie op die tafel sodat dit duidelik sigbaar is.

Dit is so anders as die haastige en soms onbeholpe handdruk waaraan ons Westerlinge in raadsale gewoond is.

Botha Kruger het voorgestel ek kry 'n houer waarin ek

spesifiek my besigheidskaartjies bêre. Ek het dit natuurlik nie gedoen nie.

Nou staan ek voor die parate skakelbeampte én haar assistent en krap vervaard in my sakkie wat soos 'n lomp moonbag onder my groter wordende maag hang, en vind alles behalwe die besigheidskaartjies. Yen-note, sente, strokies, Papa San se nota met Japannese woorde . . .

Die sekondes, later minute, rol verby. Ek kan hoor hoe Jaen 'n laguitbarsting onderdruk. Hierdie toneel gaan sekerlik snaaks wees op televisie, maar hier in die oomblik maak dit my diep ongemaklik, en ek is bang die twee stoïsynse Japannese begin ook so voel.

Uiteindelik vind ek een van my *Elders*-besigheidskaartjies en kan ek dit effens blosend uitruil. Ons kry toestemming om hier in die skoulokaal te skiet.

Ek weet eintlik gevaarlik min van nuwe motortegnologie, maar ek geniet hierdie uitstalling. In die toekoms gaan motors beslis self die meeste dinkwerk doen, ook wat ons veiligheid betref. Hier is 'n model van die Toyota Mirai, wat elektries aangedryf word deur 'n waterstoftenk. Dit is al in 2014 bekendgestel, met 'n paar duisend modelle wat reeds in Japan, Noord-Amerika en Europa op die paaie ry. Jy kan op 'n vol tenk waterstof byna 700 kilometer aflê. En met 'n koolstofvoetspoor van nul, is dit die "groen" kar van die toekoms.

Ek wonder hoe lank ons sal moet wag voor hierdie tegnologie in Suid-Afrika algemeen beskikbaar is. Dalk moet ons maar eers aandag gee aan al die slaggate in die paaie . . .

Die konsepvoertuie vir 2030 lyk soos iets uit *Star Wars*. Jy staan basies in 'n nou kapsule en bestuur die voertuig staande, deur links en regs te leun, amper soos op 'n ski of skaatsplank. Of aerobics.

As ek 2030 sien, gaan ek al vyftig jaar oud wees. Ek twyfel of ek sal kans sien vir so 'n kapsule en *Body Beat*-bewegings om my draaie te kry.

* * *

Ná die *Back to the Future*-uitstappie gaan ons die Digitale Kunsmuseum binne. Ek het nog nooit in my lewe so iets aanskou nie: 'n kreatiewe, grenslose driedimensionele ruimte van tienduisend vierkante meter.

Die teamLab-span wat hierdie uitstalling geskep het, bestaan uit ingenieurs, wiskundiges, programmeerders, animasiekunstenaars en argitekte. Ek lees op 'n inligtingsbord dat digitale tegnologie volgens hulle kuns bevry van fisieke grense: "teamLab sees no boundary between humans and nature, and between oneself and the world; one is in the other and the other in one. Everything exists in a long, fragile yet miraculous, borderless continuity of life."

Dit is iets wat jy eenvoudig eerstehands moet ervaar. Hier is geen spesifieke roete binne die museum nie, bloot verskeie groot vertrekke waarin kleurvolle projeksies teen die mure, die vloere, die plafon én op jouself dans.

Ek staan in 'n donker vertrek met allerhande helder natuurtonele wat om my afspeel: bewegende sonneblomme, waterlelies, herfsblare, selfs digitale water wat teen die mure vloei. Dit voel asof ek my in 'n droomwêreld bevind waar álles vloei. Ek kan my oë nie glo nie. Om te wys hoe grensloos alles is, vloei die digitale kunswerke inmekaar en beweeg letterlik deur die verskillende vertrekke – projeksies van mans wat stap, of 'n volstruis, of 'n olifant. Hier is ook 'n vertrek met eindelose "golwe" wat teen die mure spoel.

Die skoenlappers veral slaan my dronk. In een van die vertrekke, die Athletics Forest, sit mense en teken skoenlappers met die hand. As ek hier lank genoeg stilstaan, word daardie einste getekende skoenlappers "gebore" as projeksies op my vel, en hulle "vlieg" dan van my voete af weg deur die hele museum.

Hierdie digitale droom is verleidelik en 'n mens kan ure

hier vertoef. Van kwantumfisika weet ek niks, maar hierdie uitstalling laat my dink aan die heelal – en die lewe self – wat voortdurend groei en vloei.

Ek stap verby groot mure met verbysterende ligvertonings vergesel van polsende musiek. Die "Forest of Resonating Lamps" – 'n groot vertrek met honderde lampe wat uit die dak hang – is baie gewild. Soos jy verby 'n lamp stap, verhelder dit en dan versprei die kleur na twee lampe daar naby. As die vertrek vol mense is, soos nou, lei dit tot 'n besonderse skouspel van lig en kleur.

Ek raak so meegevoer deur die uitstalling dat dit my lank vat om die uitgang te vind. Wanneer ek en Catharien Japan saam besoek, moet ek haar beslis hierdie wonderlike plek kom wys. Ek laat weet haar in 'n whatsapp: "Die toekoms is hier."

* * *

Ná die museumbesoek sien ek 'n uitstalling oor die komende Olimpiese en Paralimpiese Spele in 2020. Hier is 'n paar aktiwiteite vir die publiek wat die Paralimpiese Spele bemark, soos rolstoelbasketbal.

Ek stap na die baan, waar 'n oom besig is om uit verskillende hoeke 'n basketbal deur die ring te gooi. Die assistent wys my vriendelik dat ek in die ry moet gaan wag. Maar hier ís geen ry mense nie, ek is die enigste ander besoeker! Dit maak nie saak nie, beduie hy, ek moet by die spesifieke wagpunt gaan staan. Die Japannese is baie lief vir hul reëls.

Voor ek in die rolstoel mag sit, moet ek eers op 'n iPad na 'n veiligheidsvideo kyk. Dan is dit my beurt. Dit is glad nie maklik om 'n rolstoel te draai nie, maar ek raak dit darem baas. Ek verras almal – myself inkluis – deur vier doele in 'n ry deur die net te jaag.

Ons reis hierna van Odaiba na Harajuku om Johann by die Meiji Shrine, een van Tokio se bekendste tempels, te ontmoet. Dit is opgerig ter ere van keiser Meiji (1852-1912), wat 'n groot rol gespeel het in die modernisering van Japan.

Die sonsondergang haal ons egter in en die park se hek is reeds gesluit toe ons daar aankom. Johann stel voor ons gaan drink koffie by 'n interessante winkel, Reissue. Dit staan bekend as 'n "3D Latte Art Café".

'n Kunstenaar wat homself as George bekendstel, teken met 'n dun pennetjie prentjies in jou koffie se roomskuim. Hy neem eers met sy foon 'n foto van my gesig, en begin dan sorgvuldig in die bolling room krap. As hy só kan teken in room, wonder ek wat hy nie als op papier kan uitrig nie.

My gesig neem sowaar vorm aan in die koppie. Ek sit vooroor gebuig en kyk en probeer om nie te hard asem te haal nie. Sê nou net ek versteur die kunswerk-in-wording ...

Die eindresultaat is ongelooflik: Dit lyk presies soos 'n gedetailleerde potloodsket van my gesig, in roomskuim! Ons neem foto's en verkyk ons aan George se handewerk.

Maar voor ek te lank na myself kan staar en my koffie koud raak, sluk ek my gesig weg.

* * *

Ons is terug by die Shibuya-kruising. Ek wag dié keer langs 'n groen treintjie, of eerder 'n trok, oorkant die standbeeld van Hachiko. Die groen trein is óók 'n gewilde plek om te wag as jy iemand naby die Shibuya-stasie wil ontmoet.

Ek wag vir Nozomi Fukazawa, 'n vriendin wat ek in 2015 tydens my eerste Camino ontmoet het. In my Camino-boek, *Elders*, het ek oor haar geskryf, terugskouend dalk effens eendimensioneel. (Dit wás wel baie snaaks toe sy buite Burgos in Spanje by my wou weet: "Do you pray rugby?" Ek sou later uitvind die Engelse "l"- of "r"-klank bestaan nie in Japannees nie, wat verklaar waarom die uitspraak van daardie letters in Engels soms vir hulle lol.)

Sy het destyds pas klaar studeer en gekwalifiseer as 'n mediese dokter, en was toe op 'n tipe gap-jaar wat die Camino en 'n reis na Indië ingesluit het. Deesdae werk sy as dokter in die ongevalle-eenheid van 'n hospitaal in Tokio.

Ons het die afgelope paar jaar 'n bietjie kontak gehad op Facebook en ek het al vir haar vertel ek wil Japan graag tydens die Wêreldbeker besoek. Nou is ons albei opgewonde oor die geleentheid om reeds 'n jaar vroeër saam te kan kuier.

Nozomi is lank – sy sou op hoërskool in Suid-Afrika 'n ooglopende keuse vir 'n netbalspan se hoofdoel gewees het. Ek gewaar haar dadelik tussen die massas mense wat uit die stasiegebou stap. Dit is 'n blye weersiens. Een van die Camino se vele geskenke is dat jy lewenslange vriende maak, selfs al het julle soms vir maande, of selfs jare, geen kontak nie. Op so 'n lang staptog kan daar vinnig 'n durende verbintenis ontstaan terwyl jy letterlik 'n pad – soms meer as honderd kilometer – saam met iemand stap.

Nozomi het vir my 'n geskenkpakkie gebring met matcha-groentee, prawn crackers en verskeie soetgoed in pakkies. Die verpakkingsteks is alles in Japannees, so ek het geen idee wat ek later gaan eet nie. In Japan is die gee van geskenke – dikwels aandenkings of lekkernye wat nie te veel kos nie – wanneer mense kuier 'n gewilde tradisie. Ek het vir Nozomi 'n botteltjie ClemenGold Gin uit Suid-Afrika gebring.

"Dit is 'n nuwe Camino!" skerts ek terwyl ons saam in Shibuya se strate rondloop op soek na 'n stillerige restaurant waar ons kan gesels. Hoewel sy reeds vroeër oor e-pos ingestem het dat ons haar afneem vir die TV-reeks, voel ek tog 'n bietjie skuldig. Nozomi sou waarskynlik vanaand eerder net rustig wou kuier en nie dadelik met 'n lapelmikrofoon toegerus wou word nie. Maar ons verkies om soveel moontlik af te neem om seker te maak gesprekke en interaksies bly spontaan.

Gelukkig is PJ en Jaen glad nie intimiderende kameramanne nie. Ná 'n minuut of twee vergeet die meeste mense hulle word afgeneem. Ek dink ook die digitale era, waar almal met slimfone foto's en selfies neem en video's skiet en dit op platforms soos Facebook Live en Instagram "uitsaai", sorg dat mense minder stres oor 'n kamera in hul gesig. Dit help ook baie dat Roxanne hier is om die mense met wie ek gesels op hulle gemak te laat voel. Sy is altyd vriendelik en reg om te help.

Ons sukkel egter om 'n gepaste restaurant te vind om in te skiet. Ek vind dit vreemd, want gisteraand saam met Duane Vermeulen in Shibuya was die heel eerste ramen-restaurant wat ons probeer het baie rustig oor die kameras.

Vanaand het ek 'n Japannese persoon by my, én die ambassadebrief wat ons reeds baie gehelp het hier in Tokio. Maar ons kom gou agter wat aan die gang is: Baie van die restaurante is óf deel van 'n franchise, óf die eienaar is nie self aan diens nie. Die Japannese is gebore burokrate en hiërargieë is uiters belangrik. So selfs al het 'n hoofkelner of bestuurder nie 'n pyn met ons wat skiet nie, moet daar eers "van bo" goedkeuring gegee word.

Verskeie restaurante se personeel stel voor dat ons wag terwyl hulle begin rondbel vir toestemming, maar ons tyd is knap. Nóg iets waarvan die Japannese nie hou nie, is te kort kennisgewing. Jy moet behoorlik vooraf toestemming vra en nie net soos 'n klomp cowboys met kameras en 'n brief – wat nou reeds gekreukel daar uitsien en begin lyk soos die lootjietrekkingvorms waarmee skoolkinders in Suid-Afrika smous – by 'n plek inwals nie. Dit lyk 'n bietjie slordig. Japan is nie groot op slordigheid nie.

Ná elf probeerslae vind ons uiteindelik 'n klein restaurant, Bistro Go Ma Ya, propvol Halloween-versierings, waar ons mag verfilm. Halloween is nog twee weke weg, maar die oranje versierings van pampoene, heksehoede en kopbene is reeds orals te sien in winkels, restaurante en by stasies. Die Japannese gaan glo gróót op die aand van 31 Oktober. Ek sien daarna uit om tydens ons reis hierin te deel.

Ons word deur die bestuurder vermaan om geen van die ander gaste in die restaurant af te neem nie, so PJ en Jaen moet hul hoeke mooi kies.

Ons bestel drankies en ek en Nozomi klink ons glase vir die eerste keer in meer as drie jaar. In Spanje was dit "Salud!" of "Salute!" saam met 'n groep Italianers. Vanaand sê ons "Kampai!" in Tokio.

"Al die vriende wat ek op die Camino kon maak, was vir my baie kosbaar," sê sy. "En om elke dag net op te staan, iets te eet vir ontbyt, te stap, middagete te geniet, weer net te stap, en dan die aand te slaap en soms te sing en te dans . . . Dit is 'n eenvoudige manier van leef. Die Camino is soos een volle lewe, van waar jy begin stap tot by Finisterre. En dit is so anders as waar ek vandaan kom."

Nozomi het grootgeword op Kusatsu, 'n dorp in die Gumna-prefektuur, sowat 'n uur en 'n half per trein noord van Tokio. Die dorp en omgewing is bekend vir sy onsen, of warmwater-bronne. Ek hoor Kusatsu eers verkeerdelik as Cosatu, en trek los met 'n onbruikbare monoloog oor die Suid-Afrikaanse vakbond wat soms ook polities in die "warm water" is, met 'n oorblufte Nozomi wat beleefd luister. Ek kom darem na 'n rukkie my fout agter.

Ons gesels oor my Japannese reis wat voorlê. Nozomi is veral geïnteresseerd in die Kumano Kodo-pelgrimstog wat ek beplan om te stap. "Ek het nog self nie regtig in Japan gereis nie, ek kry nie tyd daarvoor nie," sê sy. Sy het vanaand af by die hospitaal, maar val môreoggend weer in vir 'n skof van vier-en-twintig uur. Die Japannese werksetiek en produktiwi-teit is net eenvoudig op 'n ander skaal.

Op die Camino het ons baie gesing – soms tydens jolige kuiers, ander kere bloot terwyl ons gestap het. Ek het vir Nozomi en verskeie ander pelgrims die woorde van "Shosholoza" geleer, en ons het in 'n albergue saam met 'n groepie Italianers "Volare" gesing.

Ek stel dus voor dat ek en Nozomi weer 'n slag saam sing, maar dié keer karaoke. Ons is immers nou in Japan, die geboorteplek van karaoke (die woord kan vertaal word as "leë orkes"). 'n Japannese tromspeler, Daisuke Inoue, het in 1971 die Juke 8-masjien ontwerp wat instrumentele weergawes van sy liedjies kon speel nadat 'n sakeman so iets vir 'n onthaal versoek het. 'n Filippynse entrepreneur, Roberto del Rosario, het egter in 1975 die eerste patenthouer geword van 'n ware karaoke-stelsel. In die tagtigerjare is die tegnologie verder ontwikkel sodat die lirieke op 'n skerm kan flits.

Deesdae is karaoke 'n multimiljarddollar-bedryf regoor die wêreld. In Japan is dit veral 'n gewilde manier om ná 'n lang werksdag te gaan ontspan, saam met vriende te kuier of om 'n romantiese afspraak pret te maak. In kontras met al die behoudende aspekte van die land se kultuur, is karaoke nou één plek waar die Japannese hare losmaak en hulself uitbundig gedra.

Een van my gunstelingtonele in die fliek *Lost in Translation* is waar Bill Murray se karakter die liedjie "More Than This" van Roxy Music in 'n karaoke-kroeg sing. Die toneel is opgeneem by Karaoke Kan in Shibuya, in kamers 601 en 602. Aanhangers van die fliek bespreek soms dieselfde vertrekke vir 'n karaoke-kuier. Ons besoek 'n Karaoke Kan-tak naby ons restaurant, maar helaas nie dieselfde een as in die fliek nie.

Waar karaoke in Suid-Afrika in 'n kroeg of kuierplek plaasvind waar almal in een vertrek luister na iemand wat gewoonlik sy of haar naam met 'n plank slaan, bespreek vriende wat saamkuier in Japan eerder klankdigte private kamers.

Nozomi bespreek vir ons 'n vertrek op die derde vloer. Ons gaan net vir 'n halfuur karaoke sing, en bestel ook bier. Daar is nie tyd vir kostuums aanpas en huur nie. Die uitstappie kos ons sowat 900 yen (R120) per persoon.

Die vertrek se muurpapier is liggroen met prentjies van skepe. Die tablet het ook 'n opsie vir Engels, maar ek laat die soektog vir 'n liedjie aan Nozomi oor. 'n Vrou op die TV-skerm is tans besig om 'n hartstogtelike ballade met 'n beduidende vibrato in haar stem te sing. As Rina Hugo Japannees was . . .

Nozomi vertel die musiekstyl is Enka, 'n Japannese genre wat dikwels deur mans of vrouens in tradisionele kimono's opgevoer word. Dit is veral gewild onder ouer gehore. Moderne Enka het eers ná die Tweede Wêreldoorlog 'n vastrapplek gekry in populêre kultuur en word gekenmerk deur sentimentele ballades.

Ek probeer vir Nozomi van Bles Bridges vertel, maar die kultuurgaping is te groot. Ons sien in elk geval nie kans vir Enka nie en kyk of ons "Volare" van die Gipsy Kings kan vind. Dan onthou ek die Camino-liedjie wat ons op die Spaanse platteland opgemaak het, gebaseer op John Denver se "Take Me Home, Country Roads".

'n Kelner bring ons biere en 'n vreemde ding gebeur. Ek sê vir die Japannese kelner "gracias" in Spaans, in plaas van "arigatou gozaimasu". Dit moet wees omdat ek 'n sterk Spaanse assosiasie met Nozomi het. Of dalk is ek net erg deur die mis.

Japannese tegnologie het ons tot dusver nog glad nie teleurgestel nie. Maar vanaand is dinge nie aan ons kant in die karaoke-kamer nie. Die disco-ligte wil glad nie werk nie, ons sukkel met die mikrofone en dit wil begin lyk of ons karaoke-poging gaan misluk. Nozomi bel ontvangs – hier is 'n telefoon in die vertrek – maar hul terugvoer is nie bevredigend nie.

Die weergawe van "Take Me Home, Country Roads" wat

ons gekies het, is ook heeltemal te vinnig. Ons klink 'n bietjie soos Alvin and the Chipmunks soos ons probeer byhou. Later vind ons darem 'n meer rock-gedrewe weergawe en sing ons Camino-liedjie met oorgawe, helaas in 'n oorbeligte en kliniese vertrek, duisende kilometer weg van 'n grondpad in Spanje:

Take me home, Camino
To the place where I belong
Santiago, Finisterre
Take me home, Camino.

* * *

Op ons derde oggend in Tokio kan ek skaars uit die bed opstaan. Die lang vlugte – ek was altesaam byna vier-en-twintig uur báie hoog in die lug – en daarna twee dae van voldag skiet, begin nou sy tol eis. Ek voel heeltemal oorgestimuleer.

Gisteraand ná die kuier met Nozomi het ek en Johann ook nog tot laat hier in die pastorie gesit en filosofeer. Die geselskap én saki het albei geesdriftig gevloei.

Die res van die span is ewe poegaai. Ek sien nog geen beweging op ons produksie se WhatsApp-groepie nie. Gelukkig het ons vanoggend geen afsprake nie. 'n Paar uur se broodnodige niksdoen lê voor in die gawe Symingtons se pastorie.

Vanmiddag om 14:00 ontmoet ek Scarlett Cornelissen by die keiserlike paleis in die Chiyoda-buurt. Botha Kruger het my voor ons vertrek van haar vertel. Sy is 'n professor in politieke wetenskap aan die Universiteit Stellenbosch en doen hoofsaaklik oor Japan navorsing.

Ek het gehoop om op Stellenbosch met haar 'n onderhoud te voer vir ons eerste episode, maar sy het my toe verras met die nuus dat ons twee dieselfde tyd in Japan gaan wees. Sy is vir vyf weke by 'n navorsingsinstituut in die Chiba-prefektuur naby Tokio werksaam.

Ek, PJ en Jaen stap na Shibuya-stasie en klim op 'n metro-trein op die groen Yamanote-lyn, wat op 'n sirkelroete deur Tokio loop. Ek raak stadigaan gewoond aan die stad se trein-stelsel. Selfs op 'n Vrydag rondom middagete is die treine vol.

First Aid Kit se album *Stay Gold* speel in my oorfone ty-dens die treinrit. "Be it for reason, be it for love, I won't take the easy road," sing die susters Klara en Johanna Söderberg in perfekte harmonie. Ek luister dikwels hierna terwyl ons treinry.

Ons klim af by Otemachi-stasie. Chiyoda is 'n sakedistrik en laat my dink aan Sandton, maar dis nog blinker en sko-ner, en meer Japannees. Net 'n paar honderd meter weg van die wolkekrabbers is die imposante keiserlike paleis, omring deur 'n boomryke park, gragte en klipbrûe.

Die paleis, wat in 1888 voltooi is, is steeds die amptelike wo-ning van die Japannese keiser. Bomaanvalle tydens die Tweede Wêreldoorlog het dit grotendeels vernietig, maar dit is daarna in die destydse styl herbou.

Ek en Scarlett het afgespreek om buite die oostelike hek van die park te ontmoet. Ons gaan nie die paleis se terrein betree nie.

Hier drentel groot getalle toeriste in die park rond. PJ en Jaen soek solank na 'n plek waar ons die onderhoud kan voer. Ek sit op 'n muurtjie en wag vir Scarlett. Dit is reeds 14:15 – ons het die stapafstand van die stasie af onderskat.

Gelukkig sien ek haar aangestap kom. Sy het gaan kyk of ons nie dalk elders in die park wag nie.

Ons gaan sit op 'n stil plein naby die paleismure, weg van die toeriste se gedruis. Sy vertel my haar navorsing gaan oor Afrika-Asië-betrekkinge, sowel histories as kontemporêr. Sy fokus veral op Japan se buitelandse beleid jeens Afrika, hoe firmas van hier in ons kontinent belê en watter rol dit speel in Afrika se huidige politieke ekonomie.

Sy besoek Japan al die afgelope vyftien jaar gereeld, soms

tot drie keer per jaar. Sy soek maar altyd na 'n akademiese geleentheid, of sy kom hou bloot vakansie.

"My belangstelling in Japan het 'n akademiese oorsprong, maar dit het toe ontaard in iets baie meer persoonlik, emosioneel en filosofies," vertel sy. "'n Mens word net heeltemal weggeblaas deur die andersheid van Japan. As buitestander is hierdie andersheid fassinerend en betowerend met die eerste oogopslag. Dan wil jy 'n bietjie meer begin verstaan van hierdie plek en sy kultuur."

Sy vergelyk die land met 'n ui. "Hier is soveel lae. Ek het nou maar eers begin om die ui te skil, deur meer te leer van die taal en die geskiedenis. Maar ek het nou ook besef hoe meer lae ek skil en hoe meer ek van Japan leer, hoe minder verstaan ek Japan. Dit motiveer my eintlik om elke keer weer terug te kom."

Ons gesels oor van die uitdagende aspekte van die Japannese samelewing. "Dis 'n baie ingetoë en insulêre kultuur. Hulle tref 'n onderskeid tussen 'soto', wat buite is, en 'uchi', wat binne is. Uchi is alles wat te doen het met die gesin en die huis, maar ook die Japannese samelewing. Uchi is 'n manier om buitestanders uit te sluit. Nie-Japannese word nie maklik ingelaat nie. Maar in hierdie uchi is daar soveel rykheid en diepte."

Sy bewonder die agting wat die Japannese vir hul langdurige beskawing het. "Daar is baie wat mooi is aan hierdie kultuur. Hier is 'n sin van beskawing en hulle gee daaraan uiting. Dit spoel oor na hulle manier van dinge doen op 'n daaglikse basis, soos kosmaak."

Ons gesels oor die rol van die keiser in Japan. "Die geloof is mos dat die keiser 'n paar duisend jaar gelede van die son af neergedaal het. Dit is ook baie nou verwant met die Sjinto-godsdiens. Dit gaan deesdae meer oor agting, mense respekteer dít wat die keiser verteenwoordig."

Die keiser se rol het egter ingrypend verander sedert Japan oorgegee het en die Tweede Wêreldoorlog geëindig het. Sedertdien is die keiser nie meer 'n goddelike figuur nie en het hy geen uitvoerende mag nie. Die koningshuis van Japan het deesdae slegs seremoniële status.

Ons onderhoud word onderbreek deur 'n polisieman wat teen 'n spoed naderstap en ons streng in Japannees aanspreek. Gelukkig het ek onthou om ons ambassadebrief in te pak. Hy lees die brief noukeurig. Dan verander sy gesindheid handomkeer, hy glimlag en begin vreeslik om verskoning vra, en wys ons kan maar voortgaan.

Ek vra Scarlett oor die VOC se destydse betrokkenheid in Japan. Jan van Riebeeck het immers dié land besoek voor hy sy verversingspos aan die suidpunt van Afrika kom stig het.

"Die VOC is juis daardie brug tussen Japan en Suid-Afrika," sê sy. "Langs Nagasaki is daar 'n eiland, Dejima, wat die enigste plek was waar buitelanders voet aan wal kon sit toe Japan afgesny was van die res van die wêreld. Die VOC het daar 'n basis gehad en handel gedryf met die Japannese. In daardie tyd het 'n slaaf of skepeling met die naam Anthonij van Japan saam met die VOC gereis en in die Kaap aangekom. Ek het al probeer uitvind wat verder met hom gebeur het."

Scarlett hou van rugby. "Eintlik hou my ma selfs meer van rugby as ek," sê sy, "maar ek sal 'n plan moet maak om hier uit te kom tydens die toernooi. Dalk kan ek navorsing doen oor rugby in Japan."

'n Ligte motreën begin val, maar ons is gelukkig betyds klaar met die onderhoud. Dit was lekker om in Tokio by 'n Stellenbosser 'n bietjie meer agtergrond te kry oor hierdie taamlik onverstaanbare land en kultuur.

* * *

Dit is vir eers ons laaste aand in Tokio. As alles goed verloop, gaan ons eers oor omtrent 'n maand weer in hierdie fantastiese stad aankom. Ons beplan om teen die einde van ons reis weer by die Symingtons tuis te gaan.

Johann en Hennie neem ons na hul gunsteling sushi-restaurant, Uobei Shibuya Dogenzaka. Ek is baie opgewonde, want ek is 'n volslae sushi-slaaf. As ek *Wielie-Walie* se Sarel Seemonster was, sou ek gesê het: "Sushi is my leeeeewe!"

Anders as die ronde sushi-vervoerband wat ons dikwels by restaurante in Suid-Afrika sien, is hier 'n sushi-treintjie. Almal sit in lang rye. Elke sitplek het 'n iPad wat jy gebruik om jou bestelling te plaas. Die kelners dra slegs drankies aan. Al die sushi kom binne 'n minuut of twee nadat jy bestel het op 'n bordjie aangegly – vandaar die sushi-trein. Dan druk jy later net 'n knoppie, en die leë bordjie gly weer terug kombuis toe. Die iPad hou boek van al die bestellings.

"Jy kan nie klaar wees voor jy tien bordjies geëet het nie," sê Johann. Toemaar, Johann, dít gaan nie vir my 'n probleem wees nie . . .

Ek is egter op die punt om moed op te gee met die chopsticks. Johann sê dis oukei, ek kan maar met my hande eet. Ek hoop nie tannie Emsie Schoeman sien my nou nie.

Eintlik kan sy ook maar, sy's 'n groot sport. Jare gelede het ek vir *Insig*-tydskrif 'n onderhoud met haar gevoer. Ons het 'n aandmark besoek en albei lekker met ons hande pannekoek staan en eet. Sy sal my nie veroordeel as ek nou weer my hande inspan nie.

My gunsteling-sushi hier is "Minced tuna with green onion and chili oil" en "Seared fatty salmon". Die tuna-sashimi se porsies is ruim en dit smaak puik. Sushi is oor die algemeen "skoner" in Japan, met minder souse en ekstra bestanddele as op spyskaarte in Suid-Afrika. Die meeste opsies hier is variasies op nigiri – 'n reghoekige stukkie rys met 'n lagie vis bo-op. En die groen wasabi smaak rêrig.

Ek probeer wel een eksotiese item: seekastaiing. Dit is daardie stekelrige, gevaarlike gedoentes waarvan jy moet wegbly as jy naby riwwe snorkel. Dit smaak egter 'n bietjie saai – ek verkies beslis salm en tuna.

Op pad terug na die pastorie gesels ek en Johann oor van Japan se uitdagings.

Daar is baie stigmas oor geestelike gesondheid, sê Johann. Depressie is nie iets waaroor enigiemand praat nie, en hier is nie baie sielkundiges of psigiatriese instellings nie. Iets soos depressie, en die gepaardgaande passiwiteit, word beskou as 'n skande wat jy oor jouself én jou gesin bring.

In 'n land met so 'n hoë premie op produktiwiteit en druk om die beste te wees, verklaar hierdie ingesteldheid dalk waarom selfdood so 'n groot probleem is. Die Japannese samelewing het 'n donker kant. Ongeveer dertigduisend men-se sterf elke jaar hier aan selfdood. Sakemanne spring gereeld voor aankomende treine. Daar is selfs 'n woud naby Mount Fuji, Aokigahara, wat as Suicide Forest bekendstaan.

Ek het 'n paar jaar gelede in 'n artikel in *The New Yorker* gelees dat verskeie mense ook al in Tokio gesterf het nadat iemand wat van 'n gebou af gespring bo-op hulle geval het.

Ek kyk op na die hoë geboue rondom ons hier in Shibuya. Tydens my eerste Camino het ek en 'n stapmaat van Israel, Timna, soms gedink aan vreemde maniere waarop jy dalk kan sterf tydens die pelgrimstog. Soos as 'n stapelbed in die nag bokant jou meegee.

Maar níks kan meer absurd wees as om 'n toeris in Tokio te wees wat sterf omdat 'n kantoorwerker uit die lug op jou val nie.

NAGOYA

Dalk is dit net die "neus" se vorm, maar die Shinkansen-snel-trein, of bullet train, laat my dink aan 'n swaan wat grasieus en verbasend stil by die platform ingly.

Dit is vroeg op 'n Saterdagoggend, ons vierde dag in Japan, en tyd om Tokio vir eers te groet. As als volgens plan verloop, is ons oor meer as drie weke terug in Japan se hoofstad.

Johann en Hennie het ons vanoggend by Shibuya-stasie afgelaai. "Jy raak gou moeg vir Japan, hoor, laat ek jou vertel, dit is nie Tokio nie," het Johann geterg. Ek gaan hierdie twee liewe mense mis. In hul huis het ons soos kinders eerder as gaste gevoel.

Van Shibuya was dit slegs 'n twaalfminuut-treinrit op die Yamanote-lyn tot by Shinagawa-stasie, waar die Shinkansen-treine verbykom. Ons wag op die stasie vir die Hikari 465, een van die sneltreine waarmee ons teen 'n maksimum spoed van 270 km/h na die stad Nagoya gaan reis. Nagoya lê sowat 350 kilometer wes van Tokio en is die vierde grootste stad in Japan.

Met die Hikari duur die rit tussen Shinagawa en Nagoya een uur en vyftig minute. Indien ons 'n motor sou huur, sou ons ten minste vier en 'n half uur gery het, en ook vir petrol en duur tolgeld moes opdok.

Die eerste Shinkansen het op 1 Oktober 1964 om 06:00 tussen Osaka en Tokio vertrek en 'n topspoed van 210 km/h bereik. Sedertdien het die snelnetwerk se roetes tot meer as 2 700 kilometer regoor Japan uitgebrei. Meer as tienmiljard passasiers het al deur die jare van die diens gebruik gemaak.

Die vinnigste Japannese sneltreine ry deesdae teen 320 km/h. Die Shinkansen is egter slegs die derde vinnigste hoëspoedtrein ter wêreld. (Die Shanghai-maglev-trein in China is nommer een en gaan draai by 'n ongelooflike 430 km/h.)

En die aantal sterftes sover weens 'n Shinkansen wat bots of ontspoor? Geen, soos in nul. Die Japannese is baie trots op hierdie verstommende veiligheidsrekord. Daar is helaas soms wel sterfgevalle weens selfdood wanneer iemand voor 'n Shinkansen in spring. Partykeer raak dit regtig vreemd: In Junie 2015 het 'n skynbaar versteurde 71-jarige man homself op 'n Shinkansen aan die brand gesteek. Hy en nog 'n passasier het tydens die insident gesterf en verskeie ander is beseer.

In 2016 het die treinmaatskappy JR Central berig die gemiddelde tyd wat Shinkansen-treine vertragings ondervind het oor 'n jaartydperk was vier-en-twintig sekondes, wat vertragings weens natuurlike rampe soos aardbewings en tifone insluit. (Dié treine is met gevorderde tegnologie toegerus om tydens 'n aardbewing 'n noodstop te doen.)

In Japan kan 'n doelwit of teiken klaarblyklik baie vinnig in 'n obsessie verander. Ek het in my navorsing afgekom op 'n berig op die nuuswebwerf *Japan Today* oor 'n amptelike verskoning wat die JR West-treindiens gemaak het nadat 'n trein in Mei 2018 'n volle vyf-en-twintig sekondes te vróég by Notogawa-stasie in die Shiga-prefektuur vertrek het. "The great inconvenience we placed upon our customers was truly inexcusable," het die verklaring gelui. Bid jou dit aan!

Dit is uiteraard onregverdig om hierdie standaarde te vergelyk met Suid-Afrika s'n. Maar ek kan nie help om te dink hoe ons land vooruit sal boer as ons openbare vervoer veiliger en meer stiptelik kon wees nie.

Vanoggend gebruik ons vir die eerste keer die Japan Rail Pass wat ons gister by Tokio-stasie gekoop het ná die onderhoud met Scarlett by die keiserlike paleis. Dit was duur teen net onder R8 000 per persoon, maar nou kan ons vier die volgende een-en-twintig dae die land deurkruis en orals op die JR-netwerk treinry.

Jy kan vooraf plek op die Shinkansen bespreek, of jy kan telkens in een van vyf onbespreekte waens 'n sitplek gaan soek. As al die sitplekke beset is, is daar gewoonlik staanplek in die gange. Ons het nie op hierdie Saterdagoggend vooraf bespreek nie, maar behoort darem maklik plek te kan kry.

Die stasie is bedrywig, veral met "salarymen" wat in swart pakke rondskarrel. In Japan skroom baie korporatiewe werkers nie om 'n werksweek van ses dae te trotseer nie.

Ek verkyk my aan hoe van die ander Shinkansen-treine wegtrek. Aanvanklik stadig, net soos enige ander trein. 'n Mens kan die insittendes nog duidelik sien anderkant die ronde vensters – wat baie soos vliegtuigvensters lyk. Maar binne sekondes bou die trein soveel spoed op dat dit lyk of die venstertjies een soliede streep word – amper soos "hyperspace" in wetenskapfiksie. Nou is die swaan van vroeër eerder 'n horisontale vuurpyl. "Dié trein is moer vinnig," sê Jaen droogweg terwyl hy dit afneem.

Vir die grap staan ek op die platform voor die snelbewegende trein en maak stadigeaksie-bewegings, soos Keanu Reeves wat vir die koeëls koes in *The Matrix*. Die salarymen het sekerlik nie tyd of geduld vir sulke lawwighede nie. Behalwe saans, wanneer hulle berug is vir straf drink in izakayas (informele kroeë) en dan dikwels na die laaste treine toe strompel.

Dit tref my opnuut hoe stil dit op die platform is. Ek hoor net aankondigings oor treine in Japannees. Die mense staan stil en netjies in rye by die onderskeie waens en wag – elkeen presies waar hy of sy moet wees.

Ons klim eindelik op die Hikari 465. Die trein is vierhonderd meter lank, met sestien waens en sitplek vir 1 323 passasiers. Die onbespreekte waens is reeds tjok-en-blok vol. Roxanne kry 'n sitplek, maar ek, PJ en Jaen staan in die gang.

Die Shinkansen is meer luuks as gewone moltreine. Jy mag ook op dié trein eet, wat nogal 'n welkome verandering is, want ek het op Shinagawa-stasie twee onigiri – salm-en-tuna-mayo – gekoop.

Ons is die enigste ooglopende toeriste in ons wa. Die Japannese rondom ons is meestal met hul slimfone doenig – party kyk flieks, ander speel speletjies of "chat". Slegs enkele mense lees boek. Die paar gesprekke wat ek kan hoor, is gedemp, byna in fluisterstemme. Nou en dan hoor ek net "sumimasen" ("excuse me") soos iemand in die gang by ons verbyskuifel na die badkamer.

Na sowat 'n driekwartier kry ek darem 'n venstersitplek toe 'n groot groep mense by 'n stasie afklim. Dit neem my 'n rukkie om gewoond te raak aan die spoed waarteen die landskap verbyflits – veel vinniger as waaraan ek in 'n motor gewoond is. Wel, 'n biétjie vinniger as die keer toe ek saam met renjaer Sarel van der Merwe in een van sy Audi's tussen die wingerde naby die Paarl gejaag het . . .

Dit is nog baie grootstedelik hier en gaan waarskynlik so bly tot in Nagoya. Op sommige Shinkansen-roetes is Mount Fuji glo op 'n helder dag – soos vandag – duidelik sigbaar, maar ons ry beslis nie op daardie trein nie. Of dalk sit ek nie aan die regte kant nie.

Ons ry verby 'n uitgestrekte industriële landskap vol geboue, huise, brûe en tonnels. Plek-plek sien ek 'n heuwel op die agtergrond en 'n paar kolletjies groen, maar dit is meestal industrieel, gryserig, besig. Teen die spoed waarmee die trein beweeg, maak veral die brûe interessante patrone in die verbygaan.

Ek is baie opgewonde oor die dag wat voorlê. Vanmiddag gaan ek my eerste rugbywedstryd in Japan bywoon. Toyota Shuttles kom teen Toyota Verblitz te staan in een van die Topliga-kragmetings. Die Topliga is waarskynlik vergelykbaar met die Curriebeker in Suid-Afrika.

Roxanne het vooraf met die Bulle se slot, Jason Jenkins, wat tans vir Toyota Verblitz speel, kontak gemaak. Hy het vir ons kaartjies gereël vir die wedstryd. Ons kan ook ná die tyd met hom en van die ander Suid-Afrikaanse spelers in Toyota Verblitz, soos Gio Aplon en Lionel Cronjé, gesels.

Hopelik het dié onderhoude meer diepte as die gewone clichés soos "dit was 'n wedstryd van twee helftes", "op die einde van die dag" en "hulle was meer klinies as ons" wat ons almal tot vervelens toe ná rugbywedstryde hoor. Ek stel in elk geval veel meer in hul ervaring van Japan as in die spesifieke rugbywedstryd belang.

As ons regtig báie gelukkig is, kan ek dalk 'n kort onderhoud met Toyota Verblitz se afrigter, Jake White, voer. Met die komende Rugbywêreldbeker in gedagte sal dit perfek by ons rugbytema pas om die Springbokke se seëvierende afrigter van 2007 by die reeks in te sluit.

Ek het 'n week gelede vir Jake 'n e-pos gestuur – Jason Jenkins het ons met die regte adres gehelp – en baie mooi gevra vir 'n onderhoud hier in Japan. Miskien was ek 'n bietjie voor op die wa, want ek wou hoor of hy twee ure beskikbaar het, hoewel ons hom beslis sou akkommodeer as sy tyd beperk is.

Jake het vinnig geantwoord. Hy sou graag 'n onderhoud doen, maar hy vertrek direk ná vanmiddag se wedstryd na Viëtnam, vir 'n week lank, so hy was nie seker wanneer ons dit sou kon inpas nie. Ek het weer per e-pos gevra of ons vinnig voor of ná die wedstryd kan gesels, maar ek het nie weer van hom gehoor nie.

* * *

Ons bereik Nagoya-stasie presies volgens die Hikari 465 se skedule. Mitsutaka Ogino van Tourism Toyota wag ons in. Hy is 'n netjiese Japannees in sy veertigs, met 'n dikraambril en 'n verbete kyk in die oë. Hy stel homself vriendelik voor as Mitsu.

"Yes, please welcome," sê hy en glimlag breed. "We have

to have a message to the world about our tourism, yeah."

Voor ons na Japan gereis het, het PJ kontak gemaak met verskeie toerisme-agentskappe in die stede wat ons beplan het om te besoek. Ons wou weet hoe filmpermitte werk en of iemand van die stad se toerismeburo ons sou kon help met 'n paar wenke, en dalk ook as tolk sou kon optree, indien nodig. Byna almal het flink en hoflik geantwoord en ons sterkte toegewens met die reeks. Maar daar was nie veel sprake van formeel saamwerk nie.

Ek dink die versoek van 'n klein spannetjie van vier mense uit verre Suid-Afrika het die toerisme-agentskappe effens verwar. Hulle is gewoond aan veel groter filmspanne en produksies met wêreldbekende aanbieders soos Joanna Lumley en wyle Anthony Bourdain. Gewoonlik het hulle seker baie meer tyd en papierwerk nodig om formeel betrokke te raak.

Mitsu was die enigste persoon wat dadelik met groot geesdrif en 'n praktiese plan geantwoord het. Ek vermoed dit is omdat Toyota City, sowat 40 kilometer oos van Nagoya, nou nie juis uitstaan as 'n top- Japannese bestemming vir buitelandse toeriste nie. Dit is tog bekend as bloot die plek waar Toyotas gebore word. Mitsu se missie is om die persepsie van Toyota City as slegs 'n industriële ankerpunt te verander. Hy maak geen geheim daarvan dat ons hom in hierdie missie moet help nie.

Ons laai ons sakke in 'n luukse swart Toyota Vellfire-minibus wat Mitsu gehuur het. Hy deel vir ons elkeen die reisplan vir die volgende drie dae uit, netjies uitgetik met die opskrif "TOYOTA Filming Schedule". Propvol en tot op die uur geskeduleer.

Ek en PJ maak vlugtig oogkontak. Dit is 'n opwindende maar intense skedule. Daar is geen manier dat ons al hierdie ervarings in een Toyota-episode kan insluit nie. Maar dit is later se uitdagings. Eers gaan ons die rugbywedstryd hier in Nagoya kyk.

Ons ry verby die Meitetsu New Grand Hotel en 'n massiewe Bic Camera-winkelsentrum van etlike verdiepings hoog. Die Nagoya-stadskern is bedrywig so op die Saterdagoggend. Dit wemel van mense, voertuie en fietse.

Die Paloma Mizuho-rugbystadion is naby die stasie geleë. Mitsu laai ons daar af. Ons nooi hom om saam te kom rugby kyk, maar hy sê nee dankie. Ek hoop maar hy gaan doen iets lekkers tydens die twee tot drie ure wat ons besig gaan wees. Hy sal ons weer ná die wedstryd oplaai, waarna ons na Toyota City sal ry vir aandete by Kevin's Bar, 'n gewilde izakaya.

Ek is verras deur die groot stadion met sitplek vir vyftienduisend mense. Ek het 'n kleiner een verwag, soos by klubrugbywedstryde in Suid-Afrika. Maar hierdie stadion is meer op die skaal van 'n Curriebekerwedstryd.

Ek stap verby vier kinders wat vir mekaar 'n rugbybal aangee, en 'n paar kosstalletjies ("Roast Beef" vang my oog). By 'n gazebo tel Roxanne ons kaartjies op. Dit lyk of 'n hele kleuterskool hier op besoek is. Die kinders is almal in rugbyklere aangetrek en stap netjies in gelid. Hulle dra elkeen twee blou opblaasbuise van plastiek wat 'n hol tromgeluid maak as jy hulle teen mekaar slaan.

Soos ek nou al begin gewoond raak in Japan, is 'n onderliggende orde hier aanwesig. By al die versamelpunte – of dit nou vir kos, kaartjies of toegang tot die pawiljoen is – wag almal geduldig in enkeltoue. Hier is nul vuvuzelas. Ek sal ook nie geld wed op 'n spontane Mexican wave tydens die wedstryd nie. Of op 'n groepie dansers soos Loftus se Blou Bul-meisies nie . . .

Maar hier ís darem meer van 'n gedruis en sigbare opwinding as op die stasies en treine waar ons al was. 'n Interessante gelukbringer-karakter sal ook seker sy of haar opwagting maak, soos ek die Japannese ken.

Iemand stop my 'n groot rooi A3-grootte papier in die hand: "Toyota Verblitz – No Excuse!" staan in groot letters daarop. Beteken dit daar is geen verskoning indien die span verloor nie? Agterop is foto's en inligting oor Toyota Verblitz se spelers en bestuur. Ek sien 'n volle sewe Suid-Afrikaners se kop-en-skouers-foto's in die spelersgroep: Gio Aplon, Jason Jenkins, Clinton Swart, Jannes Kirsten, Reniel Hugo, Lionel Cronjé en Carl Wegner. En natuurlik Jake White as afrigter.

'n Japannese gryskopomie in 'n blou All Blacks-hemp staan nader vir 'n geselsie. Hy is 'n vurige Toyota Verblitz-aanhanger. "I was number three," sê hy trots. Hy lyk nogal asof hy 'n paar dekades gelede 'n gedugte voorryman kon gewees het. "I was number eleven," sê ek en vryf oor my (steeds groter wordende) maag. "I was thin, I was thin."

Hy lag. "The past, the past . . ." Ons groet met 'n handdruk. Tradisioneel buig 'n mens om te groet in Japan, maar die Japannese groet Westerlinge dikwels wel met die hand, kom ek agter.

Ek klim die trappe na my sitplek op die hoofpawiljoen se boonste vlak. By 'n stalletjie koop ek biere vir my en die span. Gegeurde springmielies, diepgebraaide happies en sushi-bento-bokse (gewilde wegneemete-houers met verskillende kompartemente) is ook beskikbaar. Dit sal beslis my eerste sushi by 'n rugbywedstryd wees. Maar ons is nou in Japan, die land van die opkomende son en sushi. Een van die dae ook die land van sushi en "Shosholoza". Ek koop 'n boksie: tempura-steurgarnale toegedraai in rys en seegras.

Al is ek 15 000 kilometer weg van die huis en omring deur duisende Japannese toeskouers, ontmoet ek reeds by die kosstalletjie twee jong Suid-Afrikaners. Genevé is onlangs getroud met Toyota Verblitz se senter Clinton Swart, en Karli Truter is die slot Reniel Hugo se meisie. Hulle is net so verras soos ek om iemand in die stadion Afrikaans te hoor praat.

Ek het 'n bespreekte sitplek en die hoofpawiljoen is byna vol (ek sou skat hier is naby aan tienduisend toeskouers), maar daar is plek oop langs Genevé en Karli. Ons sit net betyds om te sien hoe die twee spanne uitdraf. Jaen staan in die gangetjie langs ons en hou sake deur sy kameralens dop. Hy leef hom reeds in en staan bankvas agter Jake White se span. "Ah, ek love Verblitz," sê hy.

Die spanne in die Topliga word almal besit deur groot maatskappye soos Toyota, Suntory, Yamaha en Panasonic. Albei spanne wat vandag speel, behoort aan Toyota. Verblitz se opposisie, die Shuttles, se volle naam is Toyota Industries Shuttles en die span staan ook as Toyota Jido Shokki bekend.

In Japan is klubrugby – buiten die hemelhoë salarisse wat internasionale sterre lok – verbasend genoeg steeds 'n amateursport. Die meeste Japannese spelers is werknemers van die maatskappy wat die betrokke span besit. In plaas van wedstrydfooie of ander finansiële aansporings, kry hulle 'n salaris.

Die meeste toeskouers by Topliga-wedstryde is óók werknemers van die maatskappye, wat meestal komplementêre kaartjies by hul werk ontvang. Dit is veilig om te sê dat die oorgrote meerderheid toeskouers hier met Toyota-besigheidskaartjies in hul beursies rondloop.

Daar is egter toenemende druk op die Japannese Rugbyunie om die sport – soos in die meeste ander lande – die professionele era binne te lei. Soos sake tans staan, met 'n betreklik klein inkomste uit kaartjieverkope en addisionele advertensies, absorbeer die maatskappye elke jaar groot verliese om die spanne, wat elk uit 'n poel van ten minste veertig spelers bestaan, te finansier.

Die skare klap beleefd hande, soos wanneer 'n skoolhoof die verhoog by 'n prysuitdeling betree om 'n toespraak te maak. Niemand gil of rafel uit nie.

Die sushi is heerlik en smaak selfs lekkerder saam met 'n paar slukke bier. Dalk moet kosstalletjies by rugbystadions in Suid-Afrika ook sushi begin verkoop as 'n alternatief vir biltong en droëwors.

Wanneer ek 'n rugbywedstryd bywoon, dink ek dikwels te-rug aan die Boet Erasmus-stadion in Port Elizabeth, waar ek dertig jaar gelede begin rugby kyk het. Die Boet sal altyd die hoofkwartier van my rugbyherinneringe bly.

Ek was nege jaar oud tydens my eerste toeskouerwedstryd by die Boet. Die Oostelike Provinsie (OP) het teen Natal ge-speel in 'n Curriebekerwedstryd. Dit was die begin van 'n dikwels martelende studie van hoe vinnig hoop in wanhoop kan verander.

Niemand kon die OP in die eerste twintig minute van 'n wedstryd op die Boet klop nie. Daarna het die wiele begin afkom. Ondanks *Braveheart*-agtige terugvegpogings wat 'n mens altyd net-net wou laat glo, was dit helaas ook so dat die OP meestal niemand kon klop in die laaste twintig minute van 'n wedstryd op die Boet nie.

Om met 'n verloorspan groot te word was taai, maar ek glo dit was ook 'n nodige les in nederigheid en perspektief. Die kere wat die OP wel gewen het, was die vreugde soveel groter en lekkerder.

Die treurige uitslae ten spyt, het ek vele mooi herinneringe aan die Boet: die geur van braaivleis op die B-veld; die oop pa-wiljoen se wildewragtigs wat Naas Botha met nartjies bestook het; die twee vet, bebaarde omies met die pienk olifantpan-toffels wat pligsgetrou voor elke wedstryd 'n stappie om die veld gemaak het met 'n tamaai swart-en-rooi banier; Danie Gerber se onverbeterlike systap; Frans "Domkrag" Erasmus se skuifeldraffie; en rateltaai spelers soos Adri Geldenhuys en Armand du Preez.

Maar dan was daar ook die klein pawiljoen doer in die hoek wat soos 'n pondok gelyk het en waar net bruin en swart mense gesit en rugby kyk het – ek sou eers later die groot onreg daarvan besef.

My pa was in daardie jare 'n lid van die OP Skeidsregters-vereniging. Ná 'n wedstryd het al die skeidsregters dikwels saam 'n dop gedrink in een van die kroeë binne die hoof-pawiljoen. Ek was 'n nerd en handtekeningjagter en het dan graag handtekeninge versamel van skeidsregters soos Freek Burger en Jimmy Smith-Belton. Ek het ook dikwels saam met die ander skeidsregters se kinders rugbyballe rondgeskop on-der die spreiligte en gedroom van eendag drieë druk in 'n OP-trui.

Ek is spyt ek het die "Battle of Boet Erasmus" tussen die Springbokke en Kanada misgeloop tydens die 1995 Rugby-wêreldbeker – daardie omstrede aand toe die spreiligte af-gegaan en die skeidsregter drie rooikaarte uitgedeel het. Ek dink Boyz II Men het ook 'n keer by die Boet opgetree, maar ek was te jonk daarvoor.

In 2002 het ek na die Kaap verhuis en nooit weer 'n rugby-wedstryd op die Boet Erasmus bygewoon nie. In 2010 het die OP Rugby-unie geskuif na die nuwe Nelson Mandela-baai-stadion wat gebou is vir die Sokkerwêreldbeker. In die jare daarna het die Boet heeltemal vervalle geraak – diewe het alles moontlik gebuit en beeste het daar gewei. Sloopwerk het in 2018 begin. Soos Boyz II Men sing, het die "End of the Road" vir die Boet aangebreek.

Ek sou nooit tydens enige van die vele wedstryde wat ek daar bygewoon het, kon droom dat ek eendag in Japan langs 'n rugbyveld sou sit en kyk hoe Suid-Afrikaners speel nie . . .

* * *

Genevé en Clinton het in Mei vanjaar getrou en kort daar-na na Japan gekom. "Ons sien dit eintlik as een baie lang honeymoon," sê sy. "Japan is veilig en skoon en die natuur is baie mooi. Die hoofprobleem is die taalgaping, veral as jy in winkels kom. Ek het glad nie grootgeword met rugby nie, maar dit is 'n lekker gemeenskap, veral hier in Japan. Ek sien nuwe plekke en leer nuwe mense ken, dit is regtig 'n groot voorreg."

Sy is opgelei as fisioterapeut, maar gee tans Engels vir Japannese kinders. Van tyd tot tyd wil sy in Suid-Afrika as fisioterapeut gaan werk en tussen die twee lande pendel.

Karli het verlede jaar 'n BCom-graad aan die Universiteit Stellenbosch voltooi. "Dit was in die begin vir my nogal moeilik, want ek is die jongste een hier," sê sy, "maar ek het vinnig pelle gemaak. En dis ook net lekker om Afrikaans te kan praat."

Haar kêrel Reniel is 1,97 meter lank en kry nie sommer hier skoene en klere in sy grootte nie. "Dis 'n mission, hoor," sê Karli, "jy bestel dit maar van Amazon af."

Genevé vertel my van die Nabana no Sato Winter Illumination – 'n groot skouspel waartydens miljoene LED-liggies 'n groot blommetuin belig. Die tuin is sowat 40 kilometer buite Nagoya en die opening is juis vanaand. Genevé sê ons durf dit nie misloop nie. Dit klink na iets wat ons moet gaan verfilm, maar ek weet nie of Mitsu noodwendig oop is vir veranderinge aan die skedule nie.

Die wedstryd is opwindend. Die pas is vinnig, amper soos 'n seweswedstryd. Binne twee minute druk Toyota Verblitz die eerste drie. Kort daarna is dit Toyota Shuttles se beurt. Terwyl die Shuttles se losskakel aanlê pale toe vir die doelskop, hoor ek niemand "Boo!" skreeu nie. Ek sit beslis nie nou op die Boet Erasmus se oop pawiljoen nie . . .

Hoewel ek nie regtig 'n belang het by wie vandag se Toyota-derby wen nie, lê my lojaliteite om selfsugtige redes by Toyota Verblitz: Ek is bang as Jake White se span verloor, is hy nóg minder lus om met my te gesels voor hy met 'n lang gesig na Viëtnam vertrek.

Ek kan nie sien waar in die pawiljoen die afrigtingspan sit nie. Net die reserwes is langs die kantlyn, besig om hul spiere warm te hou op blink oefenfietse. Genevé wys vir my waar die meeste van die ander spelers se vrouens en kinders agter die doellyn sit. "Jy sal nogal agterkom die Suid-Afrikaners hier maak 'n groepie," sê sy. "Ons het begin saam oefen en drink saam koffie. Die kindertjies is baie oulik. Ons is so min Suid-Afrikaners hier, so dit voel later of dit jou eie familie is."

Die spelers kom groet glo ná die tyd hul ondersteuners, vrouens en kinders. "Die Japannese is lief vir handtekeninge versamel ná die tyd," sê Karli. "Soms dink ek nie eens hulle weet wie die speler is nie, maar omdat hierdie lang ou voor hulle staan, soek hulle 'n handtekening."

Ons sal moet seker maak ons is daar met die kameras wanneer dít gebeur. Eerste prys sal wees as ek daar al 'n onderhoud of twee met van die spelers kan voer.

Wat mis hulle die meeste van die huis? "Skaaptjoppies," sê Genevé dadelik. "En om lekker gesellig om 'n vuur te sit." Karli, wat van Piketberg se wêreld af kom, mis landerye. "Alles is hier mos maar baie opmekaar en dis net geboue, so jy soek daai stukkie plaas."

Teen rustyd is die telling 17-10 in Toyota Verblitz se guns. Dit is letterlik al wat ek verstaan op die groot telbord, want die res is in Japannese karakters. Ek sien uiteindelik Toyota Verblitz se gelukbringer, wat op die veld in 'n ry saam met 'n paar Japannese staan en vir die skare waai. Met sy groen hare herinner hy nogal 'n bietjie aan Zakumi, ons luiperd-gelukbringer van die 2010 Sokkerwêreldbeker.

Ek gaan maak 'n draai by die snuisterystalletjies binne die pawiljoen. 'n Paar T-hemde is aweregs. Een groene met die woorde "Rugby Habit" voorop het 'n illustrasie van 'n groot grizzly-beer met een arm om 'n rugbypaal. Op 'n grys T-hemp pryk die woorde "Ruck & Maul Maker" bó 'n stormende renosterbul. Ek vermoed die renoster simboliseer 'n voorspeler wat 'n losskrum gaan afdwing. Vertrou op Japan om met iets anders vorendag te kom.

Ek sien ook die amptelike rugbytrui van Japan se Brave Blossoms raak en besluit dadelik om een te koop, teen 'n stewige 9 800 yen (rofweg R1 300). Ek moet dit self uit my spaargeld betaal, dit is immers nie 'n produksie-uitgawe nie. Maar ek is seker dit sal in my guns tel as Japannese my in hierdie rugbytrui gewaar. En dan het ek reeds 'n Japannese trui vir die Wêreldbekertoernooi, wanneer dit waarskynlik nog duurder gaan wees. Ek en Catharien het juis kaartjies gekoop vir Japan se laaste groepwedstryd teen Skotland in die Yokohama-stadion. Dit gaan heel moontlik 'n maak-of-breek-wedstryd vir dié twee spanne wees, en ek sien uit daarna om my Japan-trui in 'n volgepakte stadion te dra.

Ek vra vir die man agter die toonbank watter grootte hy voorstel. "Extra large," sê hy dadelik met 'n laggie. Vroeër in die pawiljoen het Genevé my die woord "debu" geleer – dis 'n Japannese slengwoord vir iemand wat baie oorgewig is. Die verkoopsman bars uit van die lag toe ek my nuwe Japannese rugbytrui oor my kop trek, oor my maag vryf en "Debu" sê.

* * *

Dit is nie die eerste keer dat ek die sporttrui van 'n ander land se span koop nie: Ek hou daarvan om dit te doen wanneer ek buite ons landsgrense reis. Dit is 'n klein gebaar, maar die plaaslike inwoners waardeer dit. Ek onthou in 2006 was die Tanzaniërs op straat baie vriendeliker met my as met die ander toeriste nadat ek die land se nasionale sokkertrui aangeskaf en gereeld gedra het.

Daar is wel één rugbytrui waaroor ek vandag steeds gemengde gevoelens het.

In 1994, toe ek in standerd sewe was, was die Engelse senter Jeremy Guscott my groot held. Hy sou uiteindelik vyf-en-sestig toetse vir Engeland speel en agt keer vir die Britse Leeus uitdraf. Engeland se voormalige afrigter sir Clive Woodward het hom "The Prince of Centres" gedoop.

In daardie stadium het ek self senter gespeel en was Guscott se verbysterende spoed, ratsheid en intuïsie vir my 'n groot inspirasie. Ek het selfs sy regop manier van hardloop probeer na-aap.

Miskien was ek 'n bietjie te fanaties. Ek het alles wat ek kon oor Guscott opgelees – dit was vóór internettoegang in Suid-Afrika algemeen was – en ons VHS-videomasjien was altyd op 'n gereedheidsgrondslag indien iets oor hom op TV sou verskyn.

Die SA *Sports Illustrated* was op hoërskool een van my gunstelingtydskrifte, en nie net vir die jaarlikse swembroek-uitgawe nie. Toe my bewondering van Jeremy Guscott op sy hoogste was, het ek vir my 'n amptelike Engeland-rugbytrui deur dié tydskrif bestel. Nodeloos om te sê het dit my nie baie gewild gemaak op Uitenhage nie . . . Ek was natuurlik steeds en eerstens 'n vurige Springbokondersteuner, en dit was moeilik om myself intellektueel of emosioneel te verdedig wanneer ek op 'n weeksaand by 'n CSV-koffiekroeg opgedaag het in Engeland se rugbytrui.

In 1997, met Guscott se loopbaan wat einde se kant toe gestaan het, is hy ingesluit in die span van die Britse Leeus wat in Suid-Afrika kom toer het. Ek het met die hand 'n bewonderaarsbrief geskryf, 'n selfgeadresseerde koevert met 'n leë vel papier in die koevert ingesluit, en dit vir 'n onderwyser met rugbykontakte gegee.

Die Britse Leeus het in 'n oefenwedstryd voor die toetsreeks in die Boet Erasmus-stadion teen die OP gespeel. Ek het daardie Saterdag op die oop pawiljoen gesit. Dit was die eerste en enigste keer dat ek Guscott in lewende lywe sien speel het.

Ek het darem nie daar op die Boet in my Engeland-rugbytrui gesit nie – ek vermoed dit sou hooligan-gedrag by die

OP-ondersteuners ontketen het – maar ek kon myself nie keer om op te spring en hande te klap toe Guscott die eerste drie van die wedstryd druk nie. Die toeskouers rondom my was glad nie beïndruk nie.

Sowat 'n week later daag daar 'n brief by ons huisadres op Uitenhage op, in 'n koevert wat ek vroeër aan myself geadresseer het. Dis 'n brief in Guscott se handskrif waarin hy dankie sê vir my "kind words and support" en my aanmoedig om my rugby te geniet.

* * *

Toyota Verblitz druk vroeg in die tweede helfte nog twee drieë en loop tien minute voor die einde gerieflik voor met 31-15.

Die Suid-Afrikaners speel 'n barshou. Lionel Cronjé kuier twee keer agter die doellyn, Jason Jenkins is rateltaai in die losskrums en Gio Aplon is op 36 nog net so rats soos altyd en vleg keer op keer moeiteloos deur die Shuttles se verdediging.

Ek stap saam met Genevé en Karli na waar die ander vrouens en meisies van die SA spelers sit. Gio se twee kinders ondersteun hul pa trots en loer bo-oor 'n advertensiebord na die aksie. Albei dra rooi Toyota Verblitz-rugbytruie met APLON 15 op die rug. "My skoonma het dit gemaak," vertel Genevé trots.

Ek gesels met Gio se vrou, Stacey, wat 'n wakende oog hou oor haar twee kinders én haar man op die veld. "Ek moet sê, ek was 'n bietjie skrikkerig toe ek hiernatoe gekom het, maar die mense is so vriendelik en behulpsaam, ek verkies Japan bo Frankryk waar Gio vroeër gespeel het. Hy geniet sy rugby nogal baie nou."

Sy vertel Gio moet nog besluit of hy sy kontrak gaan verleng. "Hy't hoeka gesê sy liggaam sê hy moenie aanteken nie, maar sy hart sê teken aan. Dis nou die moeilike keuse, so ons kyk maar."

Die eindfluitjie blaas en Toyota Verblitz wen met 31-20. "Daddy won, yay!" roep een van die kinders.

Albei spanne kom bymekaar en staan in 'n groot kring, klap saam hande en sing die een of ander liedjie in Japannees. Ek sien Jake White vir die eerste keer, daar saam met die spelers. Maar ek weet nie hoe om by hulle op die veld uit te kom nie. Ek het nie die moed om oor 'n advertensiebord te klouter en na Jake te draf met PJ en Jaen met hul kameras op my hakke nie.

Die spelers stap ná die gesingery om die veld en wuif vir die skare. Handdrukke, high-fives en drukkies volg. Die kinders sit tevrede op hul natgeswete pa's se heupe en skouers. Ek gee self in die verbygaan vir die Toyota Shuttles se Aussie-agterspeler, Christian Leali'ifano, 'n high-five.

Ek skud blad met Gio Aplon en hy stem dadelik in om te gesels. "Ek raak nou oud, jong, maar as my bene my gaan hou, wil ek nog tot 2020 hier speel. Ons bly lekker hier en die mense begin al hoe meer die rugby geniet en ondersteun."

Een van die redes vir sy besluit om in Japan te kom speel, was die vooruitsig van Jake White as afrigter. "Ek leer ongelooflik baie van Jake, nie net op die veld nie, maar van die veld af ook. As jy met hom chat, kan hy vir jou boekdele vertel van dinge in rugby en dinge van die lewe. Hy druk ons om goed te speel."

Hoewel hy sy familie by die huis mis, geniet Gio die Japannese kultuur. "Ek het in Frankryk gesien die fout wat ons soms maak, is ons wil Suid-Afrika in Frankryk bou. Ons vergelyk dan alles. Die Japannese kultuur is heeltemal verskillend, maar as ek heeltyd gaan soek vir Suid-Afrikaanse kultuur hier, gaan dit nie lekker wees nie. So ons aanvaar die Japannese kultuur en pas in en respekteer almal hier. En wanneer ons huis toe gaan, is ons weer volbloed Suid-Afrikaners."

Ons groet en hy omhels sy kinders, voor hy 'n paar handtekeninge uitdeel. Sy dogter, Gia, sien die kamera raak en begin waai. "I'm on TV, hello! I'm on TV, hello!"

Ek wil 'n draai gaan maak naby die ingang na die spelers se kleedkamers. Roxanne het met Jason Jenkins gereël dat hy ons ná die wedstryd daar sal ontmoet. Hopelik loop ek ook vir Jake White raak.

Die hoofpawiljoen is silwerskoon, sien ek soos ons aanstap daarheen. Nie 'n flenter papier of 'n koeldrankbottel wat rondlê nie. Ek sien ook nie skoonmakers óf vullisdromme nie. 'n Kwartier gelede was die pawiljoen nog volgepak met mense wat springmielies en sushi geëet en bier gedrink het. Hulle almal moes dit alles saamgedra en iewers op pad uit weggegooi het.

Naby die ingang na die kleedkamers onder die pawiljoen troon Jason Jenkins op 2,01 meter uit bo die aanhangers wat saam met hom vir foto's poseer. Verskeie groepies Japannese wat nog hier rondstaan en wag op spelers, besef Jaen neem hulle af. Hulle reageer uitbundig en lag en trek gesigte. Allesbehalwe behoudend.

"Die spel hier is 'n bietjie anders," vertel Jason. "Die breakdowns is nie so hard soos in Superrugby nie, maar die spel is baie vinniger. Jou rugby groei in verskillende opsigte."

Jason het in Junie 2018 as 22-jarige in sy debuuttoets vir die Springbokke gespeel teen Wallis in Washington. Ek vra hom maar eerder nie spesifiek oor daardie treurige wedstryd wat die Bokke 20-22 verloor het nie. "Om 'n smakie te kon hê, maak 'n ou honger daarvoor en as daar weer so 'n geleentheid kom, sal ek dit definitief met albei hande aangryp. Dit is enige Suid-Afrikaner se droom om vir jou land in 'n Rugbywêreldbeker te speel."

Ek vra hom of hy dink Suid-Afrikaanse rugby-ondersteuners gaan kan kophou met al die reëls en etiket op treine in Japan. "Ek hoop hulle gedra hulle op die treine en dat hulle nie treine mis nie, want hier vertrek al die treine betyds. Die

Rugbywêreldbeker in Japan gaan een wees om te onthou. Hopelik kan die Springbokke dit vir ons huis toe bring."

Jason neem verder foto's saam met aanhangers. 'n Middeljarige Japannese vrou staan nader. "I'm a very favourite of Toyota Verblitz. Jason Jenkins, he is a strong player . . . and very handsome." Ek vertel haar ek is self van Suid-Afrika. "We beat South Africa last time," sê sy en giggel. "That time I got to England." Ja, sy was daardie dag op die pawiljoen in Brighton. Ek giggel maar ook. Wat anders kan 'n mens doen?

Ek hang rond by die kleedkamers se ingang en knoop geselsies aan met elke persoon wat daar uitstap, in die hoop om by Jake White uit te kom. Spelers, reserwes, spanbestuur. Almal groet vriendelik, maar raak dadelik versigtig wanneer ek vra of Jake nog binne is. Veral wanneer hulle die kameras sien.

Toe ons al 'n kwartier lank sonder sukses wag, lyk dit of PJ en Jaen wil aanstaltes maak. Mitsu wag vir ons in sy blink swart motor, en ons moet nog Toyota City toe ry.

Maar ek staan hardkoppig en wag, 'n steeks perd in Japan se nasionale rugbytrui. Ons kan tog nie hierdie geleentheid misloop om in Japan met ons vorige seëvierende Rugbywêreldbeker-afrigter te praat nie.

Ek dink jare se joernalistiek het gemaak dat ek 'n storie of onderhoud moeilik laat vaar. In my jonger dae by *Insig*-tydskrif het ek sir Richard Branson se PR-span in Johannesburg byna 'n week lank gepla (dalk selfs gepes?) en nie opgegee voor ek 'n kwartier lank alleen met die moeë magnaat in 'n raadsaal kon gesels nie.

Maar vandag lyk dinge nie goed nie. Jaen maak later 'n ander voorstel vir inhoud. "Ek wil hê Erns moet op die veld hardloop en dan moet iemand hom tackle. Die grootste ou moontlik, soos Beast Mtawarira of iemand, maar hy's nie nou in Japan nie. Maybe Jason Jenkins, waar is hy?"

Uiteindelik maak ek oogkontak met 'n ouer Japannese man wat naby die deur staan met 'n akkreditasie-kenteken om sy nek. Ek wil net hoor of Jake nie reeds die stadion via 'n ander uitgang verlaat het nie. Hy verseker my egter Jake is steeds hier. Ek pleit by hom dat ek met Jake in kontak was en sê twee keer met my hand op my bors "Minami Afurika" (Suid-Afrika). Hy verdwyn agter die deur. 'n Paar minute later kom hy weer te voorskyn en wink ons na binne.

Ons stap deur 'n gang tot by 'n uitgang aan die ander kant van die pawiljoen, by die rugbyveld. Daar staan Jake White met sy grys Toyota Verblitz-sweetpaktop arms gevou en gesels met 'n bestuurslid. Hy lyk nie juis dik van die lag dat ek hom trompop loop saam met twee kameramanne nie . . .

"I sent you an email," sê hy, iets tussen verbaas en geïrriteerd. Ek moet nou baie vinnig op my voete dink. Dit help nie ek kap terug met 'n "Yes, and I replied twice and asked if we could meet before or after the game" nie.

Ek vra om verskoning dat ek op hom afgepyl het. Sal hy bereid wees om vir twee minute met my te gesels? "Only two minutes?" vra Jake. Vir 'n oomblik lyk hy vies dat dit so kort is! Ek begin senuweeagtig giggel. "Dis reg, kom ons gesels," antwoord hy in Afrikaans en gee so 'n skewe Bruce Willis-glimlag.

Die kameras rol dadelik. Ek buig plegtig voor Jake en groet met 'n "Konnichiwa". Hy ontspan dadelik met 'n laggie en groet my terug in Japannees. Die ys is gebreek. Alles gaan oukei wees, soos Catharien altyd sê. Ek het nie eens daaraan gedink dat Jake die onderhoud in Afrikaans sal doen nie.

"Die mense en kultuur is ongelooflik, en die rugby het ook baie verbeter," sê hy. "Dit is goed vir my ook. Ek kan nie die taal praat nie, ek het 'n tolk nodig om die boodskappe te kan oordra. Jou afrigting verbeter as jy 'n tolk gebruik, want jy moet harder dink oor die detail wat jy deurstuur."

Hoewel sy span vandag die Toyota-derby gewen het, is hy teleurgesteld. "Ons wou 'n bonuspunt kry, ons het ons kanse gehad. Dit beteken ons eindig derde in ons poel en nie tweede nie. Dit maak die pad na die finaal vir ons moeiliker."

Dink hy Japan is reg vir die Rugbywêreldbeker? "Ek dink baie mense gaan verbaas wees oor hoe goed hierdie Wêreldbeker gaan wees. Hulle gaan 'n helse surprise kry as hulle hier aankom en sien hoe lief die Japannese vir rugby is. En die tipe diens wat hulle gaan kry. Alles werk, alles werk."

Hy geniet dit om die Japannese kultuur te verken terwyl hy hier woon. "As alles goed gaan, kan ek hier wees tydens die Wêreldbeker én die Olimpiese Spele in Tokio." Maar vir eers lê 'n week se rus in Viëtnam voor. "Ek gaan 'n bietjie op die strand lê, gholf speel en cocktails drink," sê hy.

Ons gesels oor die Bokke se kanse in die wêreldtoernooi. Ek vertel ek het reeds kaartjies gekoop en gaan Japan weer besoek en die eerste groepwedstryd teen die All Blacks in Yokohama kyk. "En kom ons hoop die Bokke speel weer . . ." begin ek, maar Jake knip my kort.

"Jy moenie hoop nie," sê hy met die insig en ervaring van iemand wat al die Webb Ellis-trofee omhoog gehou het. "Jy moet gló hulle speel in die finaal. Daar's 'n helse verskil."

TOYOTA CITY

Mitsu wag pligsgetrou vir ons by sy swart minivan oorkant die rugbystadion. Die volgende plek wat ons gaan besoek, is Kevin's Bar in Toyota City, sowat 'n uur se ry hiervandaan.

Roxanne skimp by Mitsu oor vanaand se Nabana no Sato Winter Illumination, maar hy skud sy kop. Mitsu stel niks in die liggiefees belang nie. Ek begin dink selfs ons pas afgelope rugby-uitstappie het hom geïrriteer, want dit was nie in Toyota City nie. Dis Toyota City of niks, begin ons agterkom.

Ons het vroeër vandag per e-pos bevestiging by ons avontuurgids David Niehoff gekry dat die weer vir Maandag goed lyk om Mount Fuji te gaan klim, nadat ons beplande uitstappie 'n paar dae gelede weens slegte weer (glo tifoonsterkte wind op die berg) uitgestel is.

PJ lig Mitsu dus versigtig in dat ek en hy heel moontlik nie meer Maandag die beoogde skedule kan volg nie. Ons mis dan uit op besoeke aan 'n miso-fabriek en 'n groenteeplantasie. Ek stel ook voor dat ons die besoek aan die Toyota-museum, wat vir Maandag geskeduleer is, eerder Woensdagoggend inpas. Mitsu het darem begrip daarvoor dat ons Fuji ter wille van die reeks moet probeer uitklim. Dalk help dit dat Fuji 'n heilige plek is . . .

Mitsu vertel hy het vroeër jare in Christchurch in Nieu-Seeland gewoon en daar by 'n warmwaterbron-oord gewerk. Hy was ook lank in Tokio in die toerismebedryf en het maar drie jaar gelede in Toyota City kom werk. Sy twee dogters is klaar met skool en studeer tans, en sy vrou woon steeds in Tokio. Hy sien haar en sy dogters slegs wanneer hy naweke huis toe gaan.

Hy tref my as 'n tipiese Japannese sakeman: gedrewe, gefokus, byna oorproduktief, gemeet aan Westerse standaarde.

Ek is nuuskierig oor hoeveel verlofdae hy per jaar kry. "One hundred," antwoord hy saaklik, dog tevrede. Honderd verlofdae? Dit is vyf keer meer as wat ek gekry het toe ek voltyds as joernalis by Media24 gewerk het! Hoe rym dit met die befaamde Japannese werketiek?

Ek vra weer, net om seker te maak. Hónderd dae? "Yes, every Saturday and Sunday," antwoord hy. "I have two leave days a week." Ek en die span kyk verwilderd na mekaar. Mitsu beskou sy naweke as sy verlofdae . . . En dit lyk nie of hy besig is om 'n grap te maak nie. Hy voeg by daar is twee langnaweke in 'n jaar, wanneer die meeste Japannese die Vrydag of die Maandag 'n af dag het. En dit is dit.

"I don't want the empty desk for too long," sê Mitsu. Hy vertel daar is 'n vrees by Japannese kantoorwerkers dat, indien hulle te lank op verlof gaan, iemand anders bloot by die "leë lessenaar" sal inskuif en hul werk oorneem.

Die afgelope paar dae het ek dit begin oorweeg om dalk iewers in die toekoms in Japan te kom woon en werk, maar ek twyfel of ek met so min "verlof" sal kan oorleef. Hopelik is dit minder moordend in ander beroepe, soos as 'n mens Engels gee, of in die joernalistiek.

Ek vra vir Mitsu om my ouderdom te raai. Terwyl hy bestuur, kyk hy vlugtig in my rigting, prewel 'n paar geluidjies soos iemand wat hoofrekene doen, en sê-vra: "Fifty-one years old?" Dit is 'n volle dertien jaar ouer as my ouderdom van 38! Ons almal lag darem daaroor. Dit is hopelik maar omdat my baard 'n terugkeer maak. Baarde is nie volop in Japan nie.

Ons bereik Toyota City net ná sononder. Ek kyk na die voertuie rondom ons: byna deur die bank Toyotas. Dit laat my dink aan wanneer ek in Uitenhage rondry. Die meeste voertuie daar is Volkswagens, afkomstig van die groot fabriek buite die dorp. Die skaal is natuurlik onvergelykbaar, want hier is twaalf Toyota-aanlegte in en rondom die stad!

Toyota City het 'n moderne en blink sakekern met hoë geboue, maar in vergelyking met Tokio en Nagoya voel dit soos 'n plattelandse dorpie. Kevin's Pub is naby die treinstasie. Ons stap deur 'n gang daarheen, klinies en silwerskoon, oorbelig met buisligte soos in 'n universiteitsbiblioteek. Teen een muur hang groot geraamde aksiefoto's van die plaaslike sokkerklub Grampus se spelers.

Die kroeg se ingang is heel beskeie: Onder die naam Kevin's, in groot letters, pryk Coca-Cola- en Asahi-bier-advertensies en, vreemd genoeg, 'n paar groot blou plakkers van die Kentucky Wildcats – 'n Amerikaanse kollege se basketbalspan.

Binne die kroeg is dit buitengewoon jolig. Dit is 'n klein ruimte, met 'n kroegtoonbank en 'n paar tafels, waar groepies Japannese mans sit en bier drink en uitbundig lag. Die mure én die plafon is volledig bedek met besigheidskaartjies – byna almal van Toyota-werknemers van regoor die wêreld – en hordes Polaroid-kiekies van gaste. Ek vermoed hier is al baie genetwerk en vele saketransaksies beklink, dalk selfs meer as in raadsale.

Pette en vlae hang ook teen die mure. Die dekor laat my dink aan 'n Amerikaanse Western saloon, maar tog met 'n Japannese atmosfeer.

'n Izakaya soos hierdie een is dikwels 'n plek waar salarismanne ná 'n lang dag se werk 'n paar – soms te veel – drankies kom drink voor hulle huiswaarts keer. Ek vermoed dit is juis daarom heel gerieflik dat Kevin's naby die treinstasie is.

Mitsu klets 'n bietjie met die gaste voor hy ons groet. Die res van die aand is ons op ons eie. Ons hotel, City Hotel Aunties, is net seshonderd meter van Kevin's af. Mitsu beklemtoon dat ons halfagt môreoggend in die hotel se voorportaal moet wag, met al ons bagasie gereed. 'n Lang Sondag vol uitstappies lê voor.

Dit is lekker om ná 'n bedrywige dag in so 'n gesellige plek te kan ontspan. Ons het nie beplan om hier te skiet nie, maar

PJ en Jaen mis nie 'n geleentheid vir goeie televisie maak nie.

Ek ontmoet die eienaar, Kevin Yuhara, en sy vrou, Masami. Kevin is al meer as twintig jaar aan die stuur van sake hier. Hy is baie opgewonde om te hoor ons is van Suid-Afrika. Hy pluk dadelik 'n fotoboek uit met die titel *Cape Town*, met 'n groot foto van Tafelberg geneem vanaf Bloubergstrand op die voorblad. Dan wys hy my waar die Suid-Afrikaanse vlag en 'n Springbok-rugbymussie hang, en verskeie van ons geldnote teen die muur – ene Brad Fell het in 2011 hier 'n R200-noot geskenk en sy naam daarop geskryf.

Ons bestel Asahi-biere en 'n paar peuselhappies: hoendersosaties, tuna-sashimi, diepgebraaide calamari en edamamebone. Hier is dit 'n tradisie om die eienaar gereeld bier aan te bied terwyl hy in die kombuis rondskarrel. 'n Man kan tog nie met 'n droë keel in 'n kroeg werk nie. Kevin waardeer die gebaar en ons klink ons glase met 'n "Kampai!"

Hy dra 'n bottel wyn aan. "Wine on the house!" sê hy. Ek bied vir hom ClemenGold Gin aan. "It is not mampoer?" vra Kevin, wat duidelik ingelig is oor 'n paar klassieke Suid-Afrikaanse maaksels. Ek verduidelik vir hom dit is 'n gin.

"Ah, strong one? Is it liquid Viagra?" Kroegpraatjies gaan draai skynbaar orals by dieselfde temas . . .

Kevin geniet duidelik die gin. "Very good, thank you," sê hy. Gou-gou proe al die Japannese by die tafel langs ons ook aan die Suid-Afrikaanse gin. Ek hoor verskeie keer die woord "oishi", wat "delicious" beteken.

Kevin leer my die Japannese frase vir "You're welcome": "Do itashi mashite". Maar as jy die frase vinnig uitspreek, klink dit glo baie soos "Don't touch my moustache". Ek dink nie dit is die eerste keer dat hy hierdie grappie vertel nie, maar Kevin lag uit sy maag daaroor.

Hy wys ook vir ons sy troufoto teen die kroeg se muur, skuins onder een van daardie gemonteerde rubbervisse wat kan "sing".

'n Gryskop-omie wat die een of ander tradisionele kleed dra, stap die kroeg binne. Hy is dadelik geïnteresseerd in die vier Suid-Afrikaners en wil met ons geselsies maak. Hy kan helaas skaars 'n woord Engels praat, maar hy prewel moedig voort in Japannees. Al Engelse woord wat ek kan uitmaak, is "climax". Hy skree dit 'n paar keer: "Climax! Climax!" Dit begin 'n bietjie vreemd word, veral toe hy vir my sy blou kleed gee om aan te trek. Ek maak maar so. Hy hou my arm vas en mik na die uitgang. "Let's go! Let's go!"

Net voor ek heeltemal verward kan raak, tree 'n Japannese vrou wat 'n kimono dra en by die toonbank sit as tolk in. Sy praat baie goed Engels en verduidelik dit is hierdie naweek die jaarlikse Koromo Matsuri-fees in Toyota City. "Koromo" was glo vroeër jare Toyota City se naam.

Die omie wil hê ek moet verder saam met hom by die fees-terrein gaan kuier. Ek wys sy aanbod vriendelik van die hand, gee vir hom sy kleed terug en buig 'n paar keer. Gewoonlik sou ek paraat wees vir 'n partytjie, maar dit is al laat, ek kuier lekker saam met die span, en ons het 'n lang dag agter die rug. Ek onthou ook "Koromo Matsuri" staan op Mitsu se skedule, vir môremiddag.

Later dra Kevin vir ons 'n bottel rooiwyn aan, op die huis. Dit raak 'n gróót kuier, iets wat ons nie voorsien het nie. Kevin neem later 'n Polaroid-kiekie van ons en vra dat ek dit teken.

Ek skryf onder die foto: "Don't touch my moustache! See you later at Rugby World Cup 2019!" Ek sal moet kaartjies koop vir Suid-Afrika se wedstryd teen Namibië sodat ek en Catharien ná die tyd hier kan kom kuier.

Ons stap eers kort voor middernag na ons hotel. Wat 'n mal aand!

Die strate van Toyota City is stil, maar die FamilyMart is nog oop en ons is almal in die bui vir peuselhappies.

Op pad hotel toe daarmee som Roxanne ons ervaring van Japan tot dusver goed op: "Als is net heeltyd lekker."

Vroeg die volgende oggend is Mitsu – weer met 'n das en baadjie – op sy pos. Hy trippel rond terwyl ons nog ontbyt eet by die hotel.

Ons ry na 'n meer, Lake Mikawako, sowat 20 kilometer buite die stad. Die omgewing is boomryk, met hoë denne weerskante van die pad. Nie wat 'n mens verwag as jy dink aan 'n industriële mekka nie.

Daar aangekom gaan sit ek en Mitsu op 'n bankie wat uitkyk oor die pragtige meer. Hy vertel hy het Lake Mikawako "ontdek" kort nadat hy drie jaar gelede in Toyota City begin werk het.

"You're happy with this?" wil hy weet. Ek knik en sê ja, beslis. "Ah . . . thank you," sê Mitsu. "Every time I get important person, customer and friends, then I come here with them and they say wow, Toyota . . . it's unbelievable."

Hy bemark hierdie stad en omgewing met 'n evangeliese drif. "Maybe many people can love this city," gaan hy voort. "Do you love Toyota City?" Ek is effens onkant gevang deur die vraag. Liefde is 'n groot, geduldige woord. "Do you love Toyota City?" vra hy weer met groot afwagting. Weer knik ek maar. Ja, ek is lief vir Toyota City. "OK, I've got a present for you, because we love Toyota City," sê Mitsu en bring 'n wit borsspeld te voorskyn, met rooi skrif daarop. Die teks sê "WE LOVE" gevolg deur die Japannese karakters vir Toyota City. Dus "We love Toyota City". Nou verstaan ek waarom Mitsu my so gepols het vir 'n antwoord. Ek is 'n bietjie stadig vanoggend. Gisteraand se kuier in Kevin's Bar het dalk iets hiermee te doen.

Hy vertel dit is 'n uitdaging om Toyota City te bemark. "People think Toyota City is only Toyota factories, motors and buildings, and I thought so too. I never came here before I got this job . . . never, never, never."

Mitsu verwag baie van ons TV-reeks. "This program will be big help for us, thank you. I hope . . ." Hy kyk op sy horlosie en besef ons is amper laat vir die volgende afspraak. "I will show you more and more lovely places in Toyota and you'll love more." Maar nou moet ons ons na die bussie haas.

* * *

Die res van die oggend se afsprake geskied teen 'n dolle pas. Ons ry na 'n restaurant naby die meer waar ek 'n kookles gaan kry om "goheimochi" – 'n tipe ryskoekie en 'n gewilde peuselhappie – te maak.

By die restaurant ontmoet ek 'n verslaggewer, Kentaro Kuno, wat werk vir 'n plaaslike koerant, die *Chunichi Shimbun*. Mitsu vertel hy het die plaaslike media na van ons uitstappies genooi.

Ek sou nie dink 'n klein en onder-die-radar-filmspan van Suid-Afrika se besoek aan Toyota City is noodwendig nuus nie. Ek het nie enige fantasieë om skielik "Big in Japan" te wees nie. Ons doen maar net ons werk.

Mitsu is al klaar bekommerd dat ons laat gaan wees vir die volgende afspraak by 'n tempel. PJ en Jaen is nog besig om die kameras op te stel toe die kookles begin. Die vertrek is tradisioneel en mooi, maar hier is weinig natuurlike lig. Die sjef is 'n vriendelike man in sy vyftigs wat nie Engels praat nie. Mitsu hou tyd en tolk, Kentaro neem foto's, en PJ en Jaen probeer in onderbeligte omstandighede afneem hoe ek met 'n groot houtspaan rys in 'n bak fyndruk.

"Nice, nice, nice, nice," sê Mitsu. "OK, next step." Hy dirigeer omtrent die proses. Dit klink of die sjef ook eintlik iewers anders moet wees . . . alles gebeur baie vinnig en histeries.

Die rys word in 'n vorm gegiet, vas aan 'n houtstokkie, en dan gedoop in sojasous en miso, voor dit gebraai word. Dit gaan raap en skraap, maar ek slaag darem daarin om lekker geurige goheimochi te maak.

Terwyl ek my eie porsie eet, gesels ek gou met Kentaro. Hy is 'n jong verslaggewer, teruggetrokke maar vriendelik. Eers vra hy oor die spelling van my naam, waar in Suid-Afrika ek woon, hoe lank ons in Japan reis en wanneer die reeks uitgesaai sal word.

Ek het sover op ons reis net wonderlike ervarings gehad, so ek besing Japan se lof, die kwaliteit van die rys en die mense se hoflikheid en gasvryheid. Ek bedank ook spesifiek vir Mitsu.

Ons moet gou weer in die pad val. Een van die kelners bring vir ons 'n geskenk – 'n boksie vol varsgemaakte onigiri. Ek voel 'n bietjie skuldig oor al die bederf. Maar geskenke gee – al is dit iets kleins – is tradisie hier en doodgewoon die Japannese manier van doen.

* * *

Op pad na ons volgende bestemming, die Matsudaira Toshogu-heiligdom, sien ek iets onverwags: drie kersiebome met bloeisels! Japan se ikoniese kersiebloeisels ("sakura") lok jaarliks miljoene toeriste – maar in die lente.

Ek het glad nie gedink ek sal in die herfs pienk kersiebloeisels hier sien nie. Mitsu verduidelik in hierdie omgewing, spesifiek naby die dorp Obara, groei daar 'n spesiale kersieboom, "shikizakura", wat in die lente én herfs bloeisels dra. In November is dit die enigste plek in Japan waar jy die skakerings van herfsblare én die beroemde pienk kersiebloeisels bymekaar kan sien. Daar is glo tot twaalfduisend van hierdie shikizakura-bome in die Obara-omgewing.

Ons is net 'n maand te vroeg om dié skouspel in sy volle glorie te sien. Dit pla my nie – hierdie kersiebloeisels langs die pad was 'n groot genoeg verrassing.

Die Matsudaira Toshogu-heiligdom is meer as seshonderd jaar oud. Die plek se geskiedenis is nogal kompleks om te verstaan, veral vir 'n leek soos ek. Gelukkig is hier 'n mooi, kleurvolle brosjure – eerder 'n gidsboek – in Engels wat sake goed verduidelik.

Die heiligdom was eeue gelede die tuiste van Chikauji Matsudaira-Tarozaemon. Hy was vroeër 'n swerwende mon-nik met die naam Tokuami. Nadat hy op hierdie mooi plek in die berge afgekom het, het hy weer tot die sekulêre lewe toegetree en sy naam verander. Daarna het hy 'n gemeen-skapsleier geraak, en sy invloed het gou veel wyer gestrek.

Sy groot strewe was 'n samelewing sonder konflik en ar-moede. Dit was 'n groot uitdaging in die onstuimige wêreld van seshonderd jaar gelede. Vandag maar nog steeds . . .

Hy het die stigter geword van die Tokugawa clan. Agt generasies later is Ieyasu Tokugawa (1543-1616) gebore, wat die legendariese eerste shogun en heerser van Japan ge-word het.

Ons ontmoet die priester, Kiyomi, en stap eers na die groot altaar – veel groter as die een in Omotesando wat ek saam met Johann Symington besoek het. Ek vergeet om nie in die middel van die torii-hek deur te stap nie. Mitsu help my gou reg: "The middle is where the Gods pass, so don't walk in the middle." Ek vra plegtig om verskoning en doen dit gou oor. Ek is immers nie 'n Sjinto-god nie.

Ek is bly Johann het my darem touwys gemaak in die Sjinto-rituele, maar ek sukkel om alles te onthou. Gelukkig begelei die priester my geduldig deur al die stappe en klappe en presies wanneer en hoeveel keer ek moet buig.

Mitsu hou alles haarfyn dop en lewer kommentaar van die kantlyn af. Terwyl ek in my geldsakkie rondkrap op soek na 'n muntstuk om in die boksie te gooi, sê Mitsu driftig: "Don't put in too much! It doesn't matter how much! It's just an of-fering." En soos ek die munt in die boksie laat val, por hy my aan: "Say thank you for everything." Mitsu se woord is wet, so ek sê maar dankie vir alles.

Ek begin giggel, maar nie eintlik oor Mitsu nie. Sy instruksies laat my dink aan 'n interaksie tussen my ouers. Ek het een Vrydagaand, jare gelede, 'n ATKV-Mediaveertjie gewen en my ouers eers baie laat die aand in kennis gestel. My ma het al geslaap, so toe gesels ek net met my pa. My pa is van nature 'n groot entoesias en was baie opgewonde oor my prys.

Hy maak toe net ná ons oproep my ma wakker met die woorde: "Erns het gewen!" My ma skrik gewoonlik wanneer sy wakker word, en was nog erg deur die mis. "Wat het hy gewen?" wou sy weet. "'n Veertjie!" het my pa gebulder. My ma was regtig nog erg deur die slaap en het half uitdrukkingloos reageer met net: "O." My pa het haar aangestaar en basies beveel: "Lyk bly!"

Ek dink as daar 'n Japannese ekwivalent van "Lyk bly!" was, sou Mitsu dit ook vir ons gesê het. Hy wil so graag hê dat ons elke oomblik van sy omvattende Toyota City-skedule terdeë moet geniet.

Die priester Kiyomi neem ons na een van die tempel se vertrekke. Ons word hier ook bederf met drie gange peuselhappies in klein bakkies, soet en sout – alles met die hand gemaak. Ek is opnuut stomgeslaan deur die mooi gebaar, die aandag, die omgee.

Kiyomi praat maar min Engels. Mitsu doen weer die tolkwerk. Ek gaan eintlik maar net met hulle deur die inligting in die gidsboek en maak seker ek verstaan so 'n bietjie meer van die plek se geskiedenis.

Kiyomi werk al vyftig jaar hier by die heiligdom. Hy praat my in detail deur die stamboom – van Chikauji tot by Ieyasu Tokugawa, maar ek vind dit moeilik om so tussen sy Japannees en Mitsu se Engels te volg.

Ek en die span bedank hom ten slotte vir sy welwillendheid en die lekker kos. "I'm so happy, I'm so happy," sê hy. "Welcome to omotenashi." Mitsu verduidelik "omotenashi" is die hart van Japannese gasvryheid, en gaan daaroor om jou gas net die beste te bied, sonder om iets terug te verwag. Wat 'n wonderlike, onbaatsugtige manier van doen.

Voor ons groet, wys Kiyomi vir my 'n plafon in die tempel se hoofvertrek. Teen die plafon is honderd-en-agt panele, elk met 'n skildery van 'n blom wat in hierdie omgewing voorkom. Ek begin dink niémand kom naby die Japannese se sin vir detail nie.

Mitsu begin al weer rondtrippel. Dit is tyd vir ons volgende afspraak. Maar ons wil nog net gou gaan skiet by die standbeeld van Chikauji in die tuin, omring deur herfsbome.

Ek staan langs die lewensgrootte bronsstandbeeld en lees iets, 'n antieke Boeddhistiese sutra, of gebed, uit die gidsboek, wat eeue gelede glo vir Chikauji geïnspireer en gerig het: "The world is at peace; the sun and the moon shine purely. The wind and rain are timely; no struggle arises. Mild people in a wealthy country; conflict is unnecessary. Virtue and compassion are respected; spirits disciplined."

* * *

Ons ry van een heiligdom na 'n volgende: die Toyota Stadion, waar verskeie groepwedstryde in die Rugbywêreldbeker gaan plaasvind.

Op pad soontoe ry ons verby padwerke. Waar ons in Suid-Afrika gewoonlik geel padversperrings het, is dit hier ook geel – maar in die vorm van oulike eendjies. Kawaii. Net in Japan . . .

Die Toyota Stadion het sitplek vir vyf-en-veertigduisend toeskouers en word meestal vir sokkerwedstryde gebruik. Twee lede van die stadionpersoneel wag ons reeds by die parkeerterrein in en begelei ons na die veld. Ek stap deur die tonnel en verbeel my ek is 'n Springbokheld. Die skare van nul brul.

Dit is 'n manjifieke stadion. Ek kry al klaar hoendervel. Ek kan nie wag om te sien hoe dit hier gaan lyk met 'n skare wanneer die Springbokke in hul tweede groepwedstryd teen Namibië uitdraf nie. Daardie spesifieke wedstryd gaan ook waarskynlik die grootste samekoms van Afrikaanssprekendes tot op hede in Japan wees.

Die grasoppervlak is verbode terrein. Die perfekte gras word deur spesiale ligpanele versorg. Ek pleit by Mitsu dat ek darem net vir 'n kameraskoot aan die gras kan raak. 'n Vergadering met die stadionpersoneel volg en die versoek word driftig in Japannees bespreek voor ek wel toestemming kry en aan die heilige grond mag raak.

* * *

Ons almal, behalwe die onblusbare Mitsu, kan tans doen met 'n Sondagmiddagslapie. Ek kan hiervan egter maar vergeet. Dit is geen gewone luilekker Sondag nie.

Ons ry tot in die hartjie van Toyota City, waar die Koromo Matsuri-fees stadig na 'n hoogtepunt begin opbou. Groot, blink houtvlotte staan die strate vol, en orals sien ek net mense.

Dit is nie jou tipiese joolvlotte wat haastig aanmekaargeslaan is nie, maar bestaan uit fyn houtwerk en is almal ten minste twee verdiepings hoog, in die vorm van 'n Sjinto-altaar. Die vlotte is vól Japannese: binne én bo-op, waar hulle in 'n losgemaal staan en chant en vlae swaai.

Lank gelede, vóór Toyotas, was die stad se naam mos Koromo. Hierdie fees is 'n eeue oue tradisie wat sy ontstaan gehad het in die hoop op 'n goeie oes. Een keer per jaar, in Oktobermaand, beweeg agt dashi, of vlotte, deur die strate van Toyota. Hierdie enorme strukture word deur mense met toue getrek.

Ons staan uiteindelik in die feeskern. Hier is duisende

mense. Die agt vlotte is in posisie. Mense slaan tromme en stukkies papier soortgelyk aan konfetti word vanuit die vlotte gestrooi. Dis 'n karnaval-atmosfeer. Ek het nie geweet die Japannese kan só jolig raak óf papiertjies op die grond mors nie. Maar ek is seker daar is reeds 'n plan in plek om alles ná die tyd vinnig op te ruim.

Jaen en PJ is in hul element. Dit is die tipe prentjies dié waarvan ons nog net kon droom. Ons is so gelukkig om toevallig op hierdie naweek in Toyota City te wees, en om vir Mitsu as gids te hê. Ten spyte van al sy onderliggende histerie en gejaagdheid, bring hy ons tog na wonderlike plekke.

Ek verstaan niks van wat hier om my aangaan nie. Dit herinner my aan 'n staaltjie oor wat Nataniël se ouma glo vir hom gesê het nadat sy een van sy eerste konserte in Kuilsrivier bygewoon het: "Ouma verstaan niks nie, maar dit is vir Ouma pragtig. Bly netso." Ek verstaan ook niks van hierdie fees nie, maar dit is vir my pragtig en almal moet net hulle ding doen. Ek wil dit net sien en waardeer.

Eensklaps is ek egter nie meer 'n buitestander nie. In 'n verrassende wending loop ek my vas in die omie wat gisteraand by Kevin's Bar vir my sy jas gegee het en "Climax!" en "Let's go!" geroep het. Dit is 'n blye weersiens en ons omhels mekaar soos ou vriende. Hy sê sy naam is Katuhito, as ek dit reg hoor in die gedruis. Hy wil weer hê ek moet sy jas aantrek. Uiteindelik maak alles van gisteraand sin: Ek besef almal wat langs die vlotte staan, het soortgelyke jasse aan. Katuhito is een van die mense wat die vlotte gaan trek. Hy wil hê ek moet aktief deelneem aan die fees!

Ek is so oorweldig dat ek nie weet wat om vir die kamera te sê nie. Ek volstaan maar met: "Hierdie is mal!"

Die onstuitbare Mitsu wink my nader en ons stap na 'n tipe losie met die beste uitsig oor die fees. Hier stel hy my voor aan Toshikiko Ota, die burgemeester van Toyota City. Ek sukkel natuurlik eers om my besigheidskaartjie in my geldsakkie te vind . . . Die burgemeester staan geduldig en wag met sy eie kaartjie in die hand.

Hy wys dan vir my 'n voubiljet waarop die Toyota Stadion se wedstryde tydens die Wêreldbeker gelys is. "I'm looking forward to see you in Toyota City next year at the World Cup. And lets enjoy the big game," sê hy en wys na waar "South Africa vs. Namibia" op die papier staan.

Die burgemeester gewaar my "We love Toyota City"-borsspeld. Dan maak hy 'n klein lapelwapen met dieselfde slagspreuk op sy baadjie los en steek dit vas aan my Japan-rugbytrui. Mitsu lyk of hy gaan flou val. Ek is nie seker wat presies nou gebeur het nie, maar ek vermoed ek het pas die Vryheid van Toyota City ontvang. Of so iets.

Ek keer terug na die vlotte, gemotiveerd om nou as ereburger 'n wesenlike bydrae tot die fees te maak.

Voor elke vlot staan 'n lang ry mense aan weerskante, met toue. Katuhito wys my waar in die ry ek moet staan, en hoe om die tou vas te hou. Ons gaan binnekort begin om die vlot te trek.

Ek staan baie naby aan die aksie en is wel 'n bietjie bekommerd oor die dansende kêrels bo-op die vlotte. Hulle raak baie rumoerig, en neem kort-kort slukke uit 'n bottel wat hulle vir mekaar aangee. Dalk saki? Ek wil regtig nie hê 'n luidrugtige Japannees moet op my val nie . . .

Ons begin beweeg. Die lawaai is oorverdowend. Ek kyk agter my en sien net die massiewe vlot teen 'n skrikwekkende spoed aangerol kom. Die oomblik is heeltemal te groot. 'n Doodsvrees pak my beet en ek wéét ek gaan vandag sterf onder 'n houtvlot. Wanneer dit by veg of vlug kom, is vlug my forte, en ek storm langs die ry mense vorentoe.

Dit is egter duidelik net ek wat bang is – hier is baie vrouens en kinders wat houtgerus en sonder angs die vlotte trek. Ek sluit 'n bietjie verder van die spervuur weer by die ry aan.

Ons prosessie beweeg deur die strate van Toyota City. Ek

is nou baie meer gemaklik met die vlotte se pas. Katuhito stap langs my en help met aanwysings: "Left! Right. Let's go! Let's go!"

Wonderbaarlike tonele speel rondom my af. Derduisende gekleurde papiertjies reën uit die vlotte deur die lug. Dit verstom my hoe die vlotte so vinnig om skerp draaie gaan. En hoe die jubelende en kwalik nugter feesgangers bo-op deur dit alles staande bly en nie afval en seerkry nie.

Hierdie kleurvolle skouspel sal my lewenslank bybly. Om werklik verras te word, bly een van reis se grootste geskenke. Niks kon my voorberei het op iets soos die Koromo Matsuri se kleurvolle vlotte nie – 'n eeue oue tradisie wat gedy in 'n moderne, industriële stad.

MOuNT FuJI

O snail
Climb Mount Fuji,
But slowly, slowly!
Kobayashi Issa (1763-1828)

Op ons laaste aand in Tokio het ek en Johann Symington 'n gesprek oor Mount Fuji, in Japannees bekend as Fuji-san, gehad. Johann het liries geraak oor dié ikoniese berg.

"Ek het haar in die vyf jaar wat ons hier bly net een maal gesien, so as julle haar sien, is julle baie gelukkig," het hy vertel. "Sy steek dikwels haar kop in die wolke weg. Madame Fuji is baie skaam en temperamenteel. Sy wys nie haar gesig vir enigeen nie. So as jy die dag vir Fuji-san sien, dan helder die hele Tokio op. Sy het net hierdie mistieke, majestueuse eienskap – dis hoekom sy so 'n sterk simbool is in Japan. As sy haarself wys, dan lag almal."

Ek staan voor die venster in ons hotelkamer op die agtste verdieping van The Gotembakan, 'n beskeie tweesterhotel in die dorpie Gotemba. Dit is net ná sewe in die oggend. Buite die venster, skaars 30 kilometer van hier, wys Fuji-san haar volle gesig op 'n helder, wolklose dag. Johann was reg – ek kan nie help om te glimlag nie.

Gisteraand het ek en PJ direk van die Koromo Matsuri-fees in Toyota City meer as drie uur lank gereis – tussen treine, tussen stasies – tot hier in Gotemba. Eers was daar 'n gek geskarrel om van die feesterrein – met die vlotte steeds besig om deur die strate te beweeg – betyds by die Toyota-stasie uit te kom. Ons moes eenvoudig op die 17:15-trein klim om te verhoed dat ons nie laatnag eers in Gotemba aankom nie.

Mitsu het ons eers met sy kar by die Toyota-stasie probeer aflaai, maar toe tref ons die vlotteverkeer en duisende feesgangers op straat. Ek en PJ het met ons sakke uit die kar gespring en gedraf – nee, genael – na die stasie.

Ons het die trein net-net gemaak en was vir 'n ruk onseker of ons op die regte lyn is. Ek het tydens ons treinrit op Line (die gewildste boodskap-app in Japan, iets soos WhatsApp) met Mitsu kontak gemaak om te probeer uitvind. Hy het dadelik laat weet: "Wrong Train. Please come back. You went too far." Daar was geen manier vir ons om vinnig terug te gaan na Toyota se stasie nie.

Mitsu se boodskap het my eers op my senuwees en toe heeltemal paranoïes begin maak. Sê nou Mitsu wil eintlik hê dat ek en PJ die trein mis? Veral omdat ons Fuji-planne wat verander het, beteken ons kan nie môre die afsprake op sy omvattende – en nogal onversetlike – skedule nakom nie.

Maar dit was sommer net my eie lawwe gedagtes. Toe ons uiteindelik besef ons is wel op koers na Gotemba, al is dit op 'n ander trein as die een wat Mitsu voorgestel het, kon ek hom laat weet. Sy antwoord was gerusstellend: "Gooood! Pleased to hear that! Have enough rest to climb Mt. Fuji. I'm looking forward to seeing your smile in Toyota with your good story of climbing Mt. Fuji."

Gelukkig is ons hotel reg oorkant Gotemba se treinstasie. Ons het nog gisteraand tyd gehad om ons gids, David Niehoff van Kanto Adventures, te ontmoet.

David is 'n gawe, stillerige Amerikaner met 'n droë humorsin wat al sedert 2007 in Japan woon en werk. Hy is getroud met 'n Japannese vrou en hulle het 'n tweejarige seuntjie. David is 'n ervare stap- en berggids en ons voel in veilige hande vir die Mount Fuji-avontuur wat voorlê. Hy is topfiks en het die naweek nog 'n groep stappers in Japan se Noordelike Alpe – die Hida-bergreeks – gelei.

Ons het saam met David aandete geëet by 'n eg Indiese restaurant skuins oorkant die hotel. Kerrie en rys en meer as een knoffel-naanbrood. Lank was ons die enigste gaste in die restaurant. Dit het gevoel of ons in 'n time warp of iets vasgevang is: In Japan, maar dalk ook eensklaps in Mumbai? Of by die Vintage India-restaurant in Kaapstad?

* * *

Ek moet vanoggend stapklere aantrek en my rugsak regpak. As als reg uitwerk, staan ek, PJ en David so skuins ná middagete bo-op Mount Fuji, langs die kraterwand van Japan se hoogste berg. Op 3 776 meter bo seespieël is dit hoër as enige van die bergpieke in Suid-Afrika of Lesotho. Die gevreesde hoogtesiekte – waardeur ek in 2006 op Kilimandjaro platgetrek is – is ook hier 'n moontlikheid.

Omdat ons 'n gids huur vir die dag, en die TV-reeks se begroting forensies moet dophou, gaan net ek en PJ bergop. Ons het dus slegs een videokamera om (waarskynlik) 'n volle episode mee te verfilm. PJ is darem baie fiks – hy gaan moet heen en weer en op en af om die aksie op Mount Fuji uit verskeie hoeke af te neem. My eie fiksheid is tans nie naastenby waar dit moet wees nie.

Arme Jaen en Roxanne, wat albei kan doen met 'n rusdag in hul hotelkamers, is vandag weer uitgelewer aan Mitsu se agenda: die Toyota-museum, 'n groenteeplantasie en tamatieplaas, 'n misu-fabriek en Toyota City se middestad naby die stasie is alles op sy lys.

Ons het vir Mitsu probeer verduidelik dat ons prakties nie juis filmmateriaal – veral besoeke aan plekke – sonder my as aanbieder in die reeks kan gebruik nie, maar hy wou niks weet nie. Hy het die afsprake gemaak en dit moet nagekom word. Ek vermoed Mitsu verwag al die plekke waarheen hy ons neem, gaan outomaties deel van die reeks wees . . .

Wat my selfs meer bekommer, is my moegheidsvlakke. Ek is heeltemal gaar ná 'n warrelwind van 'n eerste week – wel, skaars vyf volle dae – in Japan.

Dit moet 'n onthutsende prentjie vir 'n buitestander – of in hierdie geval, PJ – wees: Ek wat moeg opstaan, al sugtend deur die klein hotelkamer strompel en hard en swaar asemhaal terwyl ek my deurmekaar stapsak probeer orden. PJ dokumenteer dit alles. Hy is te ordentlik om vir my te lag, maar ek sal hom glad nie verkwalik as sy oë rol agter sy kamera nie.

Ons tyd is min – oor 'n paar minute moet ons David in die voorportaal ontmoet. Ek hoop maar ek is reg vir die dag.

Staprituele is soggens vir my belangrik. Ek smeer my voete met 'n dun lagie Vaseline in. Dit is iets wat ek al sedert my eerste Camino in 2015 doen. Vaseline en twee lae kouse – dun en dik. Só kry ek hopelik geen blase nie.

Buite die hotel klim ons in David se kombi. Gotemba is steeds sluimerend. 'n Japannees ry verby op 'n fiets, in die verte kras 'n kraai en bo die rye kragdrade troon Fuji-san glorieryk bo die landskap. "Dit lyk 'n bietjie sneeuerig vandag," sê David terwyl ons kyk hoe die sonlig op die sneeubedekte berg val. David bedoel die sneeu wat reeds baie laag op die berg lê. Ons gaan dus waarskynlik van die begin af in sneeu stap.

Die klimseisoen is elke jaar van begin Julie tot begin September. In 2017 het 284 860 mense Mount Fuji geklim binne dié seisoen. Gemiddeld vierduisend per dag. Ek en PJ het vroeër op die internet na foto's gekyk van hordes mense wat toustaan op die berg. Dit het byna soos ons 1994-verkiesingstou gelyk . . .

Dit is nou laat Oktober. Tegnies is die staproetes gesluit vir besoekers, juis weens die sneeu en omdat die weer onvoorspelbaar kan wees in die herfs en winter. As ons die internet geglo het, sou ons nie vandag hier gewees het nie. Verskeie webwerwe en forums het 'n staptog buite seisoen as enigiets van waansinnig tot lewensgevaarlik beskryf, vol frases soos "climbing to the summit is highly perilous" en "extremely dangerous". Maar ons gaan nie op prinse óf die internet vertrou nie.

Binne seisoen sou ons nie 'n gids nodig gehad het nie, maar hierdie tyd van die jaar maak dit sin dat iemand met baie ervaring soos David ons vergesel. Hy het net vanjaar al vyf-en-twintig keer teen Fuji opgeklim. Sy groottotaal is naby aan 'n honderd.

"Jy kan nie regtig 'n berg sluit nie. Ons gaan maar net om 'n paar versperrings moet stap en dan sal ons goed op pad wees," sê hy. Die stap tot by die kraterwand heel bo behoort sowat vyf uur te duur. Dit is nou as jy nie terselfdertyd besig is om 'n TV-reeks te skiet nie. Ek voorsien 'n láng dag op die berg.

David reken ons kan dalk 'n paar Mount Fuji-legendes op die berg raakloop, soos Yoshinobu Jitsukawa, wat in 2014 as 71-jarige Mount Fuji vir die 1 673ste keer uitgeklim en die nuwe rekordhouer geword het. Vier jaar later het hy al meer as tweeduisend keer bo by die kraterwand gestaan!

Die oudste man wat Mount Fuji in 2017 geklim het, was die 93-jarige Masashi Toyoda. Volgens logboeke is die rekord vir die oudste persoon wat dit nog ooit kon regkry, glo 'n man van 103 jaar oud!

David vertel hier is verskeie pensioenarisse wat Mount Fuji uitklim as hul daaglikse oefensessie. 'n Paar van hulle het dit al meer as negehonderd keer gedoen. Ek hoop ons kan op die berg met ten minste een van hierdie veterane gesels. David praat vlot Japannees en kan vir ons tolk.

Ons stop in Gotemba se buitewyke by 'n Lawson-geriefswinkel om proviand te koop en gou ontbyt te eet. Die "diengdong" van die elektroniese klok wat elke keer lui wanneer iemand by die winkel instap, herinner my aan soortgelyke geluide in apteke en ander winkels in my jeug op Uitenhage. Daar is ook agtergrondmusiek – iets tussen hysbakmusiek en die klankbaan van 'n TV-speletjie uit die tagtigerjare. Kenny G ontmoet Donkey Kong.

Ek is nou al 'n bietjie meer gekonfyt in hoe geriefswin-kels hier werk as toe Johann Symington my die eerste keer in Tokio gewys het. My keuse vir ontbyt is spicy ramen en 'n hardgekookte eier – hopelik is ek nie later hieroor spyt nie . . . En vir die stap koop ek kasjoeneute, amandels met wasabi-geur, energiestafies, 'n sjokolade-danish en 'n spesiale Hal-loween-tema onigiri – die geur is Tempura Batter & Green Seaweed.

Ek hou verby die pakkie Death Mix-rysbeskuitjies. Een aand in Tokio het ek dit wel probeer. Dié produk se leuse is "No Death No Life" – dit klink soos iets wat Mr. Miyagi vir die Karate Kid sou sê. Ek hou van speseryryke brandkos, maar hierdie Death Mix het my dadelik laat snak na asem.

My soettand kry die oorhand en ek koop ook 'n donut met red bean-vulsel. Daar is min dinge soos 'n donut om my te laat huis toe verlang. En min dinge soos 'n red bean-vulsel binne daai donut om my te laat onthou hoe ver weg ek van die huis is.

Red bean-vulsel is presies wat dit sê: gekookte rooi bone wat fyngemaal is, en in hierdie geval effens versoet. Dit smaak 'n bietjie volksvreemd in 'n donut, maar lekker.

Mount Fuji is nie 'n berg om buite seisoen sonder hand-skoene aan te pak nie – letterlik. Die temperatuur op die berg kan vinnig verander, en dit kan helder oordag by die kruin by -5 grade Celsius gaan draai! David verskaf basiese toerusting soos stapstokke en crampons vir stap in die sneeu, maar hy stel voor ek koop my eie handskoene. Die grootste paar hier in die Lawson – 'n swart handskoen laat my altyd aan die O.J. Simpson-hofsaak dink – is net-net te klein vir my. So is dit nou maar.

Die geriefswinkels hier het ook 'n grill-toonbank naby die kasregister, met diepgebraaide items soos calamari en hoender. 'n Bietjie soos vulstasiepasteie en -worsrolletjies in Suid-Afrika. Dié rakke is vanoggend basies leeg – ek wonder of 'n paar Japannese gisteraand hard partytjie gehou het in Gotemba en deur die nag kom happies koop het.

Ek eet gou my ramen sommer in die winkel – hier is kookwater, chopsticks en sitplek. Ek sukkel natuurlik steeds met die chopsticks, maar slurp met oorgawe, soos Duane Vermeulen my gewys het.

Ons ry daarna deur 'n digte woud teen 'n steil kronkelpad – die Fujisan Skyline – na ons klim-beginpunt: die Vyfde Stasie van die Fujinomiya-roete, een van die vier staproetes op Mount Fuji. Ek sien 'n hert langs die pad, en later 'n Japannese raccoon dog wat oor die pad skarrel. David vertel die raccoon dog word die tanuki genoem en is 'n ondeunde figuur, selfs 'n sogenaamde shapeshifter, in Japannese folklore. Eintlik is dié diertjie verwant aan die vos.

Voor ons troon Fuji-san se beroemde kegelvorm uit. Dit is veral in die Edo-tydperk (1603-1868) deur kunstenaars soos Katsushika Hokusai geskilder.

Die Vyfde Stasie het 'n tamaai parkeerterrein, maar ons sien slegs twee ander voertuie daar. Die winkel en restaurant is gesluit, maar die badkamers is darem oop. Binne seisoen kan 'n mens glo selfs 'n botteltjie suurstof by die winkel koop.

Ek en PJ smeer sonbrandroom aan, want ons gaan oor 'n paar uur heelwat nader aan die son wees. Ek is bly ek het my sonbril ingepak. As jy nie op die berg 'n sonbril of ski-masker dra nie, kan die son se weerkaatsing teen die sneeu lei tot tydelike sneeublindheid, vertel David.

David help my om my ClemenGold-bandana reg te vou – ek is van nature onhandig. Ek staan soos 'n mannekyn terwyl hy ook seker maak my rugsak se baie bande en gespes is reg en gemaklik. Terwyl hy my stapstokke se lengte verstel, sê hy half versigtig: "Ek het 'n belangrike vraag: Kan jy die volgende ses ure maak sonder om 'n nommer twee te doen? Indien nie, het jy hier 'n laaste kans."

Ek bieg dit sal buite my beheer wees as die ramen ander planne het, maar ek gaan die heelal (en die ramen) probeer vertrou. Die vooruitsig om onder vriespunt, in die sneeu, soos 'n hond te gaan hurk, is nie iets waarvoor ek, David óf PJ (en sy kamera) kans sien nie.

Voor ons die trappe volg wat lei na die roete bergop, stop ons by 'n groot kaart wat al die roetes wys. David beduie ons stap teen die suidelike hang. Dit is die kortste roete tot heel bo, met die minste ys. Ons is tans by Stasie 5 op 2 400 meter bo seespieël en gaan uiteindelik by Stasie 10 (die kruin) se 3 776 meter draai.

Die roete tot bo is maar 4,2 kilometer, maar ons klim in die proses 'n taamlik steierende 1,3 kilometer vertikaal! Hierdie berg is donners hóóg en steil. PJ is fiks, ek is glad nie bekommerd oor hom nie. Hy gaan doen gereeld soggens CrossFit wanneer hy tuis is in Illovo. Ek kan reeds sien hoe hy soos 'n ratse bokkie oor die rotse huppel om die beste kameraskote te kry. Ek, daarenteen, gaan waarskynlik ná 'n halfuur lyk én klink soos 'n mank renosterbulletjie met asma.

Ons gaan Mount Fuji op en af klim in minder as sewe uur, maar daar is verskeie ander maniere om dit te doen. Baie besoekers verkies om eers laatmiddag te begin en dan by een van die stasies se hutte te oornag. Dan begin hulle weer in die vroeë oggendure klim om teen sonop by die kruin te wees. Japan is natuurlik bekend as die "Land of the Rising Sun", en dit moet nogal iets wees om dit van Fuji-san af te aanskou. Karl Pilkington van die TV-reeks *An Idiot Abroad* het egter in 'n Japan-episode Fuji met so 'n middernagtelike poging uitgeklim en erg swaargekry.

Ek pols David oor die gevaar van hoogtesiekte, maar hy lyk min gepla. "Soms sukkel mense daarmee op die oornaguitstappies, maar ons gaan op en af wees nog voor jou liggaam dit behoorlik besef het," sê hy met 'n laggie. "Wel, dit is die teorie."

"Wel, David," antwoord ek terwyl ons die trappe begin uitklim, "die laaste ding wat ek op hierdie berg wil doen, is om van 'n hoofpyn te huil terwyl ek besig is met 'n nommer twee en dan nie die kruin bereik nie . . ."

* * *

Op Kilimandjaro is die mantra terwyl jy stap "pole-pole", wat "stadig-stadig" beteken. David sê 'n Japannese ekwivalent vir dinge stadig vat, is "yukkuri-yukkuri".

Ek voel ná drie minute al klaar kortasem. Die stapoppervlak is klipperig en die grond gruiserig – donker en grof. Die sneeu lê reeds dig langs die zig-zag paadjie, en plek-plek gly ek amper teen die steilte op.

Maar die uitsig vergoed beslis vir enige fisieke uitdagings: Ek kan van hier af die see sien – die magtige Stille Oseaan – en verskeie dorpies en stede in die uitgestrekte landskap. Die weer is steeds aan ons kant: helderblou lug, nie 'n wolk in sig nie, geen wind. Ek sou graag hierdie oomblik met Johann Symington wou deel.

Tydens my eerste Camino het ek op Dag 1 tussen Saint-Jean-Pied-de-Port en Roncesvalles verby 'n kolletjie sneeu gestap, maar dis onvergelykbaar met vandag. Ek tel 'n homp sneeu op. Dit het die tekstuur van 'n Slush Puppie. Meer spesifiek, die Slush Puppie wat in die fliek onder in jou bekertjie oorbly wanneer jy reeds al die lekker koeldrank opgedrink het. Daar is vandag báie Slush Puppie op Mount Fuji.

In die verte hoor ek iets wat klink soos kanonskote. David vertel daar is 'n militêre basis hier naby. Ek herinner myself daaraan dat ek boonop besig is om 'n aktiewe vulkaan te bestyg. Fuji-san se mees onlangse vulkaniese uitbarsting was in 1707. Dit het sestien dae geduur, verskeie dorpies is heeltemal vernietig deur die rotsreën en lawa, en Tokio is bedek met 'n laag as.

Die impak was só groot dat 'n sekondêre piek, Hoeizan – kompleet met 'n eie krater – op Mount Fuji se suidooste-like hang gevorm het. In 2012 het wetenskaplikes abnormale vlakke van vulkaniese aktiwiteit by Mount Fuji gemeet, en was daar groot bekommernis oor 'n moontlike uitbarsting.

Ek stap nie oor die algemeen met die een of ander doods-wens nie, maar sou Fuji-san nou skielik ontplof, sal dit 'n skouspelagtige manier wees om hierdie lewe te groet. Hoe sê daardie pakkie peuselhappies? No Death No Life . . .

By Stasie 6 (2 490 meter) sê 'n kennisgewingbord ons het nog 3,8 kilometer en na raming 240 minute se stap wat voor-lê. Ai, ons het byna 'n uur aan die eerste 400 meter gestap. Hef aan lê voor. David sê die stasies wat nog voorlê, is Nuwe 7, Ou 7, 8, 9, 9 en 'n half, en dan uiteindelik 10.

Die vending machines by Stasie 6 is almal toegedraai in blou plastiek. Dis jammer, ek sou tans baie yen uitgegee het vir 'n blikkie warm koffie. Maar dis oukei, ons wíl mos dap-per buiteseisoen-stappers wees.

'n Groot kennisgewingbord en houtversperrings staan in ons pad by Stasie 6. "WARNING ROAD BLOCKED!!!" skreeu die Engelse boodskap in hoofletters. "All climbing tracks are currently closed." Ook: "Novice climbers without sufficient experience in winter mountain climbing are direct-ly linked to distress callouts."

David lig sy skouers. "Ek lees dit as 'Dis oukei as jy weet wat jy doen'. Die Japannese sê eintlik net hier hulle aanvaar geen verantwoordelikheid nie en jy klim op eie risiko. Ons oortree geen wet nie. Dit beteken net hier is geen hulpverle-ning op die berg nie, ons is op ons eie."

Hy wys na sy tweerigtingradio. "Ek het 'n radio en nood-hulpopleiding." Ek weet nie of sy radio werk nie, maar ek vind die idee daarvan gerusstellend.

"Noudat ons die blokkade getref het, moet ons maar ons eie pad vind," sê David. "So kom ons loop om." Dit is belaglik maklik om weer by die roete uit te kom. Ek reken die waarskuwing en versperring is maar net hier om onervare stappers – wat hulself moontlik kan skade aandoen – buite seisoen af te skrik.

Die stap – of eerder steil klim – tussen Stasie 6 en Nuwe Stasie 7 is die langste ononderbroke deel. Ek probeer my kragte spaar vir als wat nog voorlê, hou maar aan "yukkuri-yukkuri", en sê maar min vir die kamera. Ek moet koddig lyk in my bloedrooi K-Way-stapbaadjie met die Toyota-logo's voor en agter. Die enigste en moegste rooi Teletubby op Mount Fuji. Ek struikel kort-kort.

'n Paar weke gelede in Kaapstad het ek ál hygend teen Leeukop uitgeklim. Hierdie berg is nie Leeukop nie. Ek is nie iemand wat sommer tou opgooi nie. Ek kan ook nie die ekstra druk van die kamera vlak kyk nie. Ons het so ver gekom, en die weer is perfek, ek moet eenvoudig deurdruk. Op die een of ander manier gáán ek daar bo uitkom. Nee, nie op die een of ander manier nie. Met my twee voete, een tree voor die die ander, gaan ek dit doen.

Ons bereik Nuwe Stasie 7 (2 780 meter). Tyd vir 'n welkome pouse en waterbreek. PJ skiet 'n kort onderhoud wat ek met David voer. David is 'n gawe kêrel en duidelik 'n puik gids, maar hy kan nogal ekstra flegmaties oorkom wanneer die kamera rol.

"'n Mens raak beslis gewoond aan die berg, maar jy kan dit altyd waardeer," sê hy. Ek vra hom oor Fuji-san as 'n heilige bestemming vir die Japannese, 'n plek wat deur die eeue pelgrims, digters, skilders en gewone mense geweldig geïnspireer het.

David vertel Mount Fuji staan sentraal in die Sjinto-godsdiens en dat Japannese al duisende jare lank die klim van die berg as 'n pelgrimstog aanpak. "Mense doen dit vandag steeds. Hulle begin van die see af stap en bring seewater saam as 'n offerande. Dit bly vir baie mense 'n godsdienstige ervaring. Hoe hoër jy klim, hoe heiliger word dit. Soos ons vorder, is daar torii-hekke by die verdere stasies, en by die kruin."

Hy verras my met 'n grappie. "Elke Japannees moet Fuji een keer uitklim, en slegs 'n sot sal dit twee keer doen. Ek het dit al vyf-en-twintig keer net hierdie jaar gedoen. 'n Slim man word betaal om Fuji te klim."

Nou ja. 'n Vertikale klim van sowat 900 meter lê nog voor. Die waterbreek was goed. Al wat ek nou moet aanhou doen, is een voet voor die ander neersit en nie te veel daaroor dink nie.

* * *

'n Ligte hoofpyn meld vyf minute later aan. Ek vertel die kamera daarvan. "Moet die dun lug wees . . ." PJ laat nie op hom wag nie: "En die saki!" Ons albei lag. Die saki en bier hét 'n paar keer die afgelope week mildelik gevloei, maar ek dink tans is dit die hoogte bo seespieël wat begin pla.

Die sneeu raak nou ook aansienlik meer. David sê ons gaan binnekort die crampons moet aantrek. Ek rol vir die eerste keer ooit 'n sneeubal – selfs met handskoene aan is dit ysig koud – en slinger dit na David. Gou-gou ontaard dit in 'n gemoedelike sneeubalgeveg. David het egter baie meer ervaring hiermee as ek: 'n Sneeubal tref my vol teen die GoPro-kamera op my kop. Ek hoop maar die video hiervan is bruikbaar. Dit duur nie lank nie voor die sneeuballe wat my tref te veel raak en ek die aftog blaas.

Die adrenalien is tog baie welkom en my hartkloptempo is nou seker anderkant honderd-en-negentig. Ek sien sommer kans vir die opdraand wat voorlê. Hier is darem plek-plek toue aan pale gespan, wat help teen die steiltes.

Soos op vorige staptogte begin ek 'n mantra herhaal om te

fokus. Die eerste een meld aan uit die dae van kleuresport-atletiek: "Hou bene hou, hou bene hou." Natuurlik sonder die slow clap van skoolkinders in die pawiljoen en oorywerige rasieleiers se aanmoediging, maar ek vind dit help. So ook die Spaanse Camino-woord "Ultreia", wat "onwards and forwards" beteken.

Iets wat my nou meer bekommer as lam bene en moegheidsvlakke, is my maag wat grom soos die dreigende geluide van 'n dormante vulkaan. Die spicy ramen begin so 'n bietjie onderhandel. Mag dit slegs by onderhandel bly tot ek weer laatmiddag onder by die parkeerterrein is.

"Yuriki-yuriki!" roep ek uit. "Yukkuri-yukkuri," help David my geduldig reg. 'n Paar wolkies begin nou doer onder ons nader aan Fuji-san dryf, soos klosse wit spookasem. Maar rondom ons is dit steeds windlose, diepblou lug.

Ek neem vir Catharien 'n kort selfie-video. Wanneer ons Japan tydens die Rugbywêreldbeker kom besoek, kan ons Mount Fuji hopelik saam uitklim. Hoewel ek nou erg swaarkry, weet ek dit is iets wat ek graag met haar sal wil deel.

By Ou Stasie 7 (3 010 meter) eet ek my Halloween-onigiri. Lekker koolhidrate. Japan is 'n plek waar prof Tim Noakes se Banting-dieet nie sommer sal gedy nie.

Ek gesels 'n bietjie met David oor sy agtergrond. Op universiteit het hy aanvanklik rekenaarwetenskap studeer. "Ek was oorgewig en het al my tyd voor 'n skerm deurgebring. Maar toe woon ek 'n klas by: Introduction to Outdoor Adventure. Ek het besef daar is 'n ander pad wat ek moet volg. Daarna het ek by 'n buitelewe-opleidingsprogram aangesluit. Ek kan regtig nie kla nie. Deesdae word ek betaal om te speel."

Hy het 'n uiters indrukwekkende bergklim-CV. David het al die Andes se Aconcagua, op 6 960 meter die hoogste piek in Suid-Amerika, uitgeklim. Die VSA, Indië, Taiwan, Suid-

Korea, China en Mongolië is van die ander lande waar hy al ekspedisies aangepak het.

Die wolke wat onder ons begin inrol, laat my dink aan Joni Mitchell se ballade "Both Sides, Now". As kind het ek dikwels na 'n Neil Diamond-weergawe op een van my pa se oranje TDK-kassette geluister: "I've looked at clouds from both sides now / From up and down and still somehow / It's clouds' illusions I recall / I really don't know clouds at all".

Hierdie pouses by die stasies is belangrik. "Elke nuwe sta-sie gee jou weer 'n volgende doelwit om voor te werk. Die volgende een is nie so ver weg nie," sê David.

"Dit geld vir die meeste dinge: Doen een ding op 'n slag. Doen dit wat voor jou is," predik ek in die dun lug. David stem saam: "Ja, en nou is dit een voet voor die ander."

Ons stap in stilte tot by Stasie 8 (3 250 meter). Ek was laas in 2006 op Kilimanjaro se Machame-roete só hoog bo seespieël. Toe het ek op hierdie hoogte reeds begin naar voel. Nou het ek darem net 'n hoofpyn wat kom en gaan, en soms voel ek effens duiselig.

David besluit dit is tyd dat ons crampons aantrek; die sneeu is beslis nou dik genoeg. Hy gespe myne vas, en dit pas ge-lukkig goed aan my stapstewels. Ek het nie van nature goeie balans nie, maar om met die crampons te beweeg, is maklik. 'n Mens moet eintlik net 'n bietjie meer wydsbeen loop, soos 'n cowboy wat 'n saloon bar binnestap. Dít help dat jy jouself nie per ongeluk met die skerp spikes raaktrap nie.

PJ leen vir my sy skibril. Dit sal my oë beter beskerm as my sonbril. Alles het skielik 'n geel skynsel, maar ek verkies dít bo sneeublindheid. Én dit lyk cool. "Dis die naaste wat ek aan 'n superhero sal kom," sê ek. PJ staan reg voor my met die kamera. "Dit is ook die naaste wat jy aan 'n spieël gaan kom," lag hy, want hy kan homself en sy kamera in die bril se weerkaatsing sien.

My gunsteling-superheld is nie een van Marvel of DC Comics se manteldraers nie. Ek verkies Normalman, wat in 'n *New Yorker* cartoon, *The Adventures of Normalman*, sy buiging maak. Of eerder, sy val . . . Op die tekenprent – wat geen onderskrif het nie – val arme Normalman homself te pletter op die grond, met 'n N-logo agterop sy mantel sig-baar.

Ek identifiseer met Normalman. Selfs hier op Mount Fuji. Nie dat ek van plan is om te val nie. Maar as 'n doodnormale middeljarige selftwyfelaar soos ek bo-op Fuji-san kan staan, kan enige oom of tannie wat die TV-reeks tuis kyk, dit ook regkry.

Ons sien 'n ander stapper, 'n Japannees wat toevallig ook soos ek en PJ 'n rooi baadjie dra, besig om 'n ent onder ons 'n hommeltuig te vlieg. Ek het nie 'n kennisgewing gesien wat hommeltuie verbied nie, hoewel ek nie kan dink die ower-hede sal dit enigsins aanmoedig nie. Veral nie binne seisoen nie. Maar as 'n vermoedelik wetsgehoorsame Japannees hier naby ons een laat vlieg, kan PJ dit seker ook maar doen.

PJ laat ons hommeltuig vir 'n paar minute bo my en David sirkel, net mooi toe ons verby 'n sneeubedekte torii-hek stap. Die zoemende verbyvlug is vinnig, want ons tyd is knap om bo uit te kom.

My stapstewels sak ál dieper die sneeu in, maar die cram-pons help beslis. Ek kyk meestal slegs afwaarts na my voete, na elke volgende tree en my stapstokke se ritme. Ek moet gereeld stop om tot verhaal te kom. Dan hoor ek net my hy-gende asem en die hamerslae in my kop.

'n Man kom in ons rigting teen Fuji-san afgedraf. My eerste gedagte is dat ek besig is om te hallusineer. Het die hoogtesiek-te só vinnig van rat verwissel? Maar ek hallusineer nié. Wat gaan aan? Is dit dalk die ultra-veldloop-ster Ryan Sandes?

Die man beweeg stadiger soos hy naderkom, stop, en groet David vriendelik in Japannees. Ek skat hom in sy laat vyftigs. Duidelik topfiks, waarskynlik met 'n liggaamsvetpersentasie van nul. David stel my voor aan "Mr. Suzuki", een van die Fuji-veterane.

David moet vir ons tolk. Mr. Suzuki vertel hy het al op een dag ses keer by Fuji-san op en af gehardloop. En hoe het hy daarna gevoel? "Hy sê hy het gedink hy sou dit nog 'n paar keer kon doen," tolk David.

Mr. Suzuki het al sowat negehonderd-en-vyftig keer Fuji se kraterwand bereik. Ek is stomgeslaan en kan skaars dink aan 'n volgende vraag. Wat laat hom elke keer terugkom, probeer ek maar. "Hy sê wanneer die weer soos vandag is, kan jy nie wegbly nie," sê David. "En as jy al die ander klimmers hier leer ken, raak almal mettertyd goeie vriende."

Die man groet vriendelik en begin weer spoed optel soos hy wegdraf. So huppel Mr. Suzuki vir die negehonderd-een-en-vyftigste keer by Mount Fuji af. Japan hou net nie op om 'n mens te verras nie, ook nie hier bo die wolke nie.

Die Japannees met die hommeltuig het ons intussen ingehaal. Hosoda Taika is 'n vriendelike kêrel wat baie geïnteresseerd is in die reeks wat ons verfilm. Hy wil graag 'n foto saam met my en PJ neem. Ons al drie dra rooi baadjies en moet nogal koddig lyk so saam in die sneeu.

Die einde is nou in sig. Slegs Stasie 9 en Stasie 9½ lê voor. Daarna volg 'n laaste torii-hek en die ronding van die kraterwand. Hou bene hou, hou bene hou.

Ver onder ons het 'n groot wolkmassa nou om Fuji-san begin saampak. Dit gee my perspektief op hoe hoog ons tans stap. Ek kan aan my voorkop en wange voel dit raak aansienlik kouer hoe hoër ons klim. Ons is regtig gelukkig dat dit steeds 'n windstil dag is. Die weer kan op 'n berg só vinnig verander, maar sover gaan als goed.

By Stasie 9 (3 460 meter) neem PJ 'n show promo op wat ons die week voor die Fuji-episode wil uitsaai. Ek is egter só moertoe moeg dat ons dit drie keer moet opneem. Die hoofpyn is darem weg, ek het dit skynbaar afgestap. Walk it off, nè? Nóg een van my Camino-mantras. 'n Mens kan baie dinge afstap.

Onderweg na Stasie 9½ begin ek egter diep bekommerd raak. Ek weet eerlikwaar nie of ek dit tot bo gaan maak nie. Maar ek moet dit ook nie oordink nie. Tob help niks nie.

Elke tree verg geweldige inspanning. My bene pyn. Soms stop ek in my spore, vir wie weet hoeveel sekondes, voor ek maar voortploeg met die stapstokke. Hier is selfs blokke ys wat aan die toue langs ons paadjie hang.

Ek voel nou weer kwaai duiselig én naar. David het vroeër ferm gewaarsku: As jy braak, gaan jy dadelik bergaf. Ek is nou só bang dit gebeur voor ons bo uitkom. Ek is só naby aan die kraterwand . . . en aan kots.

My vriend Le Roux Schoeman het my op 'n keer vertel van 'n vriend van hom wat tydens die Comrades-marathon hondsiek geraak het. Die vriend het toe gepraat van in sy "reptielbrein" ingaan, 'n primitiewe plek binne homself waar hy inspirasie gevind het om deur te druk en die Comrades te voltooi. Ek probeer ook nou diep in my reptielbrein grawe.

So nou en dan vra PJ besorg: "Is jy orraait, Erns?" Ek vertel hom op kamera hoe ek besig is "om aan die reptielbreintjie se deur te klop". En, as 'n nagedagte: "Die lug is darem nog nie te dun vir kakpraat nie." PJ gee toe hy sukkel ook tans met 'n kwaai hoofpyn. Ons sal albei nou moet sterk staan, dit gaan ons reeks nie veel baat as net een van ons bo uitkom nie. Maar ek gaan ook nie onverantwoordelik wees en myself in onnodige gevaar stel nie.

Ons bereik die laaste groot torii-hek, wat vol ys hang. Die poort na Fuji-san se kruin. Die kraterwand is nou minder as eenhonderd meter weg. "This is it, man!" roep David. Ek het lanklaas tegelykertyd só pootuit en só plesierig gevoel.

In 'n verrassende wending tref ons hier bo 'n Japannese paartjie aan, houtgerus besig om groente op 'n gasbraaier gaar te maak. Die man vertel hy het in 1995 tydens die Rugby-

wêreldbeker by die Japannese ambassade in Suid-Afrika ge-
werk. Wat is die kans dat ek (nogal buite seisoen) iemand met
'n Suid-Afrikaanse verbintenis bo-op Mount Fuji raakloop?

David raak sigbaar bekommerd oor ons tyd. Ons het reeds
byna ses uur gestap. As ons voor donker by die parkeerterrein
wil uitkom, moet ons eintlik nou dadelik omdraai. Ons het
nie tyd vir 'n kamera-onderhoud met die Japannese paartjie
nie. Ons mik reguit vir die krater.

Ek wil graag een van ons reeks se ClemenGold Gin-oom-
blikke – ons borge kry blootstelling in elke episode – hier
skiet. En ek kan nou in elk geval doen met 'n paar slukke
lekker gin.

Die kraterwand is happerig en het agt pieke. Alles hier bo
is bedek met 'n dik sneeulaag. Die krater self is 250 meter
diep en het 'n omtrek van sowat 500 meter. Ons staan naby
die rand.

My hande raak ysig koud toe ek my handskoene uittrek
om die botteltjie gin oop te maak. Net toe ons begin skiet,
hoor ek 'n harde slag uit die krater. "Hier is gereeld rotsstor-
tings," stel David my gerus, voor ek drogbeelde kan kry van
'n baie vinniger manier bergaf, een wat met lawa gepaard-
gaan.

Ek voel so oorweldig dat ek David in Afrikaans begin ver-
tel van hierdie lewenshoogtepunt en hoe gelukkig ek tans is.
Ek stel dit darem vinnig reg – David het effens oorbluf gelyk
toe ek hom in my moedertaal aanspreek.

"Die Dalai Lama moes op 'n keer 'n vraag beantwoord oor
wat die geheim van 'n goeie, suksesvolle lewe is," vertel Da-
vid. "Hy het gesê dit is 'n lewe waar jy ander mense gelukkig
maak. Ek wil graag dink ek doen iets daarvan in my werk.
Maar jy moet soms 'n bietjie swaarkry om dit te verdien."

Daarop sê ons "Kampai!" en klink twee plastiekglasies vol
gin en lemoensap, hier bo-op Fuji-san. David herinner my die
staptog is tegnies nou eers halfpad. Ons moet begin wikkel.

"Die meeste ongelukke gebeur op pad bergaf. Trap versigtig, dit is nie verby voor ons heel onder uitkom nie."

Ons móét voor donker klaarmaak – gisteraand was die temperatuur op die berg -10 grade Celsius. David stel voor ons versnel die pas. Ons stap in stilte. Al wat ek hoor, is ons voetstappe in die sneeu.

Rondom my speel tonele af, met wolke wat steeds inrol en die son wat al hoe laer sak, wat my laat wens ons kan langer op die berg bly. Ons het soveel voorspoed gehad. David reken 'n mens kry twee of drie stapdae in 'n jaar wat so mooi soos vandag is.

Ons loop weer vir Hosoda met die hommeltuig raak. Sy vriend is op pad na die kruin, maar hy self voel nie te goed nie en verkies om eerder teen die hange met sy hommel te speel.

Terwyl ons verder afstap, sirkel sy hommeltuig bokant ons. Ek en PJ besef dadelik hoe goed hierdie video – wat in soveel beter lig as vanoggend geskiet is – in die reeks sou kon werk, maar daar is nie tyd om nou weer bergop na Hosoda te stap nie. David stel voor ons los 'n besigheidskaartjie met 'n boodskap in Engels by die volgende stasie en hoop Hosoda of sy vriend lees dit.

By Ou Stasie 7 haal ek dus 'n besigheidskaartjie uit, maar ek kan nêrens 'n pen vind nie. David sit nogtans die kaartjie in die oornaghut neer. Wie weet, dalk is daar later nóg 'n bietjie Fuji-voorspoed aan ons kant.

Gelukkig word die simptome van hoogtesiekte dadelik beter sodra 'n mens na 'n laer vlak bo seespieël beweeg. Die hoofpyn, duiseligheid en naarheid is verby, maar my knieë kry swaar teen die afdraand.

PJ kan homself nie so ver kry om op te hou skiet nie, die prentjies is eenvoudig te mooi. Selfs al kan ons albei aanvoel dat David begin ongeduldig raak.

Terwyl ek my gedagtes op kamera deel, voel ek trane agter die skibril opwel. Ek begin nóú eers werklik besef hoe besonders vandag uitgedraai het. En PJ, wat bergop en bergaf alleen moes skiet en 'n swaar kamera dra, is 'n yster.

Die donkerte haal ons in – 'n paar honderd meter voor die parkeerterrein. Ons gebruik kop- en selfoonliggies om by David se voertuig uit te kom. Hy het aangebied om ons by Shin-Fuji-stasie af te laai, waarna 'n lang terugtog van byna drie uur na Toyota City nog voorlê. Ons skiet nog vir oulaas in sy bussie, maar ek is so moeg ek kan skaars praat.

Stef Bos sing in 'n ander konteks oor iets as synde "te groot vir woorde", maar dit geld ook vir Fuji-san. Sy het heeldag haar gesig vir ons gewys en met die afkomslag het die wolke weer soos 'n sluier haar gesig bedek.

Ek kan net eerbiedig voor Fuji-san buig en sê: "Arigatou gozaimasu."

TOYOTA CITY 2

Vanoggend is die span se moreel laag. Vir die eerste keer se-
dert ons in Japan aangekom het, is als nié heeltyd lekker nie.
Ek en PJ is fisiek uitgeput ná gister se Mount Fuji-avontuur,
en Jaen en Roxanne het hul eie beproewinge in Toyota City
gehad terwyl ons weg was.

Mitsu was verbete met sy skedule en hulle twee moes gister
saam met hom 'n rits plekke besoek én dokumenteer. Roxanne
het maar ingespring as aanbieder en Jaen moes heeldag skiet,
wetende dat bitter min – indien enige – van die inhoud gebruik
gaan kan word. Hulle is móég vanoggend.

Ek het gisteraand, nadat David ons by die Shin-Fuji-stasie
afgelaai het, die een of ander bewerasie gekry, amper soos
kouekoors. Ek het eers gedink dit is 'n angstigheid wat my
beetpak, maar dit was eintlik dehidrasie. Ek het hopeloos te
min water gedrink terwyl ons bergaf gestap het. PJ het vir my
warm vending machine-tee gaan koop, wat darem dadelik
gehelp het.

Ons het in die Hotel Toyota Castle – luuks, met oorwegend
buitelandse gaste – oornag. Mitsu mag dalk intens wees, maar
hy het mooi gemaak met die verblyfreëlings.

Ek en PJ het egter eers ná elf die aand by die hotel aange-
kom. Dit was die eerste keer dat ek en Jaen 'n kamer moes
deel. Hy het toe reeds geslaap, maar my gevroetel met my
rugsak het hom wakker gemaak. Ek het dadelik sleg gevoel,
omdat ek weet hoe moeg hy ook is. Ek wou toe nie in die ho-
telkamer eet en hom nóg langer uit die slaap hou nie, maar sit
toe met 'n dilemma: Waar eet 'n mens in Japan laat in die nag
peuselhappies as jy dit nie in jou hotelkamer kan doen nie?

Eers het ek myself in die badkamer toegemaak en op die

elektroniese toilet gaan sit om te eet, maar dit was eenvoudig te vreemd. Ek wou nie in die strate gaan rondstap nie, want jy eet mos nie hier op straat nie. Ek was ook nie seker wat die hotelbestuur daarvan sou dink as ek in die foyer sit en 'n geriefswinkel se onigiri en 'n sjokolade-donut inwerk nie.

Vir die eerste keer het ek 'n bietjie benoud begin voel hier in Japan. Steur ek my te veel aan al die regulasies? Wil ek die etiketreëls tot elke prys gehoorsaam?

Op die ou end het ek maar op 'n bankie langs die hysbak in dieselfde gang as ons hotelkamer gesit en gou my happies verorber.

Ongelukkig was hierdie kort tydjie buite die kamer toe die enigste geleentheid vir Jaen om te slaap. Ek is 'n snorker, en Jaen slaap baie lig. Ek het vermoedelik ekstra hard gesnork ná al die inspanning op die berg. Arme Jaen het basies niks geslaap nie en sit nou bedremmeld langs die ontbyttafel.

Mitsu staan reeds in die foyer en begin sommer self ons tasse na die bussie dra. Hy weet dit nog nie, maar ons eerste stop gaan by 'n apteek wees om vir Jaen oorpluisies te koop. Vir die volgende maand gaan ons byna elke aand 'n kamer moet deel . . .

* * *

Dit is ons laaste voldag in Toyota City. Môre wil ons teen middagete treinry tot in Osaka en twee aande oornag in die Welina Hotel naby Dotonbori – 'n gewilde uithangplek vir toeriste, met baie straatkos. Osaka staan juis bekend as "Japan se kombuis".

Die plan is dan om 'n behoorlike rusdag in Osaka te hê voor ons reis na die Wakayama-prefektuur om die Kumano Kodo-pelgrimstog te stap. Ek weet reeds ek gaan 'n besige rusdag hê – daar is 'n groeiende aantal onbeantwoorde e-posse en 'n steierende to do-lysie wat niks met Japan te make het nie.

Die *Weg*-artikel oor Port Edward weeg byvoorbeeld swaar op my gemoed . . .

Mitsu neem ons eerste na 'n bekende saki-fabriek, Houraisen Ginjo Koubou. Ons gaan tydens 'n begeleide toer meer leer oor dié tradisionele ryswyn. Maar eers moet ons wit jurke en beskermende hoede aantrek: Higiëne is 'n groot prioriteit by die fabriek.

Ons stap deur 'n groot saal vol blink tenks en sonder twyfel hardwerkende Japannese. Saki is 'n antieke produk wat al so lank as eenduisend-sewehonderd jaar van rys gebrou word. Deesdae is die toerusting egter modern. Die bestuurder, Tooyama, stel ons bekend aan sy span werkers. Almal buig plegtig.

Roxanne het 'n pakkie Tastic-rys uit Suid-Afrika saamgebring. Mitsu het voor ons vertrek na Japan vir PJ gevra dat ons rys saambring waarmee daar dan saki gemaak sal word. Hy het 'n ambisieuse plan dat Suid-Afrikaners wat Rugbywêreldbeker toe kom – en dalk ook die Springbokspan self, tydens hul besoek aan Toyota City – dan van hierdie spesiale saki sal kan drink.

Ek gee die pakkie Tastic vir Tooyama. Mitsu neem foto's van die oorhandiging. Ons hoop maar nie hy sien op die pakkie dat die Tastic van Thailand ingevoer is nie . . . Japan voer self baie produkte in, maar wanneer dit by rys kom, is local lekker. Net soos 'n wynplaas met sy eie wingerde, word al die rys vir saki hier deur die betrokke maatskappy self gegroei.

Die eerste stap is om die rys te stoom en met behulp van groot lappe op tafels neer te sit. Nou is dit tyd vir 'n bietjie handearbeid. Tooyama wys my hoe om die rys te hanteer. Hy vra my ook om dit te proe en staan en kyk vol afwagting. Die rys smaak 'n bietjie droog. Ek sê maar eerder dit smaak lekker. Netnou word die hele demonstrasie herhaal.

Mitsu is tegelykertyd toergids, tolk en mentor. Hy maak seker ek doen dinge reg deur die hele proses. By 'n groot tenk stop een van die werkers my 'n stok in die hand. Ek moet die rysbrousel in die tenk roer. Die oomblik dat ek iets verkeerd doen, soos om te stadig te roer, gryp drie werkers in om my reg te help.

Ek hou die ander werkers dop wat met hul dagtake besig is. Die spanwerk is indrukwekkend. Dit individu tree terug; alles hier gaan oor die gemeenskaplike doel – om die beste moontlike saki te maak. Die rye bokse vol bestellings in 'n groot stoorkamer wys my hulle kry dit reg.

Ná die toer kry ons darem ook kans om saki te proe. Tooyama bring 'n spesiale Wêreldbeker-bottel te voorskyn, met 'n skets van die Toyota Stadion en die frase "Dream&Impression" op die etiket. Hy wys hoe 'n mens saki behoort te drink. Dit is baie soos by 'n wynproe: Jy moet dit eers ruik en dan 'n bietjie in jou kies rondrol.

Die Wêreldbeker-saki smaak heerlik. Wie weet, dalk gaan ek in September 2019 tydens die toernooi weer hier saki proe wat van "ons" Tastic-rys gemaak is.

* * *

Ná die saki-uitstappie ry ons na Sanshu Asuke Yashi, 'n museumkompleks in 'n ongerepte woudgebied met 'n rivier wat daar naby verbyvloei. Dit is 'n volledige replika van 'n nedersetting uit die negentiende eeu. Hier is tradisionele huise vol vertrekke waar ambagsmanne hul handewerk doen – van fyn houtwerk tot die maak van sambrele en lampskerms. Soos Pelgrimsrus, maar Japannees.

As jy hier stap, veral langs die draaiende, mosbedekte watermeul, kan jy jou maklik verbeel jy is in 'n ander, minder gejaagde era, waar tyd stadiger verloop. Mitsu loop helaas nié stadiger nie. Hy is ywerig op pad na die gebou waar die plaaslike ystersmid reeds op ons wag. Ek gaan vandag leer hoe om 'n papiermes uit 'n nederige spyker te maak.

As Mitsu (en die ystersmid) bewus was van die lewensgevaar waarin ek myself en my klasmaats op laerskool in die hout-werkklas geplaas het, het ek beslis nie nou 'n hamer in my hand gehad nie. Hopelik stap ek hier uit met al tien vingers. Onbeheersde lompheid en oordrewe geesdrif beteken meestal moeilikheid . . .

Yuto, die ystersmid, is 'n groot, gawe man in sy dertigs. Hy is die derde generasie van ystersmede wat in hierdie vertrek werk.

Eers hou hy die spyker met 'n tang oor 'n vlam, en dan is ek aan die beurt – die spyker moet met die hamer platgeslaan word. Ek verras myself deur dit soortvan reg te kry. Mitsu deel selfs plegtig applous uit. Gelukkig kan my ergste flaters maklik in die vuur en met 'n paar vaardige hamerslae deur Yuto reggestel word. Ek laat die laaste afronding ook aan Yuto se bekwame hande oor.

Daar is 'n bekende Japannese gesegde: "Die spyker wat uit-steek, moet platgeslaan word." Dit verwys na die Japannese groepsidentiteit en konformiteit. Jy moenie juis "uitstaan" of te veel verskil van die groep nie. Dit is radikaal anders as die Westerse fokus op die individu en sy of haar behoeftes.

As die spyker uitsteek, moet jy hom platslaan. Of jy kan 'n papiermes daarvan maak.

* * *

Mitsu laai ons in die namiddag af by Sanage Onsen Hotel Kinsenkaku, sowat 13 kilometer buite Toyota City. Dit is ons laaste aand in Toyota City se omgewing en 'n groot bederf: Die hotel is 'n luukse ryokan, of tradisionele Japannese herberg.

Ons kan ook hier vir die eerste keer 'n onsen-warmwaterbron besoek. Die bestuurder stem in dat ons by die onsen mag skiet, maar eers teen halftwaalf vanaand, wanneer daar geen ander gaste is nie. Dit is 'n billike reëling – ek twyfel of 'n Japannese omie in sy adamspakkie 'n behoefte het aan TV-blootstelling in Suid-Afrika. Maar ons sou baie graag vanaand vroeër wou gaan slaap en darem een nag se behoorlike rus ingekry het. Veral omdat ons môre slegs een afspraak het, by die Toyota-museum.

Ek en Jaen skuif ons kamer se houtdeur oop – Japan is groot op skuifdeure. Die kamer se ontwerp is minimalisties, met tatami-matte gemaak van strooi, en die beddens is futons. Elke item is op sy plek. Marie Kondo sal mal wees hieroor.

Aandete is ook diep tradisioneel en bestaan uit agt gange. Die spyskaart is slegs in Japannees. Die kelnerin – 'n middeljarige vrou in 'n pienk kimono – skryf die geregte se Engelse name met 'n potlood langsaan: "steaming the pot, sashimi, grilled sweet fish with salt, deep-fried fugu, miso soup with mozuku seaweed . . ." Elke dis is 'n klein kunswerk. Een bakkie het twee repies soetpatat, 'n halwe hardgekookte eier en 'n paar stukkies wortel, simmetries gerangskik. Ons eet soos konings, kruisbeen by 'n lae tafel.

Die fugu, of blaasoppie, is egter vir ons 'n gedoente. Dié vis se binnegoed bevat tetrodotoksien, wat dodelik is – glo tot eenduisend-tweehonderd keer meer giftig as sianied! Die gif van 'n enkele vis kan dertig mense bokveld toe stuur. Dit is baie belangrik dat die sjef sy storie ken: Een foutjie met die mes kan beteken dat ons reeks – en ons lewens – nét hier op 'n tatami-mat buite Toyota City eindig. Ek het beslis nie 'n doodswens nie, maar ek gaan hierdie puik hotel se sjef tog maar vertrou.

Die fugu is helaas 'n bietjie van 'n antiklimaks. Dalk het ek te veel verwag, maar die stukkie gevaarlike vis smaak vir my maar soos goeie ou stokvis.

Ná ete besluit ek en PJ om 'n paar uur te slaap voor ons by die onsen mag skiet. Hoewel ons gemoedere hoër is as vanoggend, is ons steeds pootuit. My voorneme vir slaap word egter gekelder toe ek 'n e-pos van *Weg* sien inrol: Ek moet dringend foto-onderskrifte stuur vir 'n lang artikel oor die Wildekus wat ek voor my vertrek ingehandig het . . .

In 'n ryokan dra jy eintlik heeltyd 'n yukata, 'n informele kimono van katoen wat in jou kamer verskaf word. Ek maak die foto-onderskrifte klaar, trek my pers yukata aan en gaan loer 'n paar keer in by die onsen. Dit sal darem baie help as ons vanaand 'n bietjie vroeër as byna middernag kan skiet.

Die ingang tot die mans se onsen het blou lappe, en die vrouens s'n rooi. Met elkeen van my besoeke sit daar nog 'n paar omies kaalbas in die water en ontspan.

Teen halftwaalf is die onsen egter leeg. Ons wil nie kortpaaie vat nie, so ek moet sonder 'n draad klere voor die kamera rondwals. Ons sal maar tydens redigering 'n plan maak om die nodige te bedek.

Die vertrek waarin die onsen is, lyk en voel soos 'n spa, met die effense swaelreuk wat 'n mens dikwels by warmwaterbronne teëkom. Voor jy in die onsen – hierdie een is die grootte van 'n klein swembad – gaan sit, moet jy jouself eers elders met seep was en afspoel. Terwyl ek besig is om dit te doen, kom daar sowaar nóg 'n omie ingewals. PJ skarrel na 'n hoek met sy kamera en ek trek maar weer my yukata aan.

Arme PJ is nou glad nie dik van die lag nie. Ek voel vir hom. Ek weet ék is tans moeg, maar hý moet regtig moertoe wees ná 'n week van wyd reis en voldag skiet, veral met ons intense skedule. Maar ons wil so graag hierdie mooi onsen wys én 'n gin-oomblik vir die Toyota City-episode skiet. Dit verg 'n bietjie oorreding, maar PJ stem in dat ons weer probeer, so oor 'n halfuur. Uiteindelik het ons toe 'n bietjie later die onsen vir onsself.

Die Sanage-onsen is reeds in 1554 ontdek en is die Aichi-pre-fektuur se grootste natuurlike warmwaterbron. Daar word geglo die water, wat eenduisend-tweehonderd meter onder die grond ontspring, het helende kragte.

Dit is 'n bietjie meer volksvreemd as jou gemiddelde ATKV-oord, veral so in my adamsgewaad, maar dis absoluut salig om in die warm water – wat maklik by veertig grade kan gaan draai – te sit en ontspan.

Ek hoop Mitsu doen dit gereeld.

KUMANO KODO

Ek is op my senuwees oor die paar dae wat voorlê. Ek het nie naastenby genoeg navorsing gedoen oor die Kumano Kodo-pelgrimstog se roetes, akkommodasie óf interessante plekke nie.

Dit is Vrydagoggend, 26 Oktober. Ons reis met die Kuroshio-langafstandtrein tussen Osaka en die kusdorp Tanabe. Hierdie trein beweeg baie stadiger as die Shinkansen en die rit duur sowat drie uur.

Die Kumano Kodo strek oor die bergagtige dele van die suidelike Kii-skiereiland. Verby my venster flits landelike tonele met groen berge op die horison. Hier is baie meer spasie tussen die huise en geboue as in die stedelike gebiede. Die huise is ook aansienlik groter.

Ek sien in die verbygaan 'n paar netjiese boorde – dit moet die een of ander sitrus wees, die vruggies is helderoranje. Vir die eerste keer in tien dae in Japan lyk dit vir my soos diep platteland.

Ek en die span sal mooi moet kophou. Die vooruitsig van die Kumano Kodo was een van die hoofredes wat ons op Japan laat besluit het as die bestemming vir 'n tweede *Elders*-reeks.

Die Kumano Kodo en die Camino in Spanje is die enigste twee pelgrimstogte op aarde met UNESCO Wêrelderfenisstatus. Met stap wat so deel is van *Elders* se DNS, wil ons dit graag gereeld insluit in die nuwe Japan-reeks. Die vooruitsig van die Kumano Kodo, en hoe dit aansluit by die Camino, is waarskynlik een van die redes waarom kykNET en die borge ons Japan-plan ondersteun het.

Tot dusver het ek nog net gestap – wel, dit was eerder klim

en swoeg en sweet – by Mount Fuji, wat skaars genoeg inhoud sal wees vir een volle episode.

Ons het aanvanklik ses stapdae op die Kumano Kodo beplan, waarvan ten minste een 'n rusdag sou wees. Die plan is om drie episodes tydens die staptog te verfilm. Maar met dié dat ons eers in Japan besef het watter groot gedoente Halloween hier is, wil ons baie graag die aand van 31 Oktober weer terug wees in Osaka, waar ons gister 'n rusdag gehad het.

As daar één plek is waar ek wil wees tydens Halloween, is dit Osaka se energieke en kleurvolle Dotonbori-distrik. Dotonbori is op enige aand 'n belewenis, maar dit sal verstommende prentjies maak vir ons reeks wanneer duisende Japannese daar rondmaal in vreemde kostuums.

Al hierdie nuwe planne laat ons egter met slegs vier stapdae op die Kumano Kodo. Buiten dat ons 'n rusdag moet prysgee, sny ons dit baie fyn as ons drie episodes van twee-en-twintig minute elk wil skiet. As dit één dag – selfs net 'n oggend – reën, sal ons tyd baie knap raak, wat weer die res van ons beplanning kan beduiwel.

PJ en Roxanne het gister ure lank in hul hotelkamer in Osaka aan die begroting gewerk én ons reisplan vorentoe bekyk. Een van die groot uitdagings met die Kumano Kodo is dat jy gewoonlik tien dae voor die tyd jou akkommodasie aanlyn moet bespreek. In hierdie opsig verskil dit heeltemal van die Camino, waar jy bloot in die middag by herberge in klein dorpies kan aanklop en vra vir 'n bed. Die Japannese hou mos maar meer van struktuur en sekerheid.

Dit maak absoluut sin vir iemand wat lank vooruit 'n vakansie beplan, en vaste datums het, om vooraf aanlyn te bespreek vir die Kumano Kodo. Maar met 'n klein en ratse TV-produksie soos ons s'n, waar ons skietskedule gedurig onderhewig is aan verandering, was dit gewoon nie moontlik nie.

Gelukkig het ene Tomoko Yoshimoto van die Kumano

Travel-agentskap gister per e-pos vir Roxanne laat weet ons kan hulle nuwe kantoor in Tanabe besoek. Die agente daar sal ons hopelik kan help om in beseringstyd ons roete uit te werk en verblyf te bespreek. Dit is wel piekseisoen, maar hopelik is daar nog 'n paar beddens – of dalk eerder futons – op die roete beskikbaar.

Ek stap na die badkamer op die trein. Die kennisgewings (in Japannees en Engels) is volop. "Please be careful of the door" by die badkamerdeur. "Not for drink" by die wasbak se kraan. "Please do not smoking in the toilet" by die toilet. "Touch the sign below to open the door" by die deur tussen treinwaens. En reg onder dit 'n illustrasie van 'n hand met die woorde "Touch here to open the door".

Die see flits nou verby die venster. Die Stille Oseaan. Ek onthou weer ons is op 'n eiland. Honshu, die grootste van Japan se vier hoofeilande. Die see lyk vanoggend kalm en spieëlglad. Maar die kennisgewing in die vakkie voor my sitplek herinner my dit is nie altyd die geval nie: "In case a tsunami is expected."

My eerste gedagte is: As ek 'n tsunami sou verwag, is 'n trein langs die see die laaste plek waar ek sou wou wees. As jy 'n tsunami sién kom, is dit waarskynlik reeds te laat.

Hierdie kennisgewing laat my dink aan die inligting (met illustrasies) wat 'n mens altyd in 'n vliegtuig sien van wat om te doen tydens 'n noodgeval, of 'n hoogs onwaarskynlike landing op water. "Calmly follow the direction of the crew" is 'n mooi voorneme, maar ek twyfel sterk of daar enige kalmte gaan wees met 'n fratsgolf binne sig . . .

Dit is wel tipies Japannees dat die illustrasies op die kennisgewing 'n oulike pandabeer is wat sonder enige sigbare angs die trein met 'n leertjie ontruim.

* * *

Tanabe, geleë tussen die see en die berge, voel soos 'n grote-rige kusdorp. Met sowat 80 000 mense wat hier woon, is dit steeds die Wakayama-prefektuur se tweede grootste stad.

Hier is min hoë geboue en geen wolkekrabbers nie. Ook minder sigbare kennisgewings en aanwysings in Engels. Baie mense ry fiets. Ek vermoed behalwe vir stappers stroom daar nie juis groot getalle toeriste hierheen nie. Die meeste besoekers mik mos maar vir die ikoniese stede – Tokio, Osaka en Kyoto.

Ons vind Kumano Travel se kantoor maklik, binne stapafstand van die stasie. Buite die ingang is 'n groot logo van 'n kraai met drie bene. Het dit dalk iets te doen met die pelgrimstog?

In die kantoor is stapklere, waterbottels, hoedens, roetekaarte en 'n lywige Engelse gidsboek met volkleurfoto's te koop.

Brad Towle, 'n Kanadees wat werk by Kumano Travel, help ons flink met inligting oor die roete en ons besprekings. 'n Duitse gryskopomie sit by 'n ander toonbank en beplan sy pelgrimstog.

Roxanne hanteer die logistiek terwyl PJ en Jaen met my 'n stukkie skiet. Ek vertel vir die kamera dit is een van die bes georganiseerde reisagentskappe wat ek nóg besoek het. En dat ek nou weer so opgewonde voel soos voor my eerste Camino. "Buen Japino," sê pun-meester Jaen.

Brad se besigheidskaartjie het 'n lang werkstitel: Hy is die "Tanabe City Kumano Tourism Bureau" se "International Tourism Promotion & Development Director". Kortom: Brad is die baas hier rond, maar hy is heeltemal te beskeie om dit reguit te sê. Hy woon en werk al byna twee dekades in Japan.

Sedert 2006 is die infrastruktuur en besprekingstelsel ontwikkel vir groter getalle internasionale besoekers. Brad het hierdie toerismeprojek gedryf. Die plaaslike rolspelers vind direk baat by besprekings wat deur Kumano Travel gemaak word.

Dié gemeenskapsgebaseerde projek is 'n eerste vir Japan. Die plaaslike toerismeburo is pioniers. Daar was al verskeie toekennings – ook internasionaal – en Brad en sy span tree gereeld by seminare op. Die projek word voorgehou as 'n model vir die res van die land.

Hoewel Tanabe die poort is tot die Kumano Kodo-pelgrimstog, begin ons môre by Takijiri-oji stap, veertig minute hiervandaan met een busrit.

Brad wys vir my die kaart van ons eerste stapdag. Sowat 13 kilometer lê voor tot by die dorpie Chikatsuyu, waar ons eerste nag se verblyf by 'n herberg bespreek is.

"It begins quite steep?" sê-vra ek.

"Yes. Up. To salvation," antwoord Brad.

Mount Fuji is nog vars in my geheue. Nie dat ek myself nou op één dag teen 'n berg op (en af . . .) fiks kon stap nie. Dalk skop daar darem 'n bietjie "muscle memory" in van my twee Camino's. Hopelik onthou die lyf ver terug.

Daar is drie Grand Shrines, of heiligdomme, op die Kumano Kodo: Kumano Hongu Taisha, Kumano Hayatama Taisha en Kumano Nachi Taisha. Ons gaan dele van die Nakahechi-roete, die Kumano Kodo se oudste en bekendste roete, stap. Langs dié roete gaan ons twee van die heiligdomme – Hongu Taisha en Nachi Taisha – besoek.

Die meeste pelgrims stap tussen vier en sewe dae. Ons het slegs drie stapdae, wat beteken ons gaan net 'n paar van die hoogtepunte langs die roete kan inpas – en elke dag taamlik ver stap.

Brad skets kortliks die pelgrimstog se agtergrond. Soos die Camino is die Kumano Kodo ook al meer as 'n duisend jaar oud. Die eerste pelgrims het reeds in die negende eeu hier in die berge gestap. Maar die geskiedenis gaan nog verder terug, na mitologiese tye, en word selfs by die skeppingsmite van Japan betrek.

Die Kumano Kodo word genoem in die heel eerste opgetekende rekord van Japan se ontstaansgeskiedenis, die *Kojiki*, of *Records of Ancient Matters* (711-712). Jimmu, Japan se eerste keiser en 'n afstammeling van die songodin Amaterasu, het glo na hierdie skiereiland gereis en hiervandaan 'n militêre ekspedisie oor die berge gelei na die hedendaagse Nara, naby Osaka, om die eiland te verower.

Brad vertel die Kumano-gebied is ook die mitologiese "Land of the Dead" in Japan – die gode se rusplek is hier in die bergpieke. Dit is dus heilige grond wat die verbintenis tussen hierdie lewe en die hiernamaals versterk.

Japan se twee grootste godsdienstradisies, Sjintoïsme en Boeddhisme, het ook deur die eeue op interessante maniere vervleg langs die roete.

Aanvanklik was die Kumano Kodo 'n gewilde pelgrimstog vir die keiserlike familie, wat al die pad van Kyoto af gestap het. Vanaf die twaalfde eeu, met die opkoms van die krygersklas, was die pelgrimstog weer sinoniem met die samurai.

In die daaropvolgende eeue het feodale landhere, aristokrate en later ook die middelklas se getalle op die roete drasties toegeneem. Veral tydens die Edo-tydperk (1603-1668), toe Japan vir sowat tweehonderd-en-sestig jaar afgesluit was van die res van die wêreld, het die Kumano Kodo gedy.

Maar soortgelyk aan die Camino het dié pelgrimstog in die negentiende en twintigste eeu agteruitgegaan. Die roetes was verwaarloos en al hoe minder pelgrims – later slegs 'n hand vol – het na die heiligdomme gereis.

Eers in 1999 het plaaslike inisiatiewe weer begin toe daar 'n behoefte onder die Japannese ontstaan het om weer die ou pelgrimsroetes te stap. Die groot keerpunt was in 2004, toe die "Sacred Sites and Pilgrimage Routes in the Kii Mountain Range" as 'n UNESCO Wêrelderfenisterrein aangewys is. In 2004 was daar sowat vierhonderd mense op die roete; in 2017 meer as vyf-en-dertigduisend.

Ek en Brad gesels oor waarom mense die Kumano Kodo kom stap. "Die redes vir 'n pelgrimstog kan ingewikkeld wees," sê hy. "Ek het al gesien hoe dit ook vir mense tydens die staptog verander. Japannese pelgrims wil dalk bloot 'n staptog met Wêrelderfenisstatus ervaar, maar teen die einde besef hulle: 'Wow, ek het iets gevoel.' Jy begin met 'n sekere gevoel, maar eindig met iets anders. Elke mens werk met sy of haar eie geskiedenis en doelwitte."

Ons kyk op 'n groot satellietkaart na die roetes. "Hierdie kaart wys die berge mooi, dit lyk net soos gefrommelde papier," sê Brad. "Maar kyk 'n bietjie noord na Osaka, dit is monsteragtig groot. As jy met die trein van Osaka tot hier reis, gaan jy 'n nuwe wêreld binne. Die stede wys die moderne gesig van Japan. Hierdie pelgrimstog wys weer iets anders."

Brad het in 2015 die Dual Pilgrim-inisiatief gedryf, wat die verhouding tussen twee susterpelgrimstogte versterk: Pelgrims wat die Camino én die Kumano Kodo voltooi, ontvang 'n spesiale sertifikaat en 'n lapelwapen. Aangesien ek reeds die Camino voltooi het, kan ek nou ook die 38 kilometer van Takijiri-oji tot by die Kumano Hongu Taisha te voet aflê om 'n Dual Pilgrim te word.

Soos in Spanje gaan ek ook hier met 'n credencial of pelgrimpaspoort stap. Brad gee vir my die dokument en verduidelik dat ek langs die roete stempels by klein tempels of shrines kan kry. Ek kry my eerste een hier by Kumano Travel se kantoor. Die stempel wys die einste driebeenkraai wat ek by die ingang gesien het. Brad vertel my dit is die Yatagarasu, die amptelike simbool van die Kumano Kodo.

Volgens die mitologie is die Yatagarasu 'n bonatuurlike gids of boodskapper, wat keiser Jimmu veilig oor die Kumano Kodo se berge gelei het onderweg na Nara.

Ek vra vir Brad of die Yatagarasu nog steeds hier rondvlieg

en pelgrims help. Hy lag. "Jy sal maar self moet probeer om hom te vind."

Brad gee vir my een van die Engelse gidsboeke persent. Ek vra hom wie die boek geskryf het en hy erken half skamerig dat dit sy handewerk is.

Sal hy die boek vir my teken, wil ek weet. "Ek het nog nooit 'n boek geteken nie," sê hy laggend. Voor in die boek skryf hy: "Erns, May the 'Ways' be with you always. Brad."

Ek dink terug aan 'n mantra op die Camino: "The Camino provides." Die Camino voorsien. Die Kumano Kodo is ook besig om te voorsien, selfs voor ons 'n eerste tree gestap het.

* * *

PJ het vir ons 'n ruim dubbelverdiepinghuis op Airbnb opgespoor, sowat 'n kilometer van Tanabe se stasie af. Dit werk uit op sowat R900 per persoon vir die nag.

Ons is verras deur die luukse houthuis wat ons net vir onsself het. Ek wil my nie eens indink hoeveel so 'n huis in Tokio of Osaka sou kos nie.

Modern en tradisioneel ontmoet hier – een slaapkamer het 'n houtvloer met beddens, die ander tatami-matte en futons. Die elektroniese toilet groet jou met 'n blou lig en die toiletsitplek lig outomaties op.

Brad het voorgestel ons gaan soek aandete in Ajikoji, ook bekend as "Flavour Alley", Tanabe se woelige restaurantdistrik. In 'n klein netwerk van gangetjies is hier meer as tweehonderd verskillende eetplekke. Die meeste is tipiese izakayas – hulle bied benewens drankies ook peuselhappies en enkele groter maaltye, soos 'n pub.

Ons gaan soek eers 'n paar plekke wat Brad ons op die kaart gewys het. Dit is egter vroeg, nog nie eens 19:00 nie, en die meeste plekke is nog toe. By twee word ons – in 'n verrassende wending vir Japan – by die deur in Japannees weggewuif (let wel: steeds wuif, nie jaag nie) met ál verstaanbare woorde: "No English, no English . . ."

Ek vermoed dit verwys eerder na die feit dat daar geen Engelse spyskaart by dié restaurant is nie, as na een of ander vorm van vreemdelingehaat. Tog wonder ons of dit dalk 'n bietjie anders is hier in die diep platteland. Of die beginsels van uchi en soto – wie is buitestanders en wie nie – dalk sterker geld ver weg van die groot stede.

Ons vind darem taamlik gou 'n restaurant met 'n vriendelike eienaar en kelners. Hier is óók geen Engelse spyskaarte nie, maar ons voel welkom. Dit is die eerste keer dat ons in 'n yakiniku-restaurant is: Ons sit kruisbeen op kussings op tatami-matte, met 'n klein gasbraaier in die middel van die tafel. Seker die naaste wat ons in Japan aan 'n braai gaan kom.

Om die spyskaart uit te pluis is nie maklik nie, maar ons bestel hoender, bees en 'n paar stukkies vis. (Ons maak seker ons bestel nie per ongeluk walvis nie . . .) Dit is pret én gesellig om self die kos aan tafel gaar te maak.

Ons gesels weer 'n bietjie rugbyplanne. In dié stadium het ons geen vaste rugby-afsprake vorentoe nie. Ek onthou Roxanne het genoem Jason Jenkins, met wie ons in Nagoya gesels het, speel hierdie naweek vir 'n uitnodigingspan iewers in Japan. Ek is onder die indruk dit is 'n sewestoernooi.

Ek google vir Jason. Die wedstryd is vanaand. En dit is nie 'n sewestoernooi nie, maar 'n wedstryd tussen Japan en 'n Wêreldspan! Die Wêreldspan het, buiten Jason, nog sés Suid-Afrikaners in die groep: Adriaan Strauss, Harold Vorster, Lionel Cronjé, Hencus van Wyk, Willie Britz en Corné Fourie.

Die wedstryd vind in Osaka plaas. Waar ons nog vanoggend wakker geword het. Ek kry eensklaps fomo ("fear of missing out") – dit sou 'n wonderlike geleentheid gewees het om rugby-inhoud mét Suid-Afrikaanse spelers daarby te kry.

Maar voor ek myself nogmaals kasty oor my treurige

navorsing, kyk ek rondom my: die tradisionele restaurant, die vleis wat gaar word op die braai, die gelag en gesels van Japannese locals rondom ons. Ek is nou hier, in Watanabe op die platteland, en dit is goed en genoeg. Die rugby-inhoud sal later moet gebeur.

Terug by die gastehuis laai PJ en Jaen die dag se kamera-kaarte af en ek maak my laptop oop. 'n E-pos rol in met die woorde "thank you!!" as onderwerp.

Dit is van Taika Hosada, een van die kêrels wat ons op Mount Fuji ontmoet het. Hy heg twee foto's aan van my, hom en PJ in ons rooi baadjies in die sneeu. Hy moes dus my *Elders*-besigheidskaartjie – sonder enige boodskap daarby – in die oornaghut gevind het en geweet het ons wil graag kontak maak. Nou kan ek terugskryf en hoor oor die hom-meltuig-video wat hulle geskiet het.

Hoe gelukkig kan ons wees? Dit lyk of Mount Fuji óók voorsien . . .

* * *

Dit is my eerste stapdag op die Kumano Kodo. Ek is baie op-gewonde om 'n nuwe pelgrimstog te begin, maar dit het laas nag gereën en die weer lyk vanoggend maar triestig.

My sak is gepak en aan my staphemp het ek 'n rooi lapel-wapentjie, met die swart driebeenkraai daarop, vasgemaak. Ek het al die nodige staptoerusting, 'n helderrooi reëndigte baadjie en 'n seil om my rugsak te beskerm, maar ek is be-kommerd dat die slegte weer kamerawerk kan bemoeilik.

Dit bly maar een van die uitdagings van 'n projek soos ons s'n: Ja, ek is hier om die Kumano Kodo te stáp en wil dit graag bewustelik doen, maar in my agterkop spin 'n hamster-wieletjie voltyds om die reeks en verfilmingswerk in gedagte te hou.

Die huis waar ons oornag het, was lieflik. Ek dink ons almal wens heimlik vandag was 'n rusdag, vir daar rondlê op futons en die wi-fi plunder vir Netflix kyk.

Ons stap egter in 'n ligte motreën na Tanabe-stasie, waar ons 'n bus moet kry berge toe, na Takijiri-oji. Gelukkig begin die weer opklaar sommer nog voor ons by die bushalte aankom. Dis 'n verligting. Ek kan die reënbaadjie uittrek en in my sak bêre. Vir eers gaan ek darem nie weer lyk soos die Kumano Kodo se eie rooi Teletubby nie.

Tydens die busrit blaai ek deur Brad se uitstekende gidsboek en lees oor Morihei Ueshiba (1883-1969), die stigter van die gevegskuns aikido, 'n boorling van Tanabe. Aikido maak staat op die opponent se eie momentum om hom of haar van stryk te bring. Ueshiba het glo baie inspirasie geput uit die Kumano Kodo en het op die pelgrimstog sy gevegskuns verfyn. "Aikido is a guide for one to achieve one's given fate," het hy gesê. "It is the path to reach harmony and love."

Ek lees ook 'n aanhaling raak van Kuki Ietaka, priester by die Kumano Hongo Taisha-heiligdom: "The importance of a pilgrimage to Kumano is not in its completion, but rather what you take home after internalizing your experiences."

Ek bestudeer weer die kaart van die 13,3 kilometer wat vandag voorlê tot by Chikatsuyu.

Die roete lyk vrek steil – ons gaan klim tot amper 700 meter bo seespieël. Ons oornag dan by 'n minshuku – 'n tradisionele gastehuis wat deur 'n gesin bedryf word. Die koste per nag is billik: 4 700 yen (R600) per persoon, sonder etes.

Daar aangekom, sien ons Takijiri-oji is 'n klein plekkie en lyk soos 'n poort tot die voet van die berge. Die woord "oji" beteken heiligdom of altaar. Ek gaan glo byna elke twee kilometer langs die roete verby 'n oji stap. Dit laat my dink aan die kerke en kruise wat ek elke paar kilometer op die Camino aangetref het. Die Yamabushi, tradisionele askete of bergmonnike wat al eeue lank as Kumano Kodo-gidse optree, het glo hierdie oji's gevestig.

Dit is lekker om weg te wees van die stadsgedruis en geboue. Takijiri-oji bestaan basies net uit 'n tempel, 'n inligtingsentrum en 'n winkeltjie. 'n Kennisgewing lees "The Kumano Ancient Road".

Die Tonda-rivier vloei hier langs die hoofweg verby en druis hard. Op die brug oor die rivier naby die inligtingsentrum loop ek twee interessante pelgrims raak. Denis en sy seun Reine gaan ook vanoggend begin stap. Hulle het vyftien jaar gelede vir die eerste keer ontmoet.

Denis vertel 'n Japannese TV-program oor verlore families wat herenig, het hom in 2003 in Switserland opgespoor. Hy het tóé eers uitgevind van sy 29-jarige seun, Reine, wat in Tokio woon. "Ek het toe ook gehoor ek is eintlik al 'n oupa," sê Denis, met verwysing na Reine se eie seun wat reeds gebore was.

Nou gaan pa en seun – hulle het presies dieselfde liggaamsbou en haarstyl – 'n paar dae saam op die Kumano Kodo stap tot by die Nachi-waterval. Denis vertel hy het twintig jaar gelede vyf maande lank die Camino gestap.

Toe Reine hoor ek is van Suid-Afrika, vertel hy opgewonde hoe hy op laerskool in Tokio dikwels "Nkosi Sikelel' iAfrika" gesing het. Ek kan dit byna nie glo nie. Ek begin ons volkslied sing en Reine neurie saam, en val dan elke keer in met "Nkosi Sikelela". Hy onthou duidelik nog die wysie.

Ek groet hulle met 'n "Buen Camino!", die Spaanse frase wat "Goeie weg!" beteken. Denis antwoord met "Ultreia!" 'n Ent weg hoor ek stappers ook "Ultreia!" roep. Hier is duidelik verskeie pelgrims wat al in Spanje gestap het.

By die winkel Kodo-no-Mori koop ek vir my 'n stapstok van bamboes en 'n tradisionele strooihoed met Japannese skrif op. Ek vermoed ek lyk koddig met hierdie keëlvormige hoed op my kop – so sal dit maar moet wees op die Kumano Kodo.

Ek vra die vriendelike vrou agter die toonbank, Midori,

wat die woorde op die hoed beteken. Sy sê daar staan "Ta-kijiri-oji", "Kumano Kodo" en die frase "As it comes". As it comes . . . Dit klink vir my na die regte mantra om hierdie pelgrimstog mee te begin.

"Prum juice," sê sy en skink vir my 'n glas. Dit neem my 'n rukkie om te besef sy sê dis pruimsap – plum. Die sap is heerlik. Midori vertel sy maak dit self. "Good for walking, no tired," sê sy. Om seker te maak dit werk, drink ek 'n twee-de glas. Dalk moet die Springbokke tuisgemaakte pruimsap drink voor hul Wêreldbekerwedstryde.

Sy bied ook vir my 'n gedroogde pruim aan. Dit smaak weer heeltemal die teenoorgestelde. Nou weet ek waar die uitdrukking "suurpruim" vandaan kom . . . My hele mond trek skeef. "It wakes you up, hey," sê ek vir haar. Midori be-gin onbedaarlik giggel. "Very salty!"

Ek draai na die kamera: "Dit was nou kaksleg gewees." PJ sal maar later die vloekwoord moet "bliep".

Oor die radio binne die winkel speel 'n song wat ek dadelik herken. José González se "Stay Alive". "There is a truth and it's on our side / Dawn is coming / Open your eyes / Look into the sun as the new days rise." Ek het dit die eerste keer gehoor op die vliegtuig iewers bo Afrika ná my eerste Camino. En hier speel dit nou weer, minute voor ek die Camino se suster-pelgrimstog begin. As it comes . . .

Midori is besig om klein gedroogde vissies, wat lyk soos sardientjies, in pakkies te rangskik op 'n oopgevoude stuk koerantpapier. Ek sal maar eerder hou by my salm-onigiri vir later se peuselhappie.

Hier in haar winkel is daar ook onverwagte taksidermie – is dit iets wat jy ooit kán verwag? Ek en my vriend Toast hou van wat ons noem "random taxidermy". Op 'n rak staan daar 'n opgestopte wit wolf met geel oë en 'n oop bek vol tande. Of hier wolwe op die roete is, weet ek nie. Brad sou se-ker gister in Tanabe so iets genoem het? Dit is hoeka vanaand volmaan. Hopelik loop ek nie hierdie outjie se agterkleinkind raak nie.

Ek groet Midori, sommer met 'n drukkie, en stap verby die gedenksteen vir die roete se UNESCO Wêrelderfenisstatus sedert 2004. Die Kumano Kodo word volgens die inligting op dié gedenksteen ook die Sankeimichi of "Road to Prayer" genoem, "which leads to the mountains where both The Buddha and Shinto gods abide".

Nog 'n bus het pas hier gestop. Ek is bly om te sien daar klim heelparty mense uit. Ek sal graag op die roete met 'n paar pelgrims wil gesels.

Langs die tempel of oji is een van die houthokkies waar ek 'n stempel kan kry. Ek moet seker maak ek kry genoeg van hulle langs die roete, as bewys dat ek ver genoeg gestap het om die Dual Pilgrim-sertifikaat by die Kumano Hongu Taisha se Erfeniskantoor te ontvang.

* * *

My Kumano Kodo begin. Ek volg die kliptrappe ál dieper die woud in, en net soos met Mount Fuji vroeër, is daar net een rigting: op, op, op. "Is hierdie 'n bult of 'n berg?" vra ek vir die span, maar ek weet reeds wat die antwoord is. Die berg se naam is Tsurugi.

Ek gaan darem nie vandag alleen swaarkry nie – dit help beslis dat die span hier saam met my is. Van die vier van ons, is ek egter die minste fiks. Ek kry die span wel nogal jammer, want soms moet hulle vooruit draf – teen die berg uit – om nie per ongeluk in 'n kameraskoot te verskyn nie.

Die kliptrappe is van korte duur en ek volg gou 'n nou voetpaadjie. Rondom my toring reusesipres- en sederbome uit. Ek raak vinnig kortasem. My harttempo voel ná die eerste honderd meter al klaar of ek 'n halfuur op 'n treadmill gedraf het.

Ek is nogmaals beïndruk met die Japannese: Die roete is baie goed gemerk met houtborde wat duidelik wys waar jy moet stap. Wanneer daar 'n vurk in die pad is, of 'n afdraai-paadjie, wys 'n bord duidelik: "Not Kumanokodo".

Vanoggend in Tanabe het dit gereën, maar nou is dit 'n snikhete herfsdag. Tans stap ek darem in skaduwee. Ek sal gereeld moet water drink, anders gaan ek vanaand kruipend by my bestemming aankom – en nie soos 'n biddende mon-nik nie, maar weens ontwatering.

Die kennisgewingborde by belangepunte op die roete is in Japannees en Engels. Ek skep asem by 'n bord met die opskrif "Tainai Kuguri Test of Faith". Hier is 'n grot of rotsskuiling waar plaaslike mense deur die eeue heen 'n monolitiese klip in die vorm van 'n waterskilpad kom aanbid het. Om deur 'n baie nou skeur in die grot te kruip, word genoem "tainai kuguri" – "passing through the womb". Dit is 'n toets van jou geloof, en as 'n vrou suksesvol deur die skeur kruip, sal sy glo eendag maklik die lewe skenk.

Ek vrees nie hoogtes nie, maar het beslis engtevrees. Ek voel gewoonlik selfs benoud in 'n halfvol hysbak. Naas ver-stik (soos in, tot die dood toe) is my grootste vrees om vas te sit in 'n rotsskeur. Maar ek haal my hoed en rugsak af en besluit om nogtans te gaan kyk wat in die grot aangaan.

Nee wat, dit is heeltemal te nou. Ek kry met 'n groot ge-sukkel my bolyf deur die skeur, of eerder halfpad deur. Dalk moes ek minder rys en ramen hier in Japan geëet het. As ek harder probeer, gaan ek beslis vassit.

'n Paar jaar gelede het 'n vrou vasgesit in die Kango-grotte se "Tunnel of Love", en dit het 'n hengse reddingsoperasie gekos om haar te bevry. Vir die Japannese ekwivalent sien ek nie kans nie. Ek gee op en kruip terug. Ek gaan nie hierdie geboortekanaal maak nie.

Ek bereik die eerste klein altaar teen die berg – 'n nederige klip met Japannese skrif op. Dit is net die oorblyfsels van 'n antieke altaar wat in die sewentiende eeu vir die eerste keer opgeteken is. Hier kry ek my tweede stempel.

Net soos op die Camino is hier verskeie fabelagtige verhale opgeteken van vorige pelgrims se dikwels bonatuurlike ervarings. By die "Chichi-iwa Rock" (wat "milk rock" beteken) het ene Hidehara Fujiwara se vrou glo lank gelede onverwags 'n baba in die wêreld gebring. Die egpaar het die baba egter net daar gelos en voortgegaan met hul pelgrimstog.

'n Wyfiewolf het haar glo oor die baba ontferm en hom gevoer met melk wat van die rots af gedrup het. Met die terugkomslag het die egpaar 'n gesonde baba aangetref en hom saamgeneem huis toe. Die inligtingsbord sê nie dat hulle die wyfiewolf plegtig bedank het nie, maar aangesien hulle Japannese was, vertrou ek dit was wel die geval.

Ná byna 'n uur se stap sien ek 'n Kumano Kodo-bordjie met die syfer 1. Kan dit wees? Die een-kilometer-merk? Nie eens nie . . . Die syfer verwys bloot na die eerste uithangbord. Dit is reeds ná twaalf in die middag. Teen hierdie tempo gaan ons beslis eers ná donker by Chikatsuyu aankom.

Die omgewing is mooi. Dik boomwortels vertak bo die grond oor die voetpaadjie. Dit is stil en rustig. Ek hoor net ons voeteval en my eie swaar asemhaling.

Jaen begin harde bene kou hier teen die berg. "Môre is jy op jou eie, Erns." Ek weet hy terg, maar ek begin effens bekommerd raak. Hierdie staptog is tot dusver baie strawwer as wat ek verwag het.

Ek volg 'n bordjie wat my lei na trappe wat uitloop op 'n uitkykpunt. Dalk is die ergste klim nou verby. Ek skep moed by hierdie oopte met 'n pragtige uitsig oor die omliggende groen berge wat strek tot aan die horison. 'n Bietjie hoogte help altyd vir perspektief.

My gedagtes oor perspektief word onderbreek deur 'n lenige kêrel wat op 'n drafstap naderkom. Ek skat hom so in sy vroeë dertigs. Jonathan van Los Angeles hou al twee weke lank vakansie in Japan.

"Dit was nie te sleg nie, ek het wel gedink ek gaan doodgaan," is hoe hy die eerste deel van die Kumano Kodo beskryf. "Ek het in een uur vierhonderd meter gevorder."

Hy het 'n paar dae gelede in 'n kerrierestaurant in Osaka toevallig van die Kumano Kodo gehoor. "Ek het geen idee hoekom ek dit doen nie, ek het net gevoel ek wil nie meer in die stede wees nie. Ek het geen plan nie. Ek weet ook nie waar ek vanaand gaan slaap nie, maar ek sal dit uitwerk soos ek aangaan."

Tien dae gelede het hy Mount Fuji gaan klim – in die sneeu, sonder 'n gids en in dieselfde tekkies wat hy tans dra. "Die weer was aaklig, ek kon niks sien nie, en dit het begin sneeu by die kruin. Ek dink dit was minus vyf grade daar bo. Maar dit was steeds lekker om dit te doen."

Jonathan geniet Japan, maar hy sê hy sal eerder in China wil gaan woon. "Dit is nou China se tyd. Japan het dertig jaar gelede sy piek bereik," sê hy. Dit is nogal interessant om met 'n toeris te gesels wat nie so oorweldig is deur alles soos ek nie. Sy ervaring van die Shibuya Crossing? "Dit was 'n kruising, daar is baie mense. Nie so interessant nie. Ja, jy gaan na Starbucks op die tweede verdieping en kyk na al die mense tydens spitsverkeer. Maar daar is orals baie mense in Tokio, veral by die stasies."

* * *

Tydens 'n gesprek met Botha Kruger voor ek na Japan gereis het, het hy my vertel van jizo-beeldjies wat 'n mens orals in Japan sien. Hy het gesê ek moet uitkyk vir hulle langs paaie en by kruisings, in die stede én op die platteland.

Jizo – die volle naam is Jizo Bosatsu – is die beskermheer

van kinders en reisigers. Ook van die siele van kinders wat voor hul geboorte of klein-klein oorlede is. As jy tandpyn het of wil probeer swanger raak, kan hy glo ook help.

Ek sien vandag verskeie van hierdie sementbeeldjies – net so onder kniehoogte – by klein altare of spesiale houthokkies langs die pad. Pelgrims sit munte, krale of selfs 'n koppie tee voor die beeldjies neer.

Die meeste jizo het rooi jurkies of voorskote aan. My eerste gedagte was dat dit 'n mooi gebaar is van pelgrims om die jizo te beskerm teen die winterkoue. Maar dit het eintlik meer te doen met 'n wens vir beskerming van kinders aan die ander kant, by wyse van spreke: Sommige van die jurkies – wat nie noodwendig altyd rooi is nie – is glo vroeër deur kinders gedra.

Takahara is die eerste klein dorpie langs ons pad. Ons het nou maar sowat 4 kilometer gestap. Die dorpie is geleë al om die hang van 'n berg, met 'n panoramiese uitsig oor 'n vallei vol ryslande, en nog berge in die verte.

My bene pyn nou behoorlik en ek sal graag hier by die Keyaki-koffiewinkel op die grasperk wil sit en die vista inneem, maar ons moet aanstoot. Die horlosie sê dis al 14:30, en teen 17:30 sal die son reeds onder wees . . . Ultreia!

Die opdraandes wil net nie einde kry nie. Ek roep sowat twintig minute ná Takahara halt by 'n piekniekplek. Waar ek op die Camino nou 'n stukkie kaas en chorizo sou eet, is dit vandag tyd vir salm-onigiri.

Dit is onvermydelik om dié twee susterpelgrimstogte met mekaar te wil vergelyk. My moegheidsvlakke tans laat my terugdink aan daardie heel eerste dag op die Camino, toe ek die Pireneë moes uitklim tussen Saint-Jean-Pied-de-Port en Roncesvalles.

Vandag is beslis taaier as die meeste Camino-dae, en die terrein verskil ook heeltemal. Die Kumano Kodo is meer ruig en bergagtig. Die omgewing voel nog ongetem.

Op die Camino stap jy meestal op plaas- en teerpaaie. Ek het daar slegs veldlooptekkies gebruik. Hier dra ek 'n nuwe paar K-Way-stapstewels, wat beslis goeie ondersteuning bied wanneer ek oor die boomwortels en teen die steil bulte op swoeg.

En hier is veel minder mense. Behalwe vir Jonathan vroeër by die uitkykpunt, het ek nog niemand anders raakgeloop nie. Dit het dalk ook te doen daarmee dat ons 'n reeks skiet en daarom ter wille van die lig eers laterig vanoggend by Takijiri-oji begin stap het.

Die stilte is in elk geval wonderlik. Ek voel hier – buiten die twee kameras wat die meeste van my doen en late dokumenteer, natuurlik – meer die afsondering van 'n pelgrim as in Spanje.

Verskeie oji's is slegs oorblyfsels van vervloë tye, of het net 'n inligtingsbord wat 'n bietjie konteks gee. Hier was vroeër jare ook teehuise in die berge, waar pelgrims lafenis kon kry. Ék hoop minstens net op 'n vending machine iewers vorentoe naby Chikatsuyu.

By die Daimon-oji, naby die 6 kilometer-merk, lees ek dat ene Munetada Fujiwara in 1109 tydens sy pelgrimstog hier naby oornag het. Meer as negehonderd jaar gelede.

Dit is besonders dat die twee susterpelgrimstogte – letterlik wêrelde verwyder van mekaar, maar tog met so baie in gemeen – rondom dieselfde tyd ontwikkel het, en soortgelyke stories het. Nes op die hedendaagse Camino is almal welkom op die Kumano Kodo, of jy nou in iets glo of nie.

"Daimon" beteken "groot poort" en hier was glo in vroeër eeue 'n groot torii-hek. In die Sjinto-godsdiens gaan dit oor meer as om net fisiek deur so 'n poort te stap – dit raak 'n belangrike geestelike ritueel onderweg na 'n heiligdom soos die Kumano Hongu Taisha. Soos jy naderbeweeg, raak die ervaring glo al hoe meer heilig. In dié stadium is my lam bene en kort asem egter 'n groter prioriteit as 'n strewe na heilige ervarings.

Volgens my gidsboek het die Shugendo-bergmonnike ook in hierdie omgewing hul rituele uitgevoer, wat weer eens dui op 'n vervloeiing van verskeie godsdienstradisies. Pelgrims sou presies om middernag begin stap by Takijiri-oji om betyds hier naby Daimon-oji te wees met die son se eerste lig.

Hier is nog 'n hokkie met 'n stempel. Ek is darem goed op koers met die papierwerk om oor twee dae 'n amptelike Dual Pilgrim te word.

Die son sit al laag; die opdraande wyk nie. Ek het onderskat hoeveel langer jy stap aan 'n kilometer bergop as aan een op 'n meestal gelyke plaaspad. Die woud is steeds ruig, met baie meer varings tussen die groot bome as vroeër.

Ek is so bly ons vier stap goed saam. Jaen raak opgewonde oor die sonstrale wat deur die seders val. Hy kry 'n tweede asem en huppel vooruit om tracking shots te kry. Roxanne help hom wanneer hy agteruit moet stap en ek van voor af aankom. PJ dek die agterhoede en neem dikwels nabyskote van varings, boomwortels en my voeteval. Wanneer ek vir die kamera iets kwytraak – meestal mymeringe oor hoe moeg ek vanmiddag is – sit ek gewoonlik op my hurke met PJ en gesels, en staan dan kreunend op.

Al is dit nie 'n maklike stapdag nie, bly dit 'n wonderlike voorreg om hier in die berge te wees en die stadsgedruis vir 'n paar dae te kan vryspring. Ons het ook nou al vrede gemaak daarmee dat ons eers ná donker by ons slaapplek gaan uitkom. Ek kan netsowel die laaste bietjie mooi lig geniet.

John Muir het geskryf: "The mountains are calling and I must go." Ek onthou hier opnuut hoe fantasties stap is, en hoe dit jou in die oomblik en in jou onmiddellike omgewing kan anker.

By 'n inligtingsbord met die opskrif "Three-fold Moon" lees ek 'n interessante storie: 'n Bergmonnik het glo lank gelede by Chikatsuyu aangekom en vertel dat jy op die drie-en-twintigste dag van die elfde maand van hier bo in die berge 'n drievoudige maan in die lug sal sien. Die inwoners het toe die tog bergop aangepak en is nie teleurgestel nie. Die drievoudige maan is destyds beskou as 'n manifestasie van die drie Kumano-heiligdomme.

Ons is 'n maand te vroeg vir hierdie beweerde verskynsel. Natuurlik is daar geen rekord van enigiemand wat onlangs so iets gesien het nie. Ek is nie met die maan gepla nie, maar ek hou van die storie en van die simboliek.

Terwyl ek al hierdie dinge oordink, hoor ons skielik 'n baie skril en dierlike geluid nie ver van waar ons stap nie. Instink-tief stop ons al vier in ons spore. Was dit 'n donkie, of dalk die Kumano Kodo se driebeenkraai?

Deesdae pak ek baie beter as vroeër jare, maar ek vergeet tog altyd 'n paar noodsaaklike items. Ek het versuim om in Kaap-stad 'n kopliggie in te pak, maar gelukkig is my iPhone se flits-lig sterk genoeg om my oor die klippe en boomwortels te lei.

Japan is nou wel bekend as die Land van die Opkomende Son, maar die son het pas finaal gesak oor ons eerste stapdag. Ek en die span het helaas vandag twee fundamentele dinge onderskat: tyd en afstand.

Ons stap in stilte en bereik Osakamoto-oji in stikdonkerte. Hier kry ek my vyfde en laaste stempel van die dag.

Die woud het 'n gans ander atmosfeer in die donker. Ons is darem veilig. Nie een van ons sou dié tyd van die aand so hout-gerus op Tafelberg of in die Nuweland-woud gestap het nie.

Die Michi-no-Eki-winkel is nou net agthonderd meter van hier, by die 11,8 kilometer-merk en langs 'n grootpad. Dit is ons laaste hoop op spys en drank. Die winkel is glo oop tot 18:30. Ons gaan dit net-net betyds bereik om aandete te koop en ons kosvoorraad aan te vul vir môre se stapdag.

Ons kan al die voertuie hoor. Die geluide val nogal vreemd

op die oor ná 'n hele middag in die natuur. Die winkelligte glim in die donker. Dit is genadiglik nog oop. Vanaand is my aandete onigiri, neute en 'n pakkie kitsnoedels. Ek koop koffie en gaan sit pootuit op 'n rooi houtbankie buite die winkel.

Die vrou agter die toonbank bel ons gastehuis, Minshuku Nakano, wat darem net sowat twee kilometer van hier is. Die eienaars stem gelukkig in om ons te kom optel. Ek dink nóg 'n halfuur se stap in die donker sou ons dalk net gebreek het.

Die dag het mooi uitgewerk. Die Kumano Kodo het voorsien . . .

* * *

Minshuku Nakano is 'n tradisionele Japannese herberg. Die eienaars kan nie 'n woord Engels praat nie, maar hulle beduie vriendelik. Ek en Jaen deel weer 'n kamer. Ons beddens is eweneens futons op tatami-matte.

Hier is verskeie ander pelgrims – onder andere 'n jong paartjie uit Sri Lanka – wat al lank voor ons klaar gestap het. Ek sien weer die Duitse omie wat gister by Brad se kantoor in Tanabe sy besprekings gemaak het.

Voor aandete skiet ons die laaste toneel vir die dag: Ek skink in my kamer 'n glas gin en gaan sit met moeite kruisbeen op die tatami-mat. Ek lig my glas op almal wat al oor die eeue heen hierdie pelgrimstog aangepak het, almal wat tans saam met my stap en almal wat nog lank ná my teen hierdie berghange gaan sweet. Kampai!

* * *

Dit voel die volgende oggend of ek oornag verskeie skete ontwikkel het. Alles voel styf, seer en ongemaklik: my heupe, dyspiere, knieë, kuite, enkels . . .

Maar dit is my verdiende loon. Ná gister se bergop en berg-af moes ek dalk net vir so tien minute gestrek het. Maar toe ek eers my sit gekry en 'n gin gedrink het, was strek glad nie 'n prioriteit nie.

Ek staan met moeite op van die futon. Jaen is reeds besig om sy kamerabatterye en -laaiers uit te sorteer vir die skiet-dag wat voorlê. Hy kry ook maar swaar ná gister se lang stapdag.

Ons moet vanoggend opskud en teen 07:15 regstaan by 'n bushalte naby die herberg. Vanaand se blyplek in Fushio-gami, 'n gehuggie naby die Kumano Hongu Taisha-heilig-dom, is 22 kilometer weg.

Gister het ons opnuut besef dat dit byna dubbel so lank duur om tydens verfilming te stap. Om te verhoed dat ons weer eers ná donker by ons blyplek aankom, gaan ons vanog-gend die eerste sewe kilometer busry tot by Kobiro-oji. Dan het ons rofweg dieselfde afstand – wat drie steil bergpasse insluit – as gister om te stap.

Voor ons die herberg verlaat, doen ek gou op kamera 'n vinnige "toer" van die geriewe. Dit is skoon en netjies en baie soortgelyk aan die privaat albergues op die Camino, behalwe dat dit natuurlik tradisioneel Japannees is, met slaapplek vir dertien gaste in vyf kamers. Hier is 'n selfsorgkombuis en eet-kamer (met 'n kitaar teen die muur) waar jy op tatami-matte kan sit.

Die elektroniese toilet en bad vol warm water – die idee is dat jy eers stort en dan jou moeë lyf in dié mini-onsen week – is wel iets wat jy nie in Spanje sal sien nie. Die gedagte dat almal wat hier oornag dieselfde warm water in 'n klein badjie moet deel, is vir my grillerig. Ek het verkies om maar slegs die stort te gebruik.

Ons daag betyds by die Kakideira-bushalte – die presiese plek waar ons moet wees – op. Hier wag niemand anders nie. Verskeie karre ry heen en weer, maar ons sien geen bus aankom nie. Is ons bus dan laat? Bestaan daar iets soos 'n Japannese woord vir "laat"?

Dan kom daar 'n wit bus met rooi strepe aan – maar aan die ander kant van die pad. "Check net vir die bus, Erns, ons rol," sê Jaen. Die bus ry teen 'n aansienlike spoed verby. Iets voel nie reg nie. Iets ís nie reg nie.

Skuins oorkant die pad sien ek daar is nóg 'n Kakideira-busstop. Dan slaan dit my soos 'n ghong. Die bus wat verbygery het, wás ons bus. Ek het aan die verkeerde kant van die pad gestaan en wag! Maar 'n mens sou dink 'n busbestuurder sou 'n bietjie meer begrip hê vir 'n moeë man met 'n stok en 'n hoed . . .

Dit sou minder van 'n gedoente gewees het as ons volgende bus binne 'n halfuur of selfs 'n uur hier gestop het. Maar op 'n Sondag ry daar minder busse as ander dae. Ons gaan ten minste drie ure moet wag vir 'n volgende een. Nou is ons enigste opsie om te begin stap . . .

Ek is bang die res van die span is ontsteld hieroor, want ons is almal 'n bietjie broos ná ons eerste stapdag. Maar hulle lag lekker vir my wat die bus gemis het. PJ en Jaen het die hele klein mini-drama op kamera vasgevang.

Ons dag gaan nou heel anders uitdraai, maar ten minste gaan die kykers iets hê om oor te giggel. Spontane oomblikke, veral flaters, sorg vir goeie televisie. Ons maak eenvoudig die feit dat ek die bus gemis het deel van die storie.

Ek stap na 'n kruidenierswarewinkel naby die bushalte, met 'n verlate parkeerterrein en vier vending machines. 'n Vrou met 'n swart voorskoot wat skynbaar in die winkel werk, stap nader.

Ons weet nie presies waar om te stap om weer by die Kumano Kodo aan te sluit nie. Ek en die vrou verstaan mekaar glad nie, behalwe vir die woord "straight". Sy wys opgewonde ons moet net reguit stap. Dit voel maar soos aanwysings vra op enige plek ter aarde; gewoonlik is die antwoord "straight".

Ek vind hierdie vending machines wat onder meer vuur-warm koffie bedien steeds een van Japan se wonderwerke. 'n Blikkie sterk Georgia European-koffie behoort my gou uit te sorteer.

Ek is egter spyt ons het die bus gemis. Ek is ook opnuut bekommerd oor of ons voor donker by Fushiogami gaan uit-kom. Maar dit is nie als negatief nie. Die oggend is mooi en vars, die bome se blare begin al roesbruin verkleur en dit is heerlik stil hier op die platteland.

My sintuie voel opgeskerp terwyl ek stap. 'n Bus kry jou dalk vinniger by jou bestemming, maar stap hou die belofte in van iets nuuts om elke draai.

* * *

In Chikatsuyu sien ek 'n kafee langs die pad, Kumano Yasai. Dit herinner my baie aan die eetplekke in klein dorpies op die Camino.

Ek was vanoggend so besig om 'n bus te mis dat ons nie by ontbyt uitgekom het nie. Ek bestel roosterbrood met heuning en lekker sterk filterkoffie. Ons kelnerin, Nakaoka, vertel die kafee het maar twee weke gelede oopgemaak. Sy wys na die steil berge wat voorlê: "People get tired, but they also get the energy from the mountains." Ek hoop maar sy is reg.

Ná koffie, koolhidrate en heuning is ons reg vir die lang stapdag. Ons stap buite Chikatsuyu verby 'n landery. Hier is 'n oulike voëlverskrikker, wat nogal lyk of dit eens 'n geluk-bringer was, maar net 'n paar meter verder is 'n pop se kop aan 'n stok vasgemaak soos iets uit 'n gruwelfliek. So gaan dinge selfs op die platteland in Japan vinnig van baie oulik na baie weird.

By 'n gehuggie stap ek verby 'n klein oefenbof reg langs 'n huis. Hier is gholfstokke, gholfballe en 'n groen net waarheen jy mik. As kind het ek gereeld saam met my pa gholf gespeel, maar ek is erg verroes. Ek is nie seker wat die storie hier is nie (bloot die huiseienaar se stokperdjie?), maar ek slaan gou 'n gholfhou – nogal verrassend goed – en stap verder. Ek gaan nou nie vir Ernie Els begin benoud maak nie, maar dit was lekker onverwagte pret.

Ons stap verby verskeie klein altare en hokkies met stempels. Ek sien weinig ander pelgrims. Dit is lekker dinktyd, of selfs nog beter: die tye wanneer ek vergeet om te dink en net stap.

Ná kilometers op 'n nou teerpad volg ons weer 'n steil bergpaadjie wat my lam bene behoorlik beproef. Ek kry swaar en begin wonder of dit nie 'n groot fout was om die bus te gemis het nie. Maar wonder gaan my nou niks help nie. Net soos op Mount Fuji sê ek vir myself: Hou bene hou, hou bene hou.

Ek bereik darem later gelyke grond. Die woud bestaan meestal uit seders en sipresse. In my gidsboek lees ek dat bosbou in dié omgewing veral toegeneem het ná die Tweede Wêreldoorlog, toe derduisende huise en geboue in die stede deur bomme vernietig is. Die nuwe bome se hout is gebruik om Japan te herbou.

Die woud is vol stories. Daar is 'n legende hier rond dat pelgrims deur daru-geeste (dis 'n soort slangagtige wese) gepla word. Hulle kan jou glo ongemerk binnedring en al jou energie tap.

Ek is wel pootuit, maar ek kan nie 'n daru blameer nie. Ek is onfiks, dis so eenvoudig soos dit.

Laatmiddag bereik ons die 20 kilometer-merk. Ek was nog nooit so bly om 'n werkende vending machine te sien nie. My lyf is seer en my bewegings traag, maar 'n yskoue, soet lemoensap sal my energie gee vir die pylvak.

'n Houtbeeldjie van die Kumano Kodo se mitiese driebeenkraai hou wag op 'n bruggie. Genadiglik is die dag se opdraande nou vir eers verby. Maar die son is besig om vinnig te sak soos ek die terrein van die Hongu Taisha-heiligdom nader.

Vir die tweede dag in 'n ry is dit al weer ek wat met my foon se flitsliggie in die donker stap. Maar dit pla my nie in die minste nie. Ek is nuuskierig oor wie ons inwag by die gastehuis op Fushiogami.

Ek is moertoe moeg, maar ek voel geïnspireerd. Die dag was lank, maar stap bly terapeuties. Soms is dit meer as oukei om 'n bus te mis.

* * *

Ek het gisteraand geen idee gehad hoe die gehuggie Fushiogami lyk toe ons in die donker hier aangekom het nie. Vanoggend staan ek verstom en kyk na hierdie stukkie hemel op die bergagtige platteland.

Fushiogami lê hoog op 'n rant. Groen berge strek in die verte tot aan die horison. Vanoggend vroeg het digte miswolke oor die bergtoppe begin inrol. Die hele omgewing was eensklaps mistiek, 'n bergheiligdom. Geen wonder die Japannese is al eeue lank aanhangers van natuuraanbidding nie.

Hier is slegs 'n hand vol huise, op groot erwe. Elkeen het 'n stukkie grond waar rys, soba (buckwheat) of groente verbou word. Die inwoners is bestaansboere. Mr. Nakane, ons gasheer, is ook 'n bergmonnik én 'n sjef.

Ons blyplek, Yamabushi-no-Yado Ogamian, is 'n ruim – teen Japannese standaarde – dubbelverdieping-houthuis. Nakane en sy gesin ('n bergmonnik hoef nie selibaat deur die lewe te gaan nie) woon om die draai van die gastehuis. Hy bedryf ook 'n klein soba-restaurant van sy woonhuis af.

Gisteraand het Nakane ons bederf met 'n luukse soba-aandete van verskeie gange: koue soba-noedels, dun soba-noedels, dik soba-noedels, soba met groente en vis . . . maar wel alles soba!

Ons het kruisbeen op 'n tatami-mat in 'n klein vertrek op die boonste verdieping van hul huis gesit en eet. Ná twee dae en sowat 35 kilometer se berge stap was dit maar rof op ons knieë om so plat op die vloer te sit. Onder ander omstandighede, sonder die tydsbeperkinge van 'n TV-reeks, sou ek ten minste drie dae lank wou gestap het aan die afstand tot hier.

Nakane se vrou het vir ons borde en bakke vol kos aangedra, terwyl hul twee oulike kleuters – 'n seuntjie en 'n dogtertjie – kort-kort om 'n deurkosyn geloer en dan giggelend weggehardloop het.

Ek en die span het lekker gekuier, bier gedrink en ons verwonder aan die legio moontlikhede wat soba bied. Behalwe Jaen, wat nie te opgewonde raak oor eksotiese kos nie. Hy gril as daar 'n volledige vissie op sy bord beland, en die soba-oordosis was vir hom later een te veel.

Vandag is ek verlig dat ons net 4 kilometer gaan stap tot by die Hongu Taisha-heiligdom. Ek gaan daar my Dual-sertifikaat ontvang.

As daar vanmiddag genoeg tyd is, wil ons met 'n bus ry na die nabygeleë Yunomine Onsen, 'n geskiedkundige dorpie met 'n warmwaterbron en verskeie baddens. Die warm water van 'n onsen sal die beste medisyne wees vir ons seer spiere.

Ons gaan vanaand weer in Nakane se houthuis oornag, so ons hoef ook nie ons swaar rugsakke saam te dra nie. (Ek vermoed ons aandete gaan weer soba-gedrewe wees.) PJ en Jaen wil later graag vir Nakane in die kombuis afneem terwyl hy kosmaak, en ons hoop dié stil, gawe man sal met ons gesels tydens aandete.

Ons eet ontbyt by Nakane – ja, daar is óók soba betrokke – en stap eers 'n paar honderd meter terug na Fushiogami-oji, waar ek die stempel wil kry wat ek gisteraand in die donker misgestap het. Volgens my gidsboek is dié naam afkomstig van die werkwoord "fushiogamu", wat beteken om te kniel en te aanbid.

Langs die stempelhokkie is 'n klein kafeetjie onder 'n afdak wat bento-boksies en "Hot spring coffee" – met water wat glo afkomstig is van die Yunomine-onsen – verkoop.

Ek sien vanoggend heelparty meer stappers, wat óf by die kafee saamdrom óf flink verbystap. Hulle lyk almal aansienlik varser as ek. Baie toeriste is slegs dagbesoekers op die Kumano Kodo en stap net 'n paar kilometer tot by Hongu Taisha.

'n Japannese meisie, Juri, staan met haar slimfoon nader. Sy het ons herken van 'n foto wat sy op die internet gesien het! Nakaoka, die vrou wat ons gisteroggend by die nuwe restaurant in Chikatsuyu ontmoet het, het naamlik op Instagram 'n foto van ons saam met haar geplaas, met die onderskrif: "From South Africa. I was interviewed by a TV in South Africa. I hope all of South African people will come."

Ek voer 'n kort onderhoud met Juri, maar dit sukkel weens haar beperkte Engels, en my geen Japannees. "Walking is the first time, I like trying onsen with my family," sê sy. "You can boil an egg in Yunomine onsen." Dit klink soos iets om te probeer, maar dit maak my tog bekommerd oor die badwater se temperatuur . . .

Oorkant die kafee is 'n inligtingsbord met 'n baie interessante storie: Sowat duisend jaar gelede het 'n bekende digteres, Izumi Shikibu, hier aangekom, onderweg na die Hongu Taisha. Sy was egter besig om te menstrueer. Dit is destyds as onrein beskou, en sy kon gevolglik nie deelneem aan aanbidding by die Hongu Taisha nie.

In 'n gedig het sy haar teleurstelling verwoord:

"Beneath unclear skies, my body / obscured by drifting clouds, / I am saddened that my monthly / obstruction has begun."

Die Kumano-godheid was haar egter ter wille en het self ook met 'n gedig geantwoord – dit is nie duidelik of dit geskryf of voorgedra is nie:

"How could the god who mingles / with the dust / suffer because of your / monthly obstruction?"

Hierdie storie beklemtoon dat die Kumano Kodo al eeue lank almal verwelkom, ongeag geslag, klas of oortuiging. In Japan se geskiedenis was daar verskeie heiligdomme wat vroue uitgesluit het. Maar nie die Kumano Kodo nie.

Die laaste sin op die inligtingsbord lees: "Openness and acceptance is a fundamental theme of the Kumano faith."

* * *

Ek stap met die steil trappe tot by Fushiogami se uitkykpunt. Die mis van vroeër het lank reeds gewyk voor helder daglig. Steeds lyk dit maar dynserig. Ek gewaar tog 'n groot struktuur in die verte. Dit moet die Hongu Taisha-heiligdom wees.

Ek staan nou op die presiese plek waar pelgrims deur die eeue op hul knieë neergesak en begin bid het. Brad Towle het my by Kumano Travel in Tanabe vertel hierdie uitkykpunt en die Hongu Taisha-heiligdom is dieselfde afstand van mekaar as Monte de Gozo en die katedraal in Santiago de Compostela op die Camino.

Monte de Gozo ("Hill of Joy") is die uitkykpunt waar moeë pelgrims in Spanje deur die eeue 'n eerste blik op die beroemde katedraal gekry het. Hulle het dan van vreugde uitgeroep dat hulle pelgrimstog byna verby is, en ook gekniel en gebid.

Ek sou nooit kon dink die Camino en die Kumano Kodo – twee pelgrimstogte uit verskillende wêrelddele en geloofstradisies – het soveel gemeen nie.

Voor ek self in die pad val, loop ek 'n paartjie van New York raak. Joel is 'n gebore Suid-Afrikaner wat ses-en-veertig jaar gelede in Seepunt gewoon het. Helaas te lank gelede vir ons om die onderhoud in Afrikaans te kan voer. Sy vrou, Laurien, is van Zimbabwe.

Joel vertel wanneer hy Suid-Afrika besoek, maak hy 'n punt daarvan om Tafelberg via die Platteklipravyn uit te klim. Hy moet al in sy sewentigs wees, maar lyk baie stap-fiks.

Ons stap deur 'n pragtige woudgebied. Ek loop en dink met dankbaarheid aan al die wonderlike ervarings van die afge-lope stapdae. Soms was dit baie moeilik, maar wat is 'n pel-grimstog dan nou sonder swaarkry?

Jaen draf steeds paraat voor my uit om kameraskote te kry soos ek naderstap. Ek is nuuskierig om te sien hoe hy en PJ later al hierdie ure se materiaal in episodes gaan omtower.

Ons volg 'n afdraaipad tot by 'n oopte in die woud met 'n uitkykpunt oor Oyunohara. Eeue lank was Oyunohara die oorspronklike Hongu Taisha-heiligdom. Die Hongu Taisha is reeds in die negende eeu die eerste keer opgeteken. Hier was vyf groot geboue met tempels wat deur pelgrims besoek is. Maar grootskaalse vloedskade het die heiligdom in 1889 verwoes. Daarna is dit verskuif na waar die huidige Hongu Taisha is.

Oyunohara bly steeds 'n plek met groot spirituele beteke-nis. Van waar ons by die uitkykpunt staan, is die massiewe torii-staalhek by die destydse ingang duidelik sigbaar. Dit is in 2000 hier opgerig en weeg 172 ton. Op 33,9 meter is dit die hoogste torii-hek op aarde.

Ons bereik die Hongu-dorpie. Anders as in die geval van Santiago de Compostela in Spanje, het hier nie 'n groot stad rondom die heiligdom ontstaan nie – daarvoor is die gebied te bergagtig. Hier woon maar sowat vyfhonderd mense.

Ek kry die laaste stempel voor ek die heiligdom binnegaan by Haraido-oji. Dit was eens 'n belangrike punt langs die roete, waar pelgrims reinigingsrituele gevolg het voor hulle verder gestap het. "Haraido" beteken juis "reiniging". Voor die heiligdom destyds verskuif is, kon pelgrims hulself hier in 'n rivier was. Om die Kumano Kodo te stap is natuurlik steeds vir baie pelgrims 'n simboliese reiniging.

'n Kraai maak 'n skerp krasgeluid. Ek draai om en sien die swart voël op 'n huis se dak. Ek kan nie sien of hy drie bene het nie, maar dit is in elk geval goed om naby die ingang tot die Hongu Taisha deur 'n kraai verwelkom te word.

Ek stap deur 'n prominente torii-hek en gaan die heiligdom binne. Hier is 'n kaart met aanwysings na al die geboue van dié groot tempelkompleks. Ek wil gaan kyk hoe dit by die hooftempel lyk, en dan by die Kumano Hongu-erfenissentrum my sertifikaat kry.

Naby die tempel sien ek 'n paar swart staalrame waaraan hangende houtblokkies met toutjies vasgemaak is. Op elke blokkie is 'n boodskap of wens geskryf, in Japannees, Chinees, Spaans, Frans, Engels en verskeie ander wêreldtale. Die houtblokkies word teen die middel van elke maand tydens 'n ritueel by die heiligdom verbrand. 'n Kennisgewing sê in Engels: "Your wish will surely be fulfilled."

Hier is egter min wense in Engels. 'n Naamlose een lees: "I ask that I may become a better person. To find strength and hope to build for myself the life I want. To be kinder to my friends. To appreciate and love my family. To breathe, to be thankful, to spread happiness."

Nog een tref my oog. Op 17 Oktober 2018, tien dae gelede, skryf Sarah van Amsterdam: "May I not want what I cannot get." Dit is nie dieselfde gedagte nie, maar dit laat my dink aan 'n aanhaling van Oscar Wilde wat ek jare gelede in die fliek *Wilde* gehoor het: "In this world there are only two tragedies. One is not getting what one wants, and the other is getting it." Wilde se woorde het nog altyd vir my die teenstrydigheid van die menslike kondisie netjies saamgevat.

Ons gaan om twee redes nie dadelik by die hooftempel verfilm nie: Die Japan-lig, soos Jaen dit noem, is tans te skerp, en hier is ook tientalle Chinese toeriste wat in groepies saamdrom en foto's neem.

Hoewel dit ons kamerawerk effens beduiwel, het ek vrede met toeriste by heiligdomme. Ek is nie 'n snobistiese pelgrim op soek na die een of ander "suiwer" ervaring nie. Jy hoef nie kilometers teen berge uit te sukkel om die reg te verdien om hier te staan nie. By Santiago de Compostela se katedraal is dit dieselfde: Dagbesoekers daag in hul duisende daar op. Vrede vir almal.

Om by die Kumano Hongu-erfenissentrum uit te kom, moet ek met 'n stel van honderd-agt-en-vyftig trappe af klim. My knieë is duidelik nie gelukkig hiermee nie, maar ek druk deur. Dit gaan mooi prentjies maak én ek wil graag die Dual-sertifikaat kry.

Buite die moderne gebou sien ek iets wat my onmiddellik met heimwee laat terugdink aan die Camino. Hier in Hongu, diep in die Japannese platteland, staan 'n Camino-roetemerker van sement met die beroemde skulp-logo, presies soos dié wat ek vir byna 1 500 kilometer gevolg het tydens twee pelgrimstogte in Spanje.

Die afstand wat op die roetemerker aangedui word, is 10 755 kilometer: Dit is die afstand tussen die Hongu-nedersetting en Santiago de Compostela. Die skulp op die roetemerker wys in die rigting van Oyunohara.

In my gedagtes reis ek terug na daardie eerste keer in Junie 2015, meer as drie jaar gelede, toe ek by die laaste Camino-roetemerker, met "0.00 km" daarop, by Finisterre gehurk het vir 'n foto. Ek sou my toe nie in my wildste drome kon verbeel dat ek 'n paar jaar later in Japan, van alle plekke, verby nóg 'n Camino-roetemerker sou stap nie!

Volgens die inligtingsbord langs die roetemerker het die

twee provinsies Galicië (Spanje) en Wakayama (Japan) reeds in Oktober 1988 'n "Sister Road"-ooreenkoms aangegaan wat die twee pelgrimstogte se gedeelde waardes erken. Sedert Mei 2014 is die stede Tanabe en Santiago de Compostela ook vennoot-stede.

By die erfenissentrum help Keigo Yasui, 'n assistent en stapgids, my met die papierwerk. Hy vertel oor die afgelope drie jaar het 'n raps meer as eenduisend-sewehonderd pelgrims hul Dual Pilgrim-sertifikate hier ontvang.

Ek het nie my Spaanse pelgrimpaspoort of sertifikaat van een van my Camino's ingepak nie, maar gelukkig aanvaar Keigo foto's daarvan wat Catharien via WhatsApp uit Kaapstad gestuur het.

Die Dual Pilgrim Certificate of Completion is van tradisionele handgemaakte Japannese papier en die Japannese skrifkarakter vir "Way" verskyn daarop. Keigo gee my ook 'n Dual Pilgrim-lapelwapen, met die Camino-skulp en die Kumano Kodo se driebeenkraai langs mekaar.

"Just keep on walking," sê hy toe ons groet.

Ek klim die honderd-agt-en-vyftig trappe na die hooftempel vir die Taiko-seremonie. Die taiko is 'n groot trom. Hierdie kort seremonie gee volgens die gidsboek vir Dual Pilgrims die geleentheid om uiting te gee aan hul gevoelens, gedagtes en emosies ná afloop van die pelgrimstogte.

'n Assistent wys my hoe om die taiko te slaan. Die oomblik toe sy die trom met 'n stok tref, wip ek van die skrik en druk albei my ore toe. Die slag was oorverdowend! My hoed val af, ek begin effens histeries giggel en van 'n gewyde seremonie is daar nou geen sprake meer nie. PJ en Jaen het hierdie hele petalje afgeneem.

Gelukkig vind die assistent dit ook snaaks. "Sorry, it's very loud," sê sy. "Sorry, I got a fright," sê ek. Nadat ek 'n bietjie tot verhaal gekom het, slaan ek 'n paar (sagter) slae op die trom. Nou is ek 'n Dual Pilgrim én doof in my regteroor.

Ons oornag weer by Nakane se gastehuis en woon 'n kos-demonstrasie in sy kombuis by. Soba in verskeie gedaantes is weer eens op die spyskaart.

Eers rol hy die deeg daarvoor met 'n stok plat, en wys my ook hoe om dit te doen. "Katans, katans," sê hy en hou sy hande met gebuigde vingers – amper soos kloue – voor hom uit.

Ek verstaan glad nie wat hy bedoel nie. "Katans, katans," probeer hy weer. "Katans, katans," herhaal ek binnensmonds. Uiteindelik besef ek hy sê "cat hands". Hy verwys na hoe ek die stok moet vashou wanneer ek met die deeg werk! Nakane giggel lekker.

My poging om die deeg met 'n groot mes in dun repies te sny – onder Nakane se wakende oog – is helaas 'n flop. Ek moes van beter geweet het. By die huis kan ek nie eens 'n ui met selfvertroue skil nie.

"Not good. Large. You must eat," sê Nakane en skuif my handewerk kant toe. Vanaand gaan ek maar my eie dik soba-noedels moet eet . . .

Hy bind 'n doek oor sy oë en sny die deeg in perfekte repies. "Eyes shut, more beautiful cutting," sê hy Zen-agtig. "I don't need the eye."

Ná aandete – my dik soba was steeds heerlik – kom sit Nakane kruisbeen by ons tafel. Ons klink twee glasies saki en ek leer hom hoe om "Gesondheid!" te sê.

Nakane vertel hy het eers in die televisiebedryf in Tokio gewerk en later 'n sjef geword. Daarna was hy aan die stuur van 'n soba-restaurant met 'n Michelin-ster in die stad Nara. Hy het uiteindelik die stadslewe vir die berge verruil en 'n Shugendo-bergmonnik of Yamabushi geword. Sy gastehuis is maar 'n paar maande oud. Tagtig persent van ons aandete se bestanddele groei in sy tuin.

In die somermaande werk hy as 'n gids op die Kumano Kodo, iets wat Yamabushi al eeue lank doen. Sy tradisionele wit kleed en houtmasker hang teen 'n muur.

Na nóg 'n rondte saki gaan haal hy 'n tamaai skulp en blaas vir sowat twee minute daardeur. 'n Magiese oerklank vul die vertrek.

Wat 'n wonderlike aand: Ons eet wêreldgehalte kos (al is dit 'n bietjie dik gesny), drink saki en word getrakteer op eeue oue tradisies deur 'n outentieke bergmonnik.

Vroeg die volgende oggend ontmoet ons Nakane by die tempel naby sy huis. Hy het my genooi om te deel in sy oggendritueel van zazen, oftewel sittende meditasie. Dit is 'n voorreg om dit te kan afneem, al is ek bang dat Nakane dalk die kameras steurend sal vind, maar te beleefd gaan wees om iets te sê. Voor ons vir vyftien minute tjoepstil gaan sit, maak ons eers 'n bietjie litte los.

Zazen is nie vir my onbekend of vreemd nie. Ek is 'n groot aanhanger van meditasie en joga, maar doen albei hopeloos te min. Zazen is baie eenvoudig, en juis daarom so uitdagend. Jy sit kruisbeen en fokus slegs op jou asemhaling. Die idee is om al die afleidings en gedagtes wat noodwendig gaan aanmeld, bloot te laat verbygaan.

My heel eerste zazen-ervaring was 'n bietjie vreemd. Die filosoof Johann Rossouw het my seker vyftien jaar gelede tydens die KKNK genooi om soggens douvoordag saam met hom en 'n hand vol ander mense by 'n gastehuis op Oudtshoorn te mediteer.

Ek was egter toe nog 'n partytjiedier in my twintigs. Om vir die eerste keer te probeer mediteer ná 'n nag van baie rooiwyn en slegs 'n uur of twee se slaap, was nie die beste idee nie.

Die tweede oggend het ek tydens 'n stapmeditasie, met Johann wat ons in sy swart monnikekleed lei, by die vertrek se venster uitgeloer en vasgekyk in 'n oorblufte Marthinus van Schalkwyk en sy lyfwagte. Dit het nóg minder gehelp vir 'n stil gemoed.

Maar hier in die berge, in die tempel saam met Nakane, is daar veel minder afleidings. Ons sit 'n kwartier lank kruisbeen en doen daarna kinhin, of stapmeditasie. Nou kan ek die dag wat voorlê met groter fokus en kalmte aanpak.

Nakane chant ook vir ons en speel trom – darem baie sagter op die oor as tydens die Dual Pilgrim-seremonie. Toe ons ná die tyd terugstap gastehuis toe, groet hy ons deur weer op sy skulp te blaas.

Ons besoek Yunomine Onsen, 'n klein dorpie sowat sewe kilometer van die Kumano Hongu Taisha. Dié dorpie se warmwaterbron is reeds eenduisend-agthonderd jaar gelede ontdek en is al eeue lank 'n belangrike punt op die pelgrimstog. Pelgrims het destyds altyd hier kom bad en rus voor hulle verder gestap het.

Deesdae is dit meer 'n toeristedorpie, met verskeie onsen. Die water wat in die kanaal vloei is só warm – dis glo drieen-negentig grade Celsius – dat jy (binne dertien minute) inderdaad 'n eier daarin kan kook. Jy kan by 'n kafeetjie eiers koop en dit self probeer.

Ek besoek 'n spesiale plek – die private Tsuboyu-onsen. Dit is 'n klein houthut in die kanaal, net groot genoeg vir twee mense op 'n slag. Dit is die enigste warmwaterbad wat 'n UNESCO Wêrelderfenisterrein is.

Die water is egter só warm dat ek skaars 'n minuut in die badjie kan bly sit en meestal net in 'n benoude stemmetjie "Whoooo-whooo, sjoe!" vir die kamera sê.

Die tyd het ons ingehaal en ons gaan nie binne een middag

tot by ons laaste bestemming, die Kumano Nachi Taisha by Nachisan, kan stap nie.

Ons moet tydens die rit van sowat twee uur op verskeie busse oorklim. Roxanne vergeet haar rugsak, wat 'n kamera-lens en verskeie waardevolle items bevat, op een van die busse. In die meeste ander lande sou ons almal nou in 'n toestand gewees het. Maar ons is in Japan.

By ons hotel in Nachisan, Mitaki Sanso, help die eienaar ons flink met net twee oproepe in Japannees. Binne tien minute is Roxanne se sak opgespoor en sy kan dit môreoggend by 'n nabygeleë depot gaan optel.

Dit is my laaste oggend op die Kumano Kodo. As ek gedink het die trappe by die Kumano Hongu Taisha was baie, wag hier 'n verrassing op my: My dag begin met 'n stewige vier-honderd-sewe-en-sestig trappe. Maar op hierdie kraakvars herfsoggend is elke tree die klim werd.

Die waterval Nachi-no-Otaki is die spilpunt van hierdie heiligdom. Dit is honderd-drie-en-dertig meter hoog en is reeds van die vroegste tye 'n aanbiddingsplek – die sproei van die waterval kan glo jou lewe verleng.

Die Boeddhistiese pagoda Seiganto-ji is 'n houttempel met drie vlakke. Ek stap op teen die trappe. Omdat ons so vroeg hier is, gewaar ek geen ander mense nie. Ek is net betyds om te sien hoe die eerste sonlig op die tempel val. Ek kon nie vir 'n meer vredige manier gevra het om die Kumano Kodo af te sluit nie.

Nou is dit tyd om die bergagtige dele van die Kii-skiereiland te groet. Ons ry eers met 'n bus tot by Kii-Katsura, waarna ons gaan treinry terug na Osaka.

Op die bus ontmoet ek vir Dale, 'n pelgrim van Australië. "Ek wil nie hê die pelgrimstog moet eindig nie," sê sy. "Ek wil net aanhou stap. Jy kan alle bekommernisse laat gaan. Al oorwegings is wat jy gaan eet en waar jy gaan slaap. Ek dink ons almal hunker na 'n eenvoudiger leefstyl. Stap maak alles stadiger en laat jou in die oomblik leef."

OSAKA

Ons is terug in Osaka, Japan se derde grootste stad, met 'n bevolking van 2,6 miljoen mense. Dit is Woensdag, 31 Oktober. Ons het ons reisplan spesiaal aangepas om vanaand die Halloween-straatpartytjie in Dotonbori te kan bywoon.

Reeds buite die stasie het twee Japannese in pampoenmusse met heksehoede bo-op vir ons gewaai. Ons is duidelik op die regte plek . . .

Halloween-vieringe is 'n taamlike nuutjie in Japan. In 1997 het een van Japan se gewildste temaparke, Tokyo Disneyland, die eerste keer 'n groot Halloween-partytjie gehad, wat die saadjie geplant het vir wat uiteindelik 'n landwye fenomeen sou word. Reeds met ons aankoms in Japan, twee weke gelede, het byna elke winkelvenster en die meeste restaurante iewers 'n Halloween-versiering of -item op die winkelrak of spyskaart gehad.

Maar die Japannese het blykbaar nie 'n saak met Halloween se Keltiese oorsprong van meer as tweeduisend jaar gelede nie. Óf die Amerikaanse gebruik om van huis tot huis te stap en trick or treat te speel nie. Van wat ek al op foto's gesien het, is Halloween hier eerder net 'n geleentheid om in verbeeldingryke kostuums op straat te pronk. Hiervan hou die Japannese buitengewoon baie.

Daar is selfs 'n term daarvoor: cosplay – uit "costume play" in Engels, waar jy die kostuum dra van 'n spesifieke karakter, meestal uit anime-programme of manga-strokies en grafiese romans. Cosplay is 'n gewilde subkultuur in Japan en word beskou as 'n vorm van selfuitdrukking en ontsnapping in 'n andersins behoudende samelewing met baie reëls en lang werksure.

Ek wil natuurlik deel in die pret. Ek gaan koop 'n kostuum by Don Quijote, of Donki, die grootste afslagwinkelgroep in Japan. Tipies Japannees het die plek geen duidelike verbintenis met die ikoniese karakter uit die Spaanse letterkunde waarna dit skynbaar genoem is nie.

Die eerste Donki het in 1989 sy deure oopgemaak. Tien jaar later het die winkelgroep sy eie temalied, "Miracle Shopping", bekendgestel. Die sangeres, Maimi Tanaka, was 'n werknemer by Donki. Verbeel jou 'n Japannese weergawe van 'n Sonja Herholdt-treffer uit die tagtigs.

Donki se Dotonbori-tak is enorm, met ses verdiepings. Daagliks stroom meer as twintigduisend besoekers deur dié winkel se ingang. Dit is vier-en-twintig uur per dag oop, elke dag van die jaar. Hierdie Donki het selfs 'n ovaalvormige geel Ferris wheel van sewe-en-sewentig meter hoog wat al om die buitekant van die gebou draai!

Die winkel is oorrompelend. Makro meets The Crazy Store . . . maar ses verdiepings daarvan. Jy kan énige ding hier aanskaf.

Ek pas heel eerste 'n Godzilla-kostuum aan. (Ek het eers hier in Japan besef dié ikoniese monster is ná die Tweede Wêreldoorlog geskep as 'n metafoor vir kernwapens en hul vernietigende gevolge.) PJ en Jaen meen egter die Godzilla-kostuum gaan te donker vertoon om op kamera uit te staan. Ek stem saam, en kies 'n onesie van die Pokémon-karakter Charizard (bekend as Lizardon hier in Japan): 'n oranje drakie met vlerke en 'n stert. Die Pokémon-fenomeen het my destyds heeltemal verbygegaan, maar hierdie kostuum is fantasties.

Ons stap na die Dotonbori-brug. Rondom ons flits groot advertensieskerms teen die geboue, nes by die Shibuya Crossing in Tokio. Die grootste skerm, een van Osaka se bekendste bakens, is drie-en-dertig meter hoog en beeld die Glico Running Man uit – 'n lyntekening van 'n atleet wat met arms omhoog op 'n atletiekbaan hardloop.

Massas mense drom saam by die brug. Byna almal dra 'n masker of kostuum. Die meeste karakters, vermoedelik geïnspireer deur anime, ken ek glad nie. Maar hier is ook bekendes, soos die vier Power Rangers.

'n Gemaskerde man in camo-klere, met 'n lewende valk op sy arm, hou 'n speelgoedmes omhoog. 'n Figuur in 'n doodskleed skuifel by ons verby met 'n kennisgewing om sy nek: "Free Hug". Iemand in die gewaad van 'n non sit op 'n bankie en rig 'n speelgoedpistool op ons. Vier kêrels, al vier ten volle soos Spider-Man aangetrek, draf verby. Super Mario en Luigi gee mekaar 'n high-five. Iron Man neem 'n selfie. Johnny Depp is skynbaar gewild – ek sien so in die verbygaan vir Edward Scissorhands én Captain Jack Sparrow.

Hier is beslis niks boos of okkulties aan die gang nie. Halloween in Osaka is 'n kollektiewe ontsnappingsfees en onverdunde pret. Ek wonder of Iron Man – tans besig om vol bravade vir verbygangers te poseer – môreoggend 'n pak klere moet aantrek en met sy aktetas langs hom op die trein gaan sit en sluimer . . .

My Charizard-kostuum is 'n treffer. Veral klein kindertjies – met hul ouers, self uitgevat in kostuums, op hul hakke – stap grootoog nader en trek aan my drakie-stert.

Ondanks die gedruis en joligheid op straat, het die partytjie tog 'n onderliggende orde. Niemand drink openlik of maak 'n onnodige lawaai nie. Dit lyk of almal eintlik net wil rondstap in hul kostuums en selfies en ander foto's neem. Polisiemanne hou alles fyn dop, hoewel ek nie altyd seker is of dit nie net iemand in 'n kostuum is nie . . .

Dotonbori is 'n straatkos-mekka. Steeds in my kostuum koop ek tradisionele takoyaki – ronde, diepgebraaide koekies van opgekapte seekat in 'n degie. Ek het as kind 'n calamari-allergie gehad. Gelukkig het ek dit ontgroei, want ek sou nie hierdie heerlike happies wou misloop nie. Takoyaki is nóg iets wat lekker sal gaan saam met 'n bier by 'n rugbywed-stryd in Suid-Afrika.

Voor ons terugkeer hotel toe, ry ons op die Ferris wheel by Donki – mits jy 'n kostuum dra, kry jy tydens Halloween 'n gratis rit. Die wiel het twee-en-dertig karretjies en jy draai vyftien minute lank saam.

Ek en Jaen – hy het effens hoogtevrees en begin 'n paar keer binnensmonds prewel – sit in 'n karretjie en vergaap ons aan die uitsig oor Osaka. In die verte troon die Abeno Harukas-toringgebou bo al die ander glimmende wolkekrabbers uit. Dit is op driehonderd meter die hoogste gebou in Japan.

Hierdie kwartier lange rit is nou nét die regte rusplek vir 'n drakie wat heeltemal oorversadig en oorgestimuleer is.

Teen die volgende middag is iedere Halloween-versiering reeds verwyder uit die winkelvensters, en dis al klaar ver-vang met wit dennebome, rooi musse, takbokke en mistletoe. Kersfees kom . . .

* * *

Salarismanne in swart pakke kom op 'n drafstappie verby. Stip en gefokus, haastig onderweg na die trein wat sekondes tevore gestop het. Hulle dasse swiep heen en weer.

Ek en PJ en Jaen is vroegoggend op Nippombashi-stasie in Osaka. Ná 'n rusdag gister begin ons vandag met die Osaka-episode. Maar ons mik vanoggend eers na die industriële stad Kobe, 40 kilometer wes van Osaka.

Oor sowat vyf-en-sewentig minute, kort ná 08:30 en vier treinritte later, gaan die sendeling-predikant Stéphan van der Watt ons by die Taoji-stasie in Kobe ontmoet. Ons het dan twee ure om 'n onderhoud met hom te skiet by sy werkplek, die Kobe Gereformeerde Teologiese Kweekskool.

In Tokio het Johann Symington my reeds van Stéphan en

sy gesin vertel. Die Saterdagmiddag by die rugbywedstryd in Nagoya het Karli Truter ook sy naam genoem. En toe ek kort voor die Kumano Kodo 'n e-pos stuur aan Nico de Wet, 'n Suid-Afrikaner in Tokio, vind ek uit Stéphan se vrou, Carina, is sy suster! Hy het my toe gou gehelp met kontakbesonderhede vir sy swaer.

Ons wou graag vir Stephán en sy gesin by Osaka Castle – een van die stad se mees ikoniese geboue – ontmoet, maar dit was met sy besige skedule nie moontlik nie. Ek is bly ons kan hom nietemin by die kweekskool sien. Roxanne doen vanoggend adminwerk by die hotel en sluit teen middagete by ons aan naby Osaka Castle.

'n Jong werkende man wat 'n gesigmasker dra, sit oorkant my op die trein, vas aan die slaap. Dit is iets wat ek al hoe meer op die treine raaksien, veral soggens.

Volgens 'n onlangse studie deur die maatskappy Polar Electro slaap Japannese die minste van alle nasies, met 'n gemiddelde van ses uur en vyf-en-dertig minute per nag. Dit is byna 'n uur minder as die Finne, wat weer die langste nagrus het.

Ek kan ook nou eintlik doen met 'n oggendslapie. Die Japannese gemiddelde is steeds meer as wat ek die afgelope paar weke slaap. Hier in Japan kry ek selde meer as vyf ure in per nag. Ek is óf besig om met ander sperdatums en admin te stoei, óf ek lê wakker en probeer alles wat die dag gebeur het, behoorlik verwerk.

Die afgelope paar dae was intens: die afsluiting van die Kumano Kodo by die Nachi-waterval, die totaal oorweldigende Halloween-partytjie in Dotonbori, en gister se watertrap in my hotelkamer met agterstallige werk. En nou is ek op pad om met nog 'n dominee te gaan gesels . . .

Ek hou die mense om my op die trein dop. 'n Salarisman staan met sy hand ferm teen 'n paal, maar sy oë is toe. Dit lyk of hy homself stut. Een vrou wat 'n tipe trenchcoat dra, lees koerant, maar die meeste mense is óf doenig op hulle slimfone óf staar met arms gevou uitdrukkingloos voor hulle uit.

Niemand in hierdie vol treinwa voer tans 'n gesprek met 'n ander persoon nie. Elke paar minute kom daar oor die interkom 'n vrouestem wat die volgende stasie om die beurt in Engels en Japannees aankondig.

Ek vind alles vreemd én fassinerend, maar ek mis ook vanoggend die spontane interaksies en hardop geskinder van 'n MyCiti-busrit in Kaapstad.

Stéphan wag ons in by Taoji-stasie. Hy is 'n lang man wat lyk of hy self op sy dag rugby gespeel het. Ek skat hom so in sy vroeë veertigs.

Die Kobe Gereformeerde Teologiese Kweekskool is 'n indrukwekkende moderne gebou met dik betonmure. Hier heers 'n stil, gewyde atmosfeer, soos dit hoort. Ek ontmoet vir Tobie de Wet, Stéphan se skoonpa, wat vroeër jare self 'n sendeling-predikant in Japan was. Hy en sy vrou, Annelie, kuier tans hier uit Suid-Afrika.

Stéphan wys vir my die binneplein – 'n besinningsruimte met 'n grasperk vol esdoringbome waarvan die herfsblare reeds roesbruin vertoon. Hy vertel die blare gaan binne enkele weke bloedrooi wees.

Ons stap na die kapel, die kweekskool se sentrum vir aanbidding. Iemand is binne doenig met 'n handstofsuier: Een van die eerstejaarstudente – hy word aan my voorgestel as Dosho-san – is besig om pligsgetrou die stoelkussings te stofsuig. Hy groet met 'n beleefde kopknik en gaan voort met sy werk.

"Hy is een van vele studente wat elke Dinsdag en Vrydag die hele terrein hier skoonmaak. Dit gebeur nie net by ons nie, maar ook by die skole en ander plekke," sê Stéphan.

Ek is baie nuuskierig om meer oor Stéphan en Tobie se lewe en werk te hoor. Die drie van ons skuif stoele nader en gaan sit vir 'n onderhoud, terwyl PJ en Jaen die kamerahoeke uitpluis.

"Ek kom uit die Swellendam-omgewing, ek was daar op landbouskool gewees," begin Tobie vertel. "Daar het die Here my geroep om voltyds vir hom te werk. In 1972 het die sinode van die NG Kerk besluit om met sendingwerk in Japan te begin. En sowaar as vet roep hulle hierdie ou van die plaas af en hulle stuur my. Ek en my vrou moes toe trou, dat sy saam met my kon kom. Ons het in 1974 in Japan aangekom, die taal begin leer en later is ons kinders ook hier gebore."

Ek vra Tobie uit oor daardie beginjare, en hoe dit van vandag se Japan verskil. "Toe ons destyds hier was, het ons in 'n plek gewoon waar die mense nog nooit 'n Westerling gesien het nie. Ek sou by 'n winkel instap en dan het die mense wat daar gewerk het, weggehardloop agtertoe, hulle was bekommerd gewees. Of soms het die kindertjies op straat vir my 'Americano!' geskree. Ek het dan omgedraai en vir hulle gesê: 'I am not an American, I am a man from Africa.' Nou word jy nie eens meer raakgesien nie, só radikaal het Japan verander."

Stéphan vertel dit gebeur vandag steeds. "Weet jy, Pa, ek hoor dit nog weekliks, hulle dink ek is 'n Amerikaner. Die meer as tweehonderd-en-twintig jaar van geslotenheid tydens die Edo-tydperk het 'n reuse-invloed gehad. Die eerste mense wat daarna hier kom preek het, was juis nogal Nederduits Gereformeerde sendelinge uit Amerika."

Teen die tyd dat Tobie hier begin werk het, was groot stede soos Tokio en Osaka reeds met die Shinkansen verbind. "Kyk, Japan bly maar net ongelooflik wat tegnologie betref. Toe ons hier aangekom het, was die land ekonomies absoluut op 'n hoogtepunt, tot die bubble gebars het."

Maar dit was steeds 'n ander era en kommunikasie het teen 'n veel stadiger pas as vandag plaasgevind. "As jy 'n brief gepos het, het jy 'n maand gewag vir 'n antwoord," vertel Tobie. "Ons was 'n jaar in Japan voor ons met ons ouers gepraat en hulle stemme oor die telefoon gehoor het. Die isolasie was ongelooflik, daar was net Japannese om ons. Ons het met geen Westerlinge kontak gehad nie. Maar ek onthou hoe vriendelik en beleefd die Japannese was, dit is iets absoluut uniek in die wêreld. Maar jy mis daardie sosiale gemeenskap. Die Japannese is baie geslote, tensy jy baie naby aan hulle kom."

Toe Stéphan in 2004 met Tobie se dogter Carina begin uitgaan, sou hy nooit kon dink dat hulle twee in Japan sou opeindig nie. "Ek moet bieg, ek het in daardie stadium gedink die hoofstad van Japan is Hongkong," vertel hy.

Hulle het in 2005 getrou en in dieselfde jaar is hy beroep na 'n gemeente op Aliwal-Noord. "Die Here het 'n duidelike roeping op ons lewe geplaas om hier in Japan betrokke te wees met sendingwerk en die Kerk. Nadat daar 'n noodroep was uit Japan vir nog sendelinge, het ons in 2009 hier kom werk."

Hy deel iets wat ek al tevore by buitelanders in Japan gehoor het: Op 'n manier word jy hier deel van die lewe, deel van jou werkplek, maar op 'n manier bly jy ook op 'n afstand. Altyd 'n buitestander en 'n inkommer.

In die buurt waar Stéphan-hulle woon, is daar sowat tweeduisend huishoudings met altesaam agtduisend mense. Stéphan se gesin van ses is die enigste nie-Japannese in dié buurt.

Die kinders ontvang almal tuisonderrig – ma Carina is hul onderwyseres. Hulle leer drie tale: Afrikaans, Engels en Japannees. Maar wanneer hulle by die deur uitstap, is álles Japannees.

Tot watter mate het Japan oor die afgelope dekade verander? "Die groot verskil vir my is die geweldige klomp natuurrampe," sê Stéphan. "Dit het ons betrokkenheid by die Kerk en gemeenskap op 'n spesifieke manier ingekleur. Daar is nou 'n nuwe, sterk bewussyn van hoe die Kerk tydens rampe op die voorpunt van ondersteuning kan wees. Om iets van die barmhartigheid van God in mense se lewens te bring waar hulle 'n klomp angs, wanhoop en ontnugtering ervaar."

Ek en die span is tot dusver baie gelukkig om aardbewings

vry te spring. Kleiner aardbewings gebeur gereeld in Japan – tot soveel as tweehonderd keer per jaar – en 'n groot een wat wesenlike skade kan aanrig, is altyd om die draai. In 2011, die jaar van die Tohoku-aardbewing en tsunami – waartydens byna sestienduisend mense gesterf het en waarin die Fukushima Daiichi-kernkragaanleg beskadig is – moes Japan meer as tiénduisend aardbewings trotseer!

"Daar was net nou die dag een hier naby," vertel Stéphan, "maar hierdie gebou is baie sterk. Ons het dit minder akuut gevoel. Ons het vroeër lank in 'n rampgebied gewerk. Daar kom daagliks vir maande nog klein aardbewings, so jy bly bewus daarvan. Daar is iets van 'n retraumatisering en 'n waaksaamheid wat heeltyd met jou is. Daar kan enige tyd iets gebeur, so jy bly bewus, veral as jy klein kindertjies het. Hoe gaan jy maak?"

Tobie is self 'n aardbewing-veteraan. Hy het immers meer as twee dekades lank in Japan gewoon. Ek vra hom vir raad, sou een gebeur. "Jy kan eintlik baie min doen," sê hy. "Hulle sê jy moet onder 'n bed of onder 'n tafel gaan inklim, maar dit gebeur so skielik en onverwags, jy is half verlam. So jy sit maar net in stilte en hoop niks ernstig gaan gebeur nie. En wanneer jy dan terug is in Suid-Afrika en 'n groot vragmotor ry naby jou verby, dan ervaar jy weer daai trauma. Ek wonder dadelik: Is dit nie dalk 'n aardbewing nie?"

Stéphan vertel 'n spesifieke voël skree gewoonlik kort voor die tyd op 'n baie angstige manier. "Hy voel die trilling, en dan weet jy hier kom 'n aardbewing. Die diere is bewus van wat aan die gang is."

Stéphan is, tussen aardbewings deur, besig met interessante werk en opleiding by die kweekskool. "My vakgebied is pastorale sorg. Ek lei predikante op om sensitief te wees vir die behoeftes van mense, veral op 'n emosionele en sielkundige vlak," vertel hy.

"In Japan werk dit nie soos in Westerse lande waar sielkundige hulp maklik verkrygbaar is en die band tussen siel-kundige hulpverleners en die Kerk baie nou is nie. Hier is dit heeltemal anders. Daar is 'n groot stigma aan geestessiektes. Ek probeer om predikante te help om in hulle gemeentes be-wus te raak van mense wat geestesongesteld is. Jy moet ken-nis en ervaring hê en ook sensitief wees."

Stéphan se werk is egter nie beperk tot die kweekskool nie. Hy reis gereeld regoor Japan en bedien in verskeie gemeen-tes. Hy gaan juis môre 'n seminaar in Hiroshima aanbied by 'n klompie Japannese vroue van vier verskillende gemeentes. "Ons gaan saam dink oor hoe om die evangelie in hulle eie gesinne te deel. Baie mense wat hier Christene is, is enkelinge in hulle gesinne. En volgende week gaan ek na Okinawa."

Ons gesels verder oor die stigmas jeens geestesgesondheid. "Alle mense het emosionele dinge waarmee hulle worstel," sê Tobie. "Maar die Japanners sê dit mos nie, want hier word dit as 'n skande beskou. As 'n vrou in die huis deur haar man mishandel word en sy vertel haar vriendin daarvan, word sy beskou as 'n swakkeling wat dit nie kan hanteer of verdra nie. Jy sê nie jou goeters nie."

Hierdie terughouding gebeur selfs binne kerkverband, gaan Tobie voort. "Selfs as jy 'n kind verloor of iemand naby jou is dood aan kanker, vertel jy vir niemand nie. Jy wil nie iemand anders belas met jou probleme nie. Maar dis juis die punt van die bediening! Die kerk is 'n plek waar ons moet oopmaak en deel. Die kerk moet meer soos 'n kroeg word. Wanneer ons in 'n kroeg onder die invloed van drank is, práát ons."

Stéphan en Tobie kan albei Japannees vlot praat, maar is baie beskeie hieroor. "Gister het 'n Amerikaanse sendeling wat al ses-en-dertig jaar lank in Japan woon, vir my gesê hy is nog steeds besig om Japannees te leer," sê Stéphan. "Dit is bemoedigend vir my, want ek worstel nog elke dag daarmee. Ek moet klasgee én preek in Japannees. Wat die akademiese werk en die opleiding van predikante betref, word 'n hoë vlak van taalvaardigheid vereis. Dit hou my baie lank op my knieë."

Ek vra hulle om 'n paar sinne in Japannees met mekaar te praat. Hulle begin skamerig voor die kamera, maar klink gou-gou soos twee Japannese ooms wat iewers lekker op 'n parkbankie sit en 'n gesprek voer. "Ons het onder meer vir mekaar gesê julle is baie snaakse mense wat van Suid-Afrika af kom," skerts Stéphan.

Hy klink byna ewe geesdriftig oor rugby as oor sending-werk. "Ons het sedert die aankondiging in 2009 al begin spaar vir kaartjies om wedstryde te gaan kyk, dit gaan 'n eenmaal-in-'n-leeftyd-ervaring in Japan wees. Veral nadat Japan in die vorige toernooi vir Suid-Afrika gewen het, is daar amper 'n verwagting dat iets buitengewoon gaan gebeur."

Tobie verkies weer om die rugby in sy sitkamer op Swellendam te kyk. "Ek hou daarvan om by die TV te sit, want dan kan 'n ou wéér kyk. Ek sal veral opgewonde wees as Japan uiteindelik die Wêreldbeker wen."

Stéphan gesels nou lekker rugby: "Moenie daai vasbera-denheid van die Japannese miskyk nie. Dit sê iets van die Japannese wat enduit voluit gaan wanneer hulle iets aanpak. Hulle kan vasbyt te midde van rampe, hulle het die veerkrag-tigheid om weer op te staan as hulle platgeslaan is. Dit is iets van die oeroue samurai-gees van die Japannese samelewing wat nou ook na rugbywedstryde deurgeskemer het."

Tydens sy studentedae op Stellenbosch was Stéphan inder-daad self 'n kranige rugbyspeler, wat vir Maties op senter uit-gedraf het. Hy het Maties selfs in Skotland verteenwoordig by die Melrose Sevens, die oudste sewestoernooi in die wêreld.

"'n Afrigter van Duitsland het eendag op Stellenbosch aangekom. Hy het twee Matie-spelers kom soek vir sy Duitse rugbyspan. Ek was toe een van die spelers. Ons het in Sri Lanka gaan speel en Duitsland verteenwoordig in 'n toernooi waaraan sestien lande deelgeneem het. Dit was baie interessant gewees om die Duitsers te leer ken en om darem ook in die finaal te kon speel van daardie toernooi. En dit het my wêreld ook 'n bietjie oopgemaak en geskuif."

Wanneer hy huis toe verlang, luister Stéphan na Laurika Rauch se musiek. "Ek mis die gemoedelikheid tussen mense, die gemaklikheid," sê hy. "Julle het nou-nou maar hier aangekom en binne 'n paar minute voel ons soos pelle en naby aan mekaar."

Hy vertel hy moes tydens 'n vorige besoek aan Suid-Afrika sy pa se motorlisensie gaan hernu. Hy het gestaan en wag in die lang ry by die lisensiekantoor. Binne 'n halfuur het mense oor en weer begin gesels en grappe maak. As hy in dieselfde ry in Japan gestaan het, sou niemand enigiets gesê het nie. Almal sou net professioneel voor hulle uitgestaar het.

"Dit is daardie afstand en privaatheid van die Japannese, waar jy nie sommer in 'n ander se wêreld inkom nie," sê hy, "terwyl Suid-Afrika 'n veelrassige en veeltalige nasie is waar jy tog nader aan mekaar kan beweeg. Daar is maar iets soos 'n Suid-Afrikaanse magic. Dit mis ek beslis. Hier is ek binne 'n baie spesifieke raamwerk, en die taal bind en beperk my om myself vry uit te druk."

Die oggendkerkdiens gaan binnekort begin. Die orrelis stap die kapel binne en begin speel.

Die omgewing is dalk radikaal anders, maar die gesange se melodieë is presies dieselfde as dié waarmee ek grootgeword het in die NG kerk Winterhoek op Uitenhage. My ma en my broer is albei tans orreliste by gemeentes. Hoewel ek nie meer 'n kerkganger is nie, vind ek die klanke gerusstellend.

Ons stap terug na die binnehof. Stéphan wys vir my die Japannese Bybel, wat jy van agter na voor moet lees. Hy vertel die Japannese karakters vertaal "Bybel" as "heilige geskrif". Ek vra hom om vir my die eerste paar verse van Psalm 23 hier onder die esdoringbome te lees, met die orrelspel in die agtergrond.

"Dit bly 'n voorreg om dit te kan doen én 'n vreemde gedagte om dit te doen. Die Japannese taal is pragtig en die uitspraak is darem vir my as Afrikaanssprekende nie te moeilik nie. Maar die lees van al die klein karaktertjies bly moeilik. Elkeen het sy eie betekenisveld."

Voor ons groet, gesels ek met Stéphan oor persepsies van sendingwerk. "Letterlik een persent van die Japannese samelewing is vandag Christene. Daar was 'n lang tydperk van meer as tweehonderd jaar wat die Christene vervolg en uitgemoor is, tot in die eerste helfte van die negentiende eeu. Maar in die 1860's, toe die land oopgestel is vir buitelandse invloed, het dit gedraai."

Hy vertel die manier hoe sendingwerk gedoen word, het baie verander. "Ons kom nie van bo af en sê vir die mense ons het die waarheid hierso en dat ons siele kom red nie. Dit is 'n ou koloniale paradigma. Ons kom eerder van onder af en stap 'n pad saam met die mense, deur hulle te dien waar ons kan en waar daar 'n behoefte is."

Ek was nie vooraf seker wat die oggend by die kweekskool gaan oplewer nie, veral omdat ons tyd so beperk was. Maar ek het hierdie openhartige onderhoud met dié twee gawe sendelinge baie geniet. Ons groet mekaar met 'n "sayonara" en 'n eerbiedige buig, voor Stéphan ons weer by Taoji-stasie gaan aflaai.

Die kapel se gerusstellende orrelklanke dreun deur my gedagtes terwyl ons wag vir die trein na Osaka.

* * *

Die volgende middag mik ons na die Shinsaibashi-buurt, naby Dotonbori en sowat twintig minute se stap van ons hotel af. Shinsaibashi is Osaka se inkopiemekka.

Ek wil graag die rugbytoets tussen Japan en die All Blacks by Murphy's Irish Bar gaan kyk. Hulle speel in die Ajinomoto-stadion in Tokio. Dit is maar die derde keer dat hierdie twee lande teen mekaar te staan kom. Die All Blacks het natuurlik nog albei kere ver gewen – die mees onlangse toets 54-6, in November 2013, ook in Tokio en byna tot op die dag vyf jaar gelede.

Ek onthou die eerste toets goed. Sondag 4 Junie 1995, 'n groepwedstryd in Bloemfontein tydens die Rugbywêreldbeker in Suid-Afrika. Ek en my pa het die wedstryd saam op TV by die huis op Uitenhage gekyk.

Die All Blacks het die arme Japannese verneder en vernietig. Dit was 'n slagting. Die het gelyk asof 'n spul geharde matrieks 'n groepie standerdsesse tagtig minute lank boelie. Ek het toe gedink selfs die meestal sukkelende OP-rugbyspan sou Japan maklik kon geklop het.

Verskeie wêreldrekords het daardie dag in Bloemfontein getuimel. Die buitesenter Marc Ellis het ses van die All Blacks se een-en-twintig drieë gedruk. Die losskakel Simon Culhane het twintig doelskoppe oorgeklits en altesaam vyf-en-veertig individuele punte aangeteken. Die eindtelling was 145-17. En dit kon selfs meer gewees het: Jonah Lomu het daardie dag 'n ruskans gehad . . .

Later sou die Japannese kaptein, die haker Masahiro Kunda, vertel hul wedstrydplan was eenvoudig: Probeer net 'n drie druk, maak nie saak hoeveel punte afgestaan word nie. Die Japannese het wel twee drieë gedruk, maar teen 'n hoë prys. Die eindtelling het destyds 'n bespotting gemaak van hul teenwoordigheid op wêreldrugby se grootste verhoog.

Maar dit is meer as twee dekades gelede. En sedert die twee lande laas in 2013 kragte gemeet het, het die Japannese met die Springbokke, Samoa en Italië afgereken, en gelykop gespeel teen Frankryk.

Ek het vroeër oorweeg om PJ te oorreed dat ons al die pad na die Ajinomoto-stadion moet gaan, die wedstryd bywoon en daar verfilm, maar dit sou ons reeds oorvol skedule erg deurmekaargekrap het.

Ek was ook bekommerd oor 'n burokratiese nagmerrie wat betref toestemming om by 'n internasionale rugbytoets te skiet. Dit sou beslis nie so maklik gewees het soos by die Topliga-wedstryd wat ons in Nagoya bygewoon het nie. Ek kon ook maar vergeet van op kort kennisgewing met enige Japannese of All Black-speler 'n onderhoud vasmaak. Die Japannese span is op pad na Londen, waar hulle binnekort in toetse teen Engeland en Rusland gaan speel.

Ons tekort aan rugby-inhoud pla my egter. As ek nie saans so moeg was nie, sou dit my slapelose nagte besorg het. Ons het 'n volle twee weke gelede in Nagoya laas rugby-onderhoude geskiet, met episode vier in gedagte. Tans trek ons al ten minste by episode agt in ons beplanning, dalk selfs nege. Ek het geen verdere rugby-afsprake nie . . .

My planne om in Osaka met Ruan Combrinck of Riaan "Tjoppie" Viljoen te skiet, het ook vanoggend finaal deur die mat geval. Ek het van albei spelers boodskappe ontvang dat hulle nie beskikbaar is nie. Beleefde boodskappe, maar ek kry tog die idee hulle was nie besonder lus vir 'n kameraspan uit Suid-Afrika wat wil Japanpraatjies maak nie. As almal maar so tegemoetkomend was soos Duane Vermeulen . . .

Ek het gehoop om dalk saam met Ruan of Riaan die rugbytoets te kyk by Murphy's. Op ons vorige af dag, twee dae gelede in Osaka – wel, "af dag", 'n dag waartydens ek hoofsaaklik in my hotelkamer met ander sperdatums gestoei het – het ons vlugtig by Murphy's ingeloer en die Ierse eienaar, Mike O'Carrol, ontmoet.

Mike is 'n joviale kalant wat tydens ons eerste besoek reeds 'n paar doppe sterk was. Hy hou van klets en hy ken sy rugby, so ou Mike sal maar vanmiddag moet doen as ons rugbykenner wanneer die kameras rol. Gelukkig het hy dadelik ingestem dat ek en die span in sy kroeg kan kom skiet.

Ek dra my Japantrui en skreeu vandag vir die Brave Blossoms. Die wedstryd begin terwyl ons nog treinry van Nara af, waar ons die Deer Park vroeër besoek het.

Ek volg die aksie solank op my foon. Die All Blacks teken vinnig 'n strafskop aan en loop 3-0 voor. Maar dan druk Japan se slot Samuela Anise 'n drie, en eensklaps loop Japan 7-3 voor! Sê nou net Japan klop die Wêreldkampioene vandag? Sal ek maar dié keer wel 'n geldjie wed op 'n ondenkbare uitslag, soos destyds in September 2015?

Murphy's is 'n gewilde sportkroeg in Osaka, veral vir oorsese besoekers wat wedstryde wil kyk. Die meeste Japannese kroeë en izakayas het nie televisies nie, of saai nie sportwedstryde uit nie. Murphy's se deure is al sedert 1991 oop en die plek word wyd bemark as die eerste Ierse kroeg in Japan.

Dit lyk binne na 'n tipiese, effens onderbeligte Westerse kroeg. Die atmosfeer en dekor herinner my nogal aan die legendariese kuierplek De Akker op Stellenbosch. Maar hier is duidelik 'n Japannese invloed, met 'n plakkaat soos "Free Karaoke! Everyday! Sing your hearts out!" teen die muur. Hier is ook 'n advertensie vir "Fish & Chips Friday" teen 1 000 yen (R130), wat 'n drankie insluit.

Ek het darem 'n halfvol kroeg verwag, maar op hierdie Saterdagmiddag lyk dit asof net ek en Mike werklik in die rugby belangstel. Daar sit drie ander mense in die hoek, reg onder die TV, duidelik nie hier om rugby te kyk nie.

Ná 'n paar minute kom 'n middeljarige Britse paartjie die kroeg binne. Uiteindelik nog rugby-ondersteuners, dink ek. Maar nee, hulle wil net weet hoe laat hul Engelse sokkerklub, West Ham United, teen Burnley afskop in die Engelse Premierliga.

Mike vat 'n groot sluk whiskey. Dit is beslis nie sy eerste dop van die dag nie. Hy knak 'n Red Bull en vertel vir die twee Britte dieselfde storie wat hy vroeër met my gedeel het.

Sy suster het vyf-en-twintig jaar gelede met 'n Japannese

man getrou. Mike het 'n paar jaar later uit Ierland vir haar kom kuier en besluit om hier in Japan te bly. "I've been here eighteen years, my eyes are getting tighter every year," grinnik hy en vat nog 'n sluk whiskey.

Teen die kroeg se plafon is honderde besigheidskaartjies van vorige besoekers opgeplak. Die ry whiskeybottels agter die toonbank het byna almal Ierse handelsmerke: Jameson, Paddy, Irish Mist, Tullamore Dew, Bushmills . . .

Skuins agter Mike, langs die yskas, is 'n swartbord met "Shot List" boaan geskryf. Van die shots wat jy hier kan afsluk, het name soos B-52, Sicilian Kiss, Squashed Frog en Kamikaze. Ek vermy maar dié ouens en bestel op Mike se aanbeveling 'n Japannese boetiekbier, Minoh Pilsner, teen 'n stewige 900 yen (R116). Meer as dubbel die prys van 'n boetiekbier in Kaapstad! Hierdie plek is duidelik in 'n ander prysklas as toe ek tydens my eerste Camino op die dorpie Estella 'n Spaanse boetiekbier vir R30 gekoop het . . .

Ons glase klink met "Gesondheid!" en die Ierse "Sláinte". Die pilsner smaak eersteklas. Ek voel minder sleg oor die 900 yen.

Op die televisie het die tweede helfte pas begin. Die All Blacks het oudergewoonte kort voor rustyd 'n paar ratte verwissel en loop tans gemaklik 38-19 voor.

Daar was vooraf kritiek teen die All Blacks se afrigter, Steve Hansen, dat hy 'n jong en onervare span – die media praat van 'n B-span – vir dié wedstryd gekies het. Twee spelers draf vandag vir die eerste keer vir die All Blacks uit en 'n verdere ses sit op die reserwebank en hoop op 'n eerste toetsverskyning.

Die amptelike bywonerstal flits op die skerm: 43 751 toeskouers. 'n Nuwe rekordskare vir 'n tuiswedstryd in Japan. Hierdie wedstryd is 'n goeie lusmaker vir die Rugbywêreldbeker wat minder as 'n jaar weg is.

Mike vertel sy liefde vir rugby kom van ver af. "Ek het

op nege begin rugby speel. Dit was ál waarmee ek op skool goed was. Die enigste ding wat ek deurgekom het, was my bestuurstoets, toe ek vir die ou vyftig pond gegee het." Hy lag lekker vir sy eie grappie. Ek wonder hoeveel keer hy dit al in hierdie kroeg vertel het.

"Ek hou van die dissipline van rugby," gaan hy voort. "Goeie mense wat goeie mense ontmoet. Jy speel 'n spel waarvoor jy lief is, en dit is vir my waaroor rugby gaan."

Mike het destyds die Sokkerwêreldbeker in 2002 hier in Japan bygewoon en gesien watter impak die toernooi op die sport gehad het. "Hoewel baie Japannese salig onbewus gaan wees van die toernooi en voortgaan met hulle daaglikse roetine en werk, gaan rugby net groter raak. Dit gaan alles daaroor dat die wedstryde op openbare TV uitgesaai word en dat die mense dit kyk. Die lekker ding van 'n Wêreldbeker is dat jy nooit weet wat gaan gebeur nie. Ek dink ook soveel mense gaan die toernooi kom ondersteun en daarna weer wil terugkom na Japan."

Die Japannese span verdedig moedig en val kort-kort aan, nogal met flair, maar in die tweede helfte kom hulle wiele af. Die wedstryd raak nou 'n drieëfees vir die All Blacks. (Darem nie op dieselfde skaal as daardie dag in Bloemfontein nie.)

Daar is verskeie spelers van ander nasionaliteite in Japan se span. Die ervare kaptein, Michael Leitch, is 'n gebore Nieu-Seelander. Hul een slot is 'n fris kêrel met langerige hare. Hy lyk dan soos 'n boerseun! Ek kyk gou op my foon na die beginspan. Wimpie van der Walt . . . Hoe kon ek dít nie geweet het nie? Ek wil myself skop dat ek nie vooraf meer deeglike navorsing oor Suid-Afrikaanse spelers in Japan gedoen het nie.

Ek google Wimpie, en sien hy speel ook vir NTT DoCoMo Red Hurricanes, 'n klub wat hier in Osaka gebaseer is. Dit sal mos nou goud wees vir ons reeks as ek met Wimpie – die enigste Suid-Afrikaner in Japan se nasionale rugbyspan – kan gesels. En nou vertrek hulle waarskynlik vanaand of môre Europa toe . . .

Terwyl ek half stert tussen die bene my bier afsluk en die All Blacks al meer as sestig punte opgestapel het, gesels ek maar verder met Mike.

Hy vertel hy het sy vrou, Maki Takahashi, veertien jaar gelede ontmoet. "Ek het haar gevra hoe dit gaan, en toe sê sy: 'I don't speak English.' Toe ek aanhou, het sy my 'Piss off!' toegesnou, toe weet ek sy kan Engels praat! Die Japannese is baie behoudend, jy moet 'n warm hart hê om hulle s'n oop te maak teenoor jou. Sy het baie gehou van Jameson drink, en dit is hoekom ek 'n ring aan haar vinger wou sit."

Die eindfluitjie blaas en die All Blacks wen met 69-31. Dié opwindende wedstryd het 'n volle honderd punte opgelewer, en dit was nie álles die All Blacks s'n nie. Japan kan baie trots wees. Dit gebeur selde dat spanne meer as dertig punte teen die All Blacks aanteken én vyf drieë teen hulle druk.

Ons moet begin aanstaltes maak. Ek het soveel ekstra goed begin versamel – 'n moerse Halloween-uitrusting, hordes papiere, Kit Kats en klein aandenkings – dat ek 'n nuwe tas moet gaan koop. Vanaand gaan ons naby Shin-Osaka in 'n kapsulehotel oornag, iets wat ons eenvoudig in Japan móét doen. Môreoggend vroeg vertrek ons na Kyoto, Japan se kultuurhoofstad.

Ek het Mike se praatjies geniet en wil beslis wanneer ek en Catharien Japan besoek, weer by Murphy's kom rugby kyk en 'n overpriced pilsner bestel.

"Ek kan nie wag vir die Rugbywêreldbeker nie," sê Mike toe ons groet. "Ek was in 2003 by die toernooi in Australië. Ek het gekyk hoe Australië teen Ierland gespeel het. Dit bring goeie mense bymekaar en almal drink en kuier lekker. 'n Ierse kroeg doen dieselfde."

KYOTO

Op 'n Sondagaand sit ek op 'n elektroniese toilet in die My-Stays Kyoto Shijo Hotel en stres oor vryskutwerk wat nie klaar is nie. Om spesifiek te wees: die "Dorp van die Maand"-artikel vir *Weg* oor die Suid-Natalse kusdorpie Port Edward waarmee ek nog steeds besig is . . .

Ek het Port Edward twee maande tevore besoek tydens my enigste *Weg*-reis sover dié jaar. Dit was deel van 'n trippie van tien dae waartydens ek ook 'n staptog langs die Wildekus gaan doen het tussen Port St. Johns en Koffiebaai.

Die drie dae op Port Edward was nie sonder uitdagings nie. Behalwe dat dit byna die hele tyd gereën het, het ek ook 'n slordige griep gehad. Nie die beste kombinasie wanneer 'n mens veronderstel is om 'n dorp se doendinge (met foto's) in detail te gaan uitsnuffel nie.

Ek sit myself natuurlik ook en verwyt dat ek die artikel nie klaargeskryf het voor ons reis na Japan nie. Natuurlik maak dit niks beter nie. Ek raak net al hoe meer angstig.

Al my ou streke meld weer aan. Ek is 'n perfeksionis. Ek plaas te veel druk op myself. Ek stel dinge uit. Skryf bly vir my een van die moeilikste goed op aarde.

Ek voel ook baie skuldig teenoor die res van die span hier in Kyoto. PJ, Roxanne en Jaen is ten volle gefokus op die reeks, soos dit hoort. Dit moet sekerlik vir hulle 'n bekommernis én irritasie wees dat my aandag so verdeeld is. Veral saans, wanneer ek veronderstel is om óf te rus óf verder navorsing te doen oor afsprake en bestemmings wat voorlê.

Tans doen ek nie een van die twee nie. Ek fok rond op my foontjie, soos Catharien dit dikwels noem. Eers werk ek uit presies hoeveel kilometer ek weg is van 'n dreigende krisis in die *Weg*-kantoor. Google sê sowat 14 360 kilometer. Soos die kraai vlieg. Of soos Google bepaal.

Ek weet wat ek doen, is simpel. Nee, dit is verdomp absurd! Daar is baie beter maniere om hierdie situasie te hanteer. Die beste sal wees om op my gat te gaan sit en te skryf. Die goeie ou ABC: Apply Bottom to Chair.

In een van haar "Dear Sugar"-rubrieke gee Cheryl Strayed, die skrywer van *Wild*, toe dat skryf moeilik is. Maar daar is moeiliker dinge in die lewe. "Do you think miners stand around all day talking about how hard it is to mine for coal?" vra sy. Natuurlik nie. "They simply *dig*."

Sy bied ook 'n mantra vir skryf in dieselfde rubriek: "Write like a motherfucker." Ek vind dat ek veel eerder verlore raak in detail, veral met praktiese artikels soos 'n Dorp van die Maand, as om net ongebonde te skryf.

Nog iets wat meer sinvol sou wees om te doen, is meditasie. Dit sal my help om meer te fokus en hierdie huidige gedagtestroom – wat oorwegend negatief is – 'n bietjie in bedwang te probeer bring. Of dit ten minste te sien vir wat dit is: vlietende emosies, geprogrammeerde ou patrone wat in die afwesigheid van 'n bewustelike waarnemer amok maak tussen my slape.

Die ironie is dat 'n mens veronderstel is om tydens druk tye meer gereeld en langer te mediteer. Wanneer ek voel ek is te besig en te oorweldig deur werksdruk en angs, moet ek júis kruisbeen gaan sit en tot verhaal kom.

Daar is 'n ou Zen-spreekwoord: "You should sit in meditation for twenty minutes every day – unless you're too busy – then you should sit for an hour."

Maar dit is prakties moeilik om te mediteer in hierdie hotelkamer. Die badkamer het nie naastenby genoeg plek nie, en ek voel 'n bietjie te selfbewus om in die dubbelkamer voor Jaen te gaan sit en mediteer. Die hotel se gang hier op die tiende vloer is meestal stil en leeg, maar ook dít gaan nie werk nie.

Daarom wend ek my maar eerder tot Instagram. Ek het onlangs die voormalige All Black-losskakel Dan Carter daarop begin volg. Hy het 'n paar maande tevore in Japan kom klubrugby speel vir die Kobelco Steelers in die industriële stad Kobe.

Op sy Instagram-foto staan Dan Carter glimlaggend langs die Webb Ellis-trofee met die onderskrif: "Look who I found in Tokyo today? Who do you think will be winning this next year?"

Ek kry 'n lawwe idee. Dalk moet ek probeer om in Japan 'n onderhoud vir die reeks met Dan Carter te voer . . . Hy word wyd gereken as die beste losskakel van alle tye. Carter is ook die voorste puntemaker in toetsrugby. Hy het altesaam honderd-en-twaalf toetse vir die All Blacks gespeel en was in twee toernooie 'n lid van hulle seëvierende Wêreldbekerspan.

In sy laaste toets vir die All Blacks, in 2015 se Wêreldbekerfinaal teen Australië, het hy negentien punte aangeteken en is hy as speler van die wedstryd aangewys. Kon daar 'n meer perfekte afsluiting vir sy loopbaan in die All Black-trui wees?

Carter het tot onlangs nog vir die Franse klub Racing 92 in Parys gespeel. Sy besluit om op 36-jarige ouderdom eerder in Japan te kom "aftree", het die Franse rugbybase erg omgekrap.

In 'n rubriek op *Eurosport* het die klub Toulon se baas, Mourad Boudjellal, Carter geroskam oor sy besluit "to make money against one-legged players".

Maar vir my om op súlke kort kennisgewing 'n TV-onderhoud met Dan Carter te probeer bewimpel, grens aan die belaglike. Sportsterre se dagboeke is dikwels weke, selfs maande, vooruit beplan. Buiten oefensessies en ander klubverpligtinge, is daar gesellighede vir borge en ander sosiale geleenthede wat fyn bestuur word.

Ons program vir die volgende paar dae is ook reeds propvol

en ons beplan om teen die naweek die Nakasendo Way – 'n pelgrimstog tussen Kyoto en Tokio – te gaan stap.

Maar sê nou net dit werk uit. 'n Onderhoud met Carter sal sonder twyfel ons reeks se grootste scoop wees. Om in Japan te gesels met 'n rugbylegende en 'n wenner van die vorige Wêreldbeker . . .

Ek vertel Jaen van my voorneme. Hy staar my aan asof ek stapelgek is, en vra my in die stem van die dikwels irriterende Nieu-Seelandse rugbykommentators: "You want to try and talk to Dên Katuh, my boy, Dên Katuh?"

Waar sal 'n mens begin soek? Ek het geen idee wie Carter se agente is nie en besluit om vir hom 'n direkte boodskap op Instagram te stuur. Maar wat is die kans dat hy dit gaan lees? Die man het meer as 900 000 Instagram-volgelinge!

Hi Dan, I'm a South African TV presenter and producer, currently in Japan with a small crew, shooting a TV series for South African TV about Japan and the Rugby World Cup. We've already interviewed Duane Vermeulen, Gio Aplon and Jake White. We're in Kyoto this week. I realise this is a long shot, but it would be fantastic to do a short interview with you for our series, an informal chat about Japan, your thoughts on the Rugby World Cup etc. If you are interested, please let me know, or should I work through an agent? We can of course travel to meet you as well, you are based in Kobe? I look forward to hearing from you.
Kind regards,
Erns Grundling

Later die aand gaan ek op 'n omvattende soektog op die internet om Carter se agentskap te vind. In ou mediaberigte lees ek die naam Simon Porter raak, wat tans die hoof uitvoerende beampte is van CSM Sport & Entertainment in Nieu-Seeland.

Ek stuur vir hom 'n soortgelyke e-pos as my boodskap aan Carter en heg ook vir hom die voorlegging (in Engels) oor ons Japan-reeks aan. Meer as dit kan ek seker nie op die oomblik doen nie.

Vroeg die volgende oggend ontvang ek 'n kort e-pos van Simon Porter: "Hey, I have passed your email to Dan's commercial manager who is in Japan with him at the moment."

* * *

Ons is terug in Osaka, maar net vir 'n paar uur. Ek is weer in Shinsaibashi, maar nie by Murphy's Irish Pub nie. Ek sit in 'n stylvolle whiskeykroeg, een waarin Bill Murray se karakter Bob Harris in die fliek *Lost in Translation* baie tuis sou gevoel het.

Ek is tans die enigste klant. Hoewel die versoeking groot is om 'n whiskey soos Yamazaki, Hakushu of Hibiki te bestel, terug te leun soos Bob Harris en te verklaar: "For relaxing times . . . make it Suntory times," kan ek nie nou juis ontspan nie. Ek bestel maar my gewone gunsteling, 'n Asahi Super Dry-bier.

PJ en Jaen is gou na 'n kamerawinkel hier naby, en Roxanne het nie saamgekom Osaka toe nie. Sy doen admin en beplanning by ons hotel in Kyoto.

Op die kroeg se TV flits beelde van landelike Japan, met 'n Japannese stem wat kommentaar lewer. Nou nie regtig boeiend op 'n David Attenborough-manier nie. Op die agtergrond speel diep Japannese instrumentele musiek.

Oor tien minute ontmoet ek die Japan-slot Wimpie van der Walt vir 'n onderhoud. Ek kan steeds nie glo dat ons hierdie geleentheid gekry het nie. Alles het baie vinnig gebeur. Twee dae gelede het ek nog in Murphy's gesit en myself gekasty dat ek tóé eers besef het hy speel vir Japan.

Gisteraand in my hotelkamer in Kyoto het ek, nadat ek vir

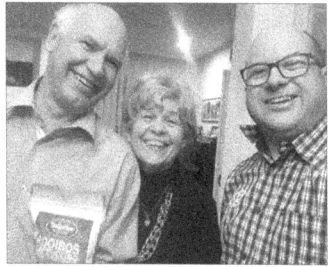

Die gawe Symington-egpaar, Johann en Hennie, op my eerste aand in die pastorie.

Duane Vermeulen in 'n ligte luim by Cat Café MoCHA in Shibuya.

In Kaapstad het ek by Obi Restaurant met Toks van der Linde en Papa San gesels.

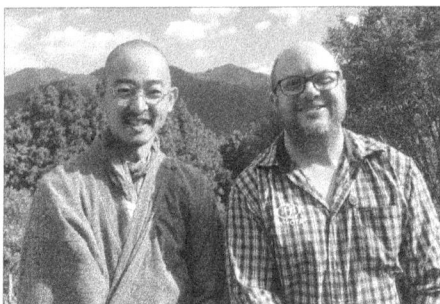

Twee kaalkoppe glimlag tesame: saam met Mr. Nakane
by Fushiogami op die Kumano Kodo.

Al het ek vir Jake White
trompop geloop, was hy baie
gaaf tydens ons onderhoud in
Nagoya.

Ek en PJ in die dun lug bo-op Mount Fuji met die krater in die agtergrond.

Dit was lekker om my Camino-vriendin Nozomi meer as drie jaar later weer in Tokio te sien.

Sushi en bier op 'n Saterdagmiddag by 'n rugby-wedstryd in Nagoya.

By die winkel Reissue in Tokio kon ek na myself in 'n koppie koffie kyk.

Selfie by die heiligdom Oyunohara op die Kumano Kodo, met PJ en Jaen agter en Roxanne voor langs my.

Op die brug by Takijiri-oji, een van die Kumano Kodo se beginpunte.

As die Pokémon-karakter Charizard tydens Halloween in Osaka.

Die Boeddhistiese pagoda Seiganto-ji, met Japan se hoogste waterval, Nachi-no-Otaki, in die agtergrond.

Ek en Japan se vuurvreter-slot, Wimpie van der Walt, by El Pancho in Osaka.

Keiko, die teemeester by Camellia Garden in Kyoto, in die vertrek waar die teeseremonie plaasgevind het.

Die All Black-legende Dan Carter ná hy vir my 'n stelskoples gegee het by die Kobelco Steelers se oefenveld.

PJ, Roxanne en Jaen saam met my tydens ons laaste aand ná ons met go-karts in Shibuya gery het.

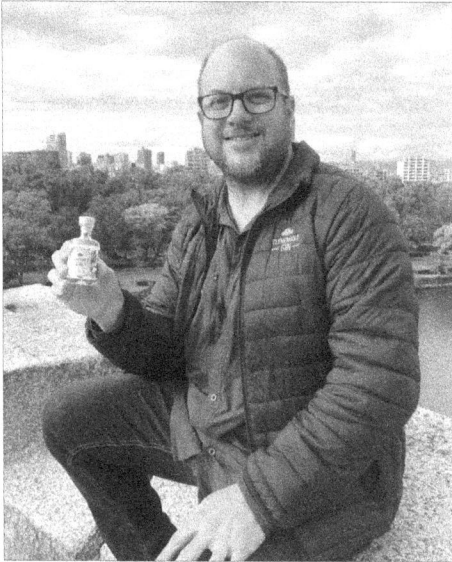

'n ClemenGold Gin-oomblik met van Osaka se wolkekrab-
bers in die agtergrond.

Die Atomic Bomb Dome by Hiroshima, die enigste gebou wat destyds naby die ontploffing
staande gebly het.

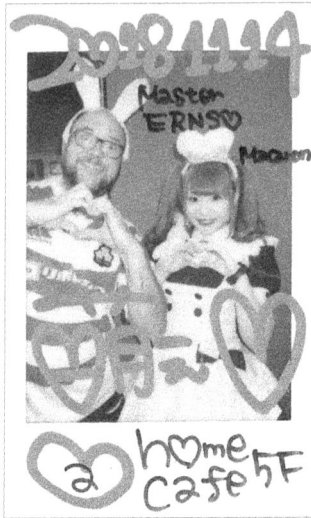

Die Polaroid-kiekie saam met die diensmeisie Macaron in die @Home Café in Tokio.

Raien die stoeier het vir my 'n les geleer in die sumo-ring by Raien Sumo Tokyo.

Dan Carter se agent 'n e-pos gestuur het, toe maar besluit om ook met Wimpie te probeer kontak maak.

Ek gebruik Twitter selde, maar uit desperaatheid het ek vir hom getwiet: "Hallo, Wimpie, welgedaan met gister se groot game, om 30+ punte teen die AB te kry is 'n prestasie! Is jy hierdie week in Osaka? Ek is hier met 'n klein film crew en wil jou graag ontmoet."

Ek het ook op Facebook wéér by Riaan Viljoen – sy span-maat by NTT DoCoMo Red Hurricanes – aangeklop vir hulp. Riaan het helaas laat weet: "Hi nee jammer net vriende op Facebook en ek dink hul vlieg vandag Europa toe."

My laaste hoop was die oudspeler en agent Gert van der Merwe, met wie ek goeie WhatsApp-kontak het. Hy het dadelik uit Suid-Afrika vir my Wimpie se selfoonnommer aangestuur en bygevoeg: "Hy is top ou. Bietjie skaam maar masjien."

Wimpie het binne vier minute via WhatsApp laat weet: "Hi Erns. Dankie vir die belangstelling. Ek is eintlik nou in Osaka tot Dinsdag laatmiddag. Laat weet as jy dan iewers wou opvang. Ons is Woensdag op pad na Europa."

Minder as vier-en-twintig uur later sit ek hier. My kop draai. Hoewel ek baie opgewonde is om Wimpie te ontmoet, voel my brein gaar en op autopilot. Ek stoei steeds saans – nee, snags – met die Port Edward-artikel vir *Weg* en met verskeie ander items op my "to do"-lys.

Die verskil in tydsone is ook 'n groot uitdaging. Omdat Suid-Afrika sewe uur "agter" Japan is, begin die e-posse en WhatsApps elke dag hier rondom 17:00 by my inrol, net na-dat ons 'n volle dag lank geskiet het. En dit hou dan maklik aan tot ná middernag. Maar wat help dit om hieroor te kla? Ek kan niemand anders behalwe myself blameer nie. Dit was tog my eie keuse.

Ek moet maar slaap op die futon wat ek opgemaak het. Of dalk juis wakker bly en snags alles wat agter is, klaarmaak …

Wimpie het voorgestel ons ontmoet by 'n Mexikaanse res-
taurant, El Pancho, op die agtste vloer van dieselfde gebou
as hierdie whiskeykroeg. Nogal 'n interessante keuse, gegewe
Osaka se ryk kostradisie.

Net soos by die Indiese restaurant naby Mount Fuji, voel
dit – buiten die meestal Japannese klante – binne die onder-
beligte El Pancho of ek nie meer in Japan is nie. Die dekor
skreeu Mexiko: vlae, kaktusse, sombreros . . . en die klank-
baan is opgewekte mariachi-musiek. Koebaai, Osaka; hallo,
Mexico City!

Wimpie en sy vrou, Chantel, wag ons in by hul gunsteling-
tafel. Chantel het nes ek in die Oos-Kaap grootgeword. Hulle
is in 2017 getroud. Sedert 2013 woon sy saam met Wimpie
in Japan en sy het al hier as onderwyseres gewerk. Chantel
gesels lekker, maar sy verkies om nie op TV te verskyn nie.

Wimpie se regteroog is potblou. Het dit in 'n losskrum teen
die All Blacks gebeur? Hy lag skamerig. "Dit was teen my eie
ou se kop gewees, ek kan nie sê dit was die All Blacks nie."

Ons gesels oor hoe dit was om die haka te trotseer. "Jy's
maar opgewonde. Ons het vorentoe geloop tydens die haka,
ons wou hulle bietjie uitdaag, dat hulle ook nervous raak. Dit
was 'n groot eer om teen die All Blacks te speel. Ons het goed
begin en die eerste drie gedruk, maar hulle skills was net 'n
bietjies te goed vir ons gewees."

Ek vind dit altyd effens snaaks wanneer 'n spiertier woor-
de soos "bietjies" gebruik. Wimpie is 'n goeie, saggeaarde ou,
iemand wat jy sommer ná 'n paar minute as "ou Wimpas" of
"my tjom" wil aanspreek.

Hy dink nie die gevreesde All Blacks was so hard in kon-
taksituasies nie. "Twee weke gelede het ons teen die Wêreld-
vyftiental gespeel en hulle het vir my bietjie meer fisiek gevoel.
Daar was 'n paar Suid-Afrikaners in die span, hulle is mos

maar bietjie harder as die Australiërs en Nieu-Seelanders."

Die 29-jarige Wimpie se rugbyloopbaan het 'n interessante trajek gevolg. Hy het vir die Pumas Cravenweekrugby gespeel en in 2010 sy debuut vir die WP gemaak. In 2011 het hy 'n seisoen vir die Italiaanse klub San Gregorio gespeel, en daarna vir die OP in Port Elizabeth.

In 2013 was hy een van die Southern Kings (die OP se Superrugbyspan) se sterre, hul top-driedrukker met ses drieë. Die Kings het egter aan die einde van daardie seisoen laaste in die kompetisie geëindig en hul Superrugbystatus verloor. Dit het eintlik vir Wimpie goed uitgewerk, want toe het hy die geleentheid gekry om in Japan te kom klubrugby speel.

"Ek het gedink die geboue gaan baie kleiner wees," onthou hy oor sy begindae hier in Osaka. "Ek was verbaas toe hulle vir my in 'n woonstel op die twee-en-veertigste verdieping laat bly. Ons woon nog steeds daar en dit is nogal spesiaal om so te kan uitkyk oor die stad."

Hulle moes allerhande nuwe dinge gewoond raak. "Die toilette het mos knoppies op wat jou boude skoonspuit. My vrou het gedink een knoppie is om die toilet te flush, en toe spuit dit 'n straal water in haar oë."

In daardie stadium was daar nog nie so baie Suid-Afrikaners wat in Japan klubrugby gespeel het nie. Fourie du Preez en Jaque Fourie was destyds van die eerstes wat hier kom yen verdien het.

Wimpie het in sy eerste seisoen by die Red Hurricanes saam met Riaan Viljoen en Heinrich Brüssow gespeel. Die afgelope jaar was daar sewe Suid-Afrikaners in die groep. "Dis lekker as jy 'n bietjie Afrikaans by oefeninge kan praat."

Wimpie skat daar is meer as dertig Suid-Afrikaners wat tans in Japan rugby speel. "Ek dink die Japannese vind ons is baie hardwerkend. Die ouens gee alles vir die spanne. Dit raak nou al hoe meer gewild om Suid-Afrikaners te teken."

Hy het altyd gedroom om eendag vir die Springbokke te

speel, maar dit was nie vir hom bestem nie. "Ek het my beste by die Kings gegee, maar nie die Bokke se oefengroep gemaak nie. Ek was ook nog een seisoen by die Bulls en het toe besluit om dit 'n go te gee om vir Japan te speel. Selfs al gaan jy na 'n swakker rugbyland, kan jy soveel beter word as 'n speler. En dit is spesiaal om vir enige land te speel, al is jy nie van die land nie."

Om vir Japan te kwalifiseer moet jy nog nie tevore vir 'n ander land se span uitgedraf het nie en ten minste vir drie jaar ononderbroke in Japan klubrugby speel. Só het Wimpie op 4 November 2017 in Yokohama in sy debuuttoets teen Australië gespeel. Hoewel die eindtelling van 63-30 in Australië se guns allesbehalwe vleiend was, is Wimpie nie met leë hande huis toe nie. "Ek was gelukkig om my eerste drie teen hulle te druk, dit was regtig ietsie spesiaal."

Dit is vir hom 'n groot eer om vir Japan te speel. "Ons is nie die grootste span nie. Verlede jaar het ons teen Frankryk gespeel en almal was 'n kop langer as ons. Maar ons het gelykop gespeel. Dis die passie wat tel."

Hy is ook nie die enigste Suid-Afrikaans-gebore speler wat deesdae vir Japan se nasionale span speel nie. Hy vertel die heelagter Kotaro Matushima, wat tans beseer is, is in Suid-Afrika gebore. Kotaro het in 2013 vir die Sharks se o.21-span gespeel, voor hy by die Japannese klub Suntory Sungoliath aangesluit het.

Wimpie en Chantel besoek El Pancho gereeld, soms selfs twee keer per week. Dit is duidelik ook 'n gewilde uithangplek vir ander rugbyspelers. Hy wys name wat in viltpen bo ons teen die plafon geskryf is: die All Black-legende Mils Muliaina, Handré Pollard, Jesse Kriel, en natuurlik Wimpie s'n.

Hy beveel die chimichanga aan. "Ek weet nie wat dit is nie, maar ek eet dit net." Klink goed genoeg vir my, Wimpie is immers baie meer ervare hier as ek. Ons maak 'n "Kampai", ek met my margarita, Wimpie met water. Hy verduidelik die jongste onder ons moet uit respek sy glas laer hou tydens die heildronk.

Respek vir 'n ouer persoon het hom twee aande gelede ná 'n klipharde toets sy bed gekos, vertel Wimpie. "Ons het ná die All Blacks se game gaan kuier. Jy moet maar 'n paar biere gaan drink ná die tyd, selfs al verloor jy. Dis hoe ons bond. Ons speel vir mekaar." Toe Wimpie egter ná die tyd in sy kamer kom, lê die skrumskakel op sy bed en slaap. Hy is nie eens sy kamermaat nie.

"Ek moes toe maar op die grond slaap. Hy is ouer as ek, so dit gaan oor respek, ek kon hom nie uit my kamer uit skop nie. Die volgende oggend het hy net gesê, 'Memory loss, memory loss'."

Hoewel Wimpie die Japannese kultuur geniet, is die taal 'n groot uitdaging. "Ek dink dit is ook maar my Afrikaanse aksent. Al sê ek die woord reg, verstaan hulle nie wat ek sê nie. Dis maar moeilik. In die begin het die Japannese spelers vir my al die vuil woorde begin leer, dan sê die ouens vir my, 'Bad Japanese, bad Japanese'."

Hy vertel iemand het ná 'n toets vir hom 'n videogreep aangestuur waar hy die Japannese volkslied sing. "Die ou kon nie glo ek staan daar en sing in Japannees nie." Ek vra hom om die eerste reëls voor te dra. "Kimigayo wa. Chiyo ni yachiyo ni . . . Dit beteken 'mag Japan geseënd wees vir baie jare', ek hoop ek sê dit reg."

Voor die All Blacks-toets het 'n aanhanger vir hom 'n kort boodskap gestuur: "Good ruck!" "Die Japannese sê mos dikwels 'n 'r' as hulle 'n 'l' bedoel." Aangesien hy 'n voorspeler is wat dikwels in 'n losskrum moet woeker, was die boodskap nogal heel gepas.

Wimpie het in 2015 die Wêreldbekerwedstryd tussen die Bokke en Japan saam met Heinrich Brüssow in sy woonstel op die twee-en-veertigste verdieping gekyk. "Dit was dalk die grootste skok ooit in wêreldrugby. Die volgende dag was dit maar moeilik om te gaan oefen, al die Japannese het ons 'n go gegee. Maar dit het baie vir Japan beteken. Ek onthou 'n paar weke later het mense tydens Halloween soos die heelagter Ayumu Goromaru aangetrek. Ondersteuners het na die oefeninge kom kyk en van die wedstryde was uitverkoop."

Sy fokus is nou om Japan se groep te haal vir die Wêreldbeker. "Daar is nog Suid-Afrikaners wat binnekort kwalifiseer om ook vir Japan te speel, soos Grant Hattingh, Lappies Labuschagné en Willie Britz. Die afrigter is gelukkig met my, ek hoop ek kan bly goed speel vir die span. Ek dink ons het 'n goeie kans om die kwarteindstryd te maak, as ons 'n upset teen Skotland of Ierland kan kry. Dit is ons mikpunt. Ek hoop ek kan die mense in Suid-Afrika trots maak."

Die groepwedstryde mag dalk net só uitwerk dat Japan in 'n kwarteindstryd teen die Bokke speel. "Dit sal nogal ietsie spesiaal wees," sê Wimpie. "Ek dink die familie sal my dan nie ondersteun vir daai wedstryd nie."

* * *

Ná aandete stap ek en Wimpie verby Shinsaibashi se magdom kettingwinkels. Chantel is solank terug woonstel toe op haar fiets. PJ en Jaen het nóg prentjies nodig en ons het Wimpie gevra om my iets hier naby te gaan wys.

Ek sou hom graag na nog iets weirds soos 'n uil- of krimpvarkiekafee wou vat, maar PJ was nie te opgewonde oor uile wat gevange gehou word vir toeriste se plesier en ontspanning nie. En ons het reeds lekker met Duane geskiet by 'n katkafee.

Dit is reeds ná 20:00 op 'n Maandagaand, maar die plek wemel van mense en musiek blêr uit winkels. Ons bevind ons in 'n losgemaal van verbruikers. Osaka gaan slaap nie vroeg nie.

Tag Heuer, Cecil McBee, Rose Bud, Lush en H&M is van

die handelsmerke weerskante van ons. In die venster van een of ander Japannese tax-free-winkel staan 'n meisie in 'n kort wit rokkie vrolik en dans terwyl sy 'n advertensiebord rondswaai.

Wimpie dra 'n swart kortmou-T-hemp en 'n camo-pet. Hy is lag-lag 'n kop langer as enigiemand anders hier. Hy vertoon 'n bietjie soos 'n aksieheld vóór die noodwendige transformasie na 'n strokieskarakter: Bruce Banner voor hy moerig raak. Ek dra Japan se rugbytrui. Miskien sou 'n paar mense Wimpie herken het as hý die een in die rugbytrui was?

Terwyl ons stap, vertel Wimpie 'n paar interessante goed. Japan se spelers kry nie wedstrydfooie nie, en slegs 'n bonus indien hulle een van die topspanne klop. 'n Gelykop uitslag verlede jaar teen Frankryk was nie goed genoeg vir 'n ekstra geldjie nie. En wanneer hulle toer, soos binnekort in Engeland, ontvang hulle 'n daaglikse toelaag van net 2 000 yen (sowat R260). Dit is byna die prys van twee biere by Murphy's Irish Pub hier naby!

Hul uitgawes word natuurlik gedek, en die spelers verdien goeie geld by die maatskappye vir wie hulle klubrugby speel. Wimpie praat gedurig van sy "company" eerder as sy "span".

Japan se betaling, of eerder gebrek aan betaling, is vir my verrassende nuus. Veral in die professionele era, waar die meeste ander lande se nasionale rugbyspelers skatryk is. Die media het onlangs berig dat die gemiddelde jaarlikse salaris van een van die sestien gekontrakteerde Springbokke in 2017 'n stewige R5,5 miljoen was.

Die Japannese speel sonder twyfel eerder vir passie as vir 'n Porsche.

Ek vra hom wat hy die meeste mis van Suid-Afrika. "Ek mis die bos, die natuur, 'n lekker stuk biltong om te eet, om lekker te lag op die plaas . . . daai sterre blink darem mooi in die Bosveld. Jy mis maar die familie."

Vier salarismanne stap haastig by ons verby. Is hulle op pad terug kantoor toe, of izakaya toe, of stasie toe?

Wimpie stel voor ons kry nagereg by Beard Papa's-soetgoedbakkery. Hy bestel – in Japannees – 'n paar tamaai "cream puffs".

Hier in Osaka voel dinge wat etiket betref 'n bietjie rustiger as in Tokio, asof mense minder na jou gaan staar as jy iets sou doen soos om op straat te eet. Of dalk is my soettand net desperaat. Wimpie reken ons kan ons nagereg maar hier op die sypaadjie geniet.

Met 'n wang vol room vra ek hom wat hy die meeste van die Japannese waardeer. "Dit is regtig amazing mense. As jy sukkel, gaan hulle uit hulle pad om jou te help, hulle sal hardloop om iemand te gaan soek wat 'n bietjie Engels kan praat. En as jy jou foon op die trein vergeet, gaan jy dit terugkry. En as die vrouens saam met ons uitgaan en vroeër wil huis toe gaan, is dit veilig."

Iets wat wel altyd 'n bedreiging inhou, is natuurrampe. "Ek was gelukkig nog nie in my woonstel tydens 'n groot aardbewing nie. Die geboue is gemaak om te wieg. Tydens verlede maand se rowwe tifoon het ons gebou 'n bietjie rondgeswaai. Jy kan 'n bietjie naar word, dit voel of jy op 'n rollercoaster is. Ons moes twee-en-veertig stelle trappe af en later weer op."

Sy camo-pet is al tydens 'n Bosveld-jagtog ingelyf. "Ek hou van rooibokke jag, maar my gunsteling is 'n eland. Ek skiet maar dat ek 'n bietjie biltong het om terug te bring. Ek smokkel hom maar in en is suinig met my biltong, ek deel dit nie sommer met enige ou nie."

Om te boer vloei in sy are. "Ek wil met Wagyu-boere hier gesels om van die embrio's terug te neem en met dit in Suid-Afrika te begin."

'n Oud-Bul wat nou vir Japan uitdraf, en bees-embrio's wil terugstuur na sy geboorteland . . . Nou het ek áls gehoor.

* * *

"As ek net aan daardie woord dink, wil ek sommer begin huil," het my ma gisteraand tydens 'n foongesprek tussen Kyoto en Uitenhage gesê. Die woord is "Hiroshima", die stad waarheen ek en die span vanoggend op pad is.

My ma is nie iemand wat sommer oor enigiets huilerig raak nie, maar die nadraai van die atoombom wat op 6 Augustus 1945 om 08:15 in die oggend bo Hiroshima ontplof het, het haar nog altyd diep ontroer.

Ek wil vandag die Hiroshima Peace Memorial Park besoek, die plek wat een van die mees ingrypende en tragiese gebeurtenisse in menseheugenis gedenk. Die park is meer as honderd-en-twintigduisend vierkante meter groot en geleë in die voormalige stadskern, waar die bom destyds ontplof het.

As kind het ek swart-en-wit argiefmateriaal op televisie gesien van die sampioenvormige rookwolk bo die stad en van gewone mense met grusame brandwonde.

My pa was 'n geskiedenisonderwyser voor hy 'n sielkundige geword het. Hy het vroeg reeds by my 'n belangstelling in wêreldgeskiedenis aangewakker. Ons het saam na dokumentêre reekse soos *The World at War* gekyk.

In 1973, ses jaar voor my geboorte, was my pa in 'n groot motorongeluk buite Port Elizabeth. Hy het ernstige brandwonde opgedoen, veral aan sy gesig en bolyf. Hy het wonderbaarlik oorleef en later verskeie kere rekonstruktiewe chirurgie ondergaan by dokter Jack Penn by die Brenthurst Clinic in Johannesburg. Penn, wat in 1997 oorlede is, was 'n wêreldberoemde plastiese chirurg en 'n pionier in sy vakgebied.

Ek het as kind reeds sy wonderlike memoires, *The Right to Look Human*, gelees. Penn skryf in dié boek oor sy reise na lande soos Gaboen, Israel, Iran en Japan. In 1957 het hy in Hiroshima gaan werk. Buiten verskeie operasies op brandwondslagoffers van die atoombom, het hy ook plaaslike dokters en verpleegpersoneel opgelei.

Daar is nog iets in Penn se boek oor sy besoek aan Japan wat my altyd sal bybly. Hy het tydens sy verblyf in Hiroshima ook elders in die land gereis en 'n melaatsekolonie op die eiland Nagashima besoek. Daar het hy twee melaatse mans ontmoet: Die een man was lank en blind en sonder hande, maar hy kon loop. Die ander een was kort en sonder voete, maar hy kon wel met een oog sien. Die lang man het die korte ge-abba, en so het hulle mekaar gehelp en in 'n tipe simbiose beweeg. In die boek is daar 'n aangrypende foto van dié twee verminkte mans.

Penn se beskrywing het 'n enorme indruk op my gemaak: "Independently, they were probably the most unfortunate victims of this disease on this lovely island – together they were probably the happiest people there."

* * *

"Welcome to Hiroshima" glim die woorde in swart op 'n groot wit neonkennisgewing.

Vanoggend het ons sowat twee ure per trein – grotendeels in die Hikari Shinkansen – van Kyoto tot hier gereis. Ons het besluit op slegs 'n daguitstappie na Hiroshima en gaan vanaand weer in die Hotel MyStays in Kyoto slaap.

Ek kry vanoggend swaar. My oë brand, ek het 'n liederlike hoofpyn en ek kan nie ophou gaap nie. Laas nag het ek net drie ure geslaap. Ek moes net eenvoudig eers die *Weg*-artikel oor Port Edward, wat tot my skande reeds meer as twee weke laat was, klaarskryf en wegstuur.

Dit was geensins 'n moeilike artikel nie, maar ek raak gou oorweldig deur te veel detail en feite, veral wanneer daar 'n gidselement is, met tye, pryse en kontaknommers. Vroeër jare het ek gedink dit moet een van die lekkerste beroepe wees om te kan reis en gidse vir byvoorbeeld Lonely Planet te skryf. Vandag weet ek al daardie detail sou my teen die mure uit dryf.

Ek moet ook oppas om nie te brosjure-agtig te skryf nie. *Weg* se standaarde is baie hoog. Asof dit nie genoeg druk is nie, stoei ek deurlopend met 'n verlammende selfverwyt oor my irrasionele gesukkel met sperdatums.

Dit was eensame ure – 'n long dark tea-time of the soul, sou Douglas Adams dit noem – by 'n tafeltjie naby die hotel se ontvangs. Omdat ek en Jaen 'n kleinerige dubbelkamer deel, wou ek nie in my bed sit en werk en moontlik sy rus versteur met my glimmende laptop en hamerslae op die sleutelbord nie.

Ek wonder wat die personeel in die foyer moes dink van dié pootuit Westerling wat alleen en desperaat tot diep in die nag moes sit en werk. Ek het gereeld opgestaan en die vending machine gaan plunder vir neute, water, koffie en sjokolade.

Vandag sal ek besonder mooi moet kophou hier in Hiroshima. Ek wil beslis nie by PJ die indruk skep dat ek nie op my beste is nie. Hy was reeds baie toegeeflik wat my gesukkel met ander vryskutwerk betref, maar die oomblik wat dit ons produksie negatief beïnvloed, gaan ek in groot moeilikheid wees. Ek wil nie PJ se geduld te ver toets nie. Soos Catharien my dikwels herinner: "Beware the anger of a patient man."

Bokant die stasie se uitgang is 'n mosaïek van kleurvolle origami-kraanvoëls. In Japannese legendes is die kraanvoël 'n mistieke wese wat duisend jaar oud kan word. Die voël is ook 'n simbool van geluk en 'n lang lewensduur.

Van die stasie af reis ons twaalf minute lank met 'n trem tot by die Genbaku Dome-mae-halte reg oorkant die Vredespark. Dit is die eerste keer dat ons in Japan trem ry. Net soos met al die ander openbare vervoer, vertrek die trem stiptelik.

Tussen die herfsbome deur sien ek 'n vervalle gebou met 'n gestroopte staalkoepel oorkant die pad. Ek stap nader en staan voor 'n gebou gevries in tyd.

In 1945 was dit die Hiroshima Prefectural Industrial Promotion Hall – die Japannese is nie bang vir lang titels nie. Deesdae is dit egter die Atomic Bomb Dome, die enigste gebou wat staande gebly het hier naby die episentrum van die atoombomontploffing.

Die bom het op 'n hoogte van seshonderd meter bo die stad en honderd-en-sestig meter suidwes van dié gebou ontplof. Direk ná die ontploffing was dit 'n vlammehel en al die mense binne die gebou het onmiddellik gesterf. Uiteindelik sou meer as tweehonderdduisend mense in Hiroshima weens die atoombom hul lewens verloor.

Volgens die inligtingsbord voor die gebou was 'n tweekilometer-radius rondom waar ek tans staan tot as gereduseer. Behalwe hierdie gebou se sterk mure, wat wonderbaarlik staande gebly het. Sedertdien is die Atomic Bomb Dome 'n monument wat dien as 'n herinnering en 'n les aan die mensdom oor die verwoestende krag van kernwapens. En dit waartoe ons in staat is.

Die gebou word nou al dekades lank met groot sorg bewaar en voortdurend versterk om ook aardbewingbestand te bly. Die laaste sin op die inligtingsbord verklaar dapper: "The ruins shall be preserved forever."

Terwyl ek regmaak om op kamera oor die Atomic Bomb Dome te praat, hoor ek opgewekte kinderstemme. 'n Groot groep kinders in skooluniforms en met wit pette op stap nader en staan skuins agter my langs die inligtingsbord. Ek skat hulle so agt jaar oud. Die kinders het almal skryfblokke – dit lyk asof hulle besig is met 'n skooltaak.

Hoewel hierdie murasie voel soos 'n tydreis na die verlede, kan ek myself nie daardie tragiese oggend indink nie. Op 6 Augustus 1945 moes daar ook onskuldige kinders soos hierdie, wat niks met oorlog of konflik te doen het nie, hier gestap het, dalk op pad skool toe.

My nekhare rys. Ek voel die emosies opwel. My stem klink bewerig terwyl ek voor die kamera praat.

* * *

Ek het kort voor ons vertrek na Japan vir Kyoko Morgan van Origami for Africa ontmoet toe ons by die JPN Concept Store in Soutrivier geskiet het. Ori (vou) en gami (papier) beteken letterlik die vou van papier. Dit is 'n antieke tradisie wat in Japan begin het nadat papier in die sesde eeu uit China ingevoer is. Japannese kinders doen graag origami – dit is glo gewilder in Japan as karate! Een beskeie vel papier kan transformeer in enige van duisende vorms.

Kyoko woon al 26 jaar in Suid-Afrika en is betrokke by origami-projekte by skole, veral in arm gemeenskappe. Origami verbeter onder meer konsentrasie, hand-oog-koördinasie en kreatiwiteit. Kyoko het my vertel van Sadako Sasaki wat in 1955 op die ouderdom van twaalf gesterf het. Sy was twee jaar oud tydens die atoombom in Hiroshima en het 'n paar jaar later weens die bestraling leukemie gekry.

In Japan is daar 'n tradisie om eenduisend kraanvoëls met origami te vou om vir jouself of iemand anders beterskap toe te wens. Die tyd wat hieraan bestee word, is deel van die wens se manifestasie, het Kyoko verduidelik.

Tydens Sadako se siekbed het sy begin om eenduisend kraanvoëls te vou in die hoop om genees te word. Sy kon glo net 644 gevou kry voor haar dood; haar klasmaats het daarna die res gevou. Sadako se verhaal het kort daarna 'n simbool geword van die strewe na wêreldvrede. In 1958 is die Children's Peace Monument in die park in Hiroshima opgerig ter herinnering aan al die kinders wat weens die atoombom gesterf het. Die monument sluit 'n brons standbeeld van Sadako in wat 'n origami-kraanvoël omhoog hou.

'n Tradisie het ontstaan waarvolgens mense van regoor die wêreld origami-kraanvoëls vou en na Hiroshima stuur, of dit self kom neersit in die uitstalruimtes rondom die standbeeld. Selfs oudpresident Barack Obama van die VSA het tydens sy geskiedkundige besoek aan Hiroshima in Mei 2016 tot dié tradisie bygedra.

Kyoko het by die JPN Concept Store vir my 'n origami-kraanvoël gevou en my ook gewys hoe om een te maak. Ek het die twee origami-kraanvoëls in 'n Ziploc-sakkie gebêre en in my rugsak gepak. Nou het ek uiteindelik die geleentheid om die twee kraanvoëls uit Kaapstad – wat al byna 'n maand lank saam met my deur Japan reis – by Sadako se monument neer te sit.

By die monument sing 'n groep skoolkinders 'n pragtige liedjie in Japannees. Ek plaas die twee origami-kraanvoëls tussen honderde ander neer. Ek lees daar die inskripsie: "This is our cry. This is our prayer. For building peace in this world."

* * *

Toe die bom met die kodenaam Little Boy, wat drie meter lank was en vier ton geweeg het, daardie tragiese oggend skuins bokant die Atomic Bomb Dome ontplof het, was die temperatuur op grondvlak 'n ondenkbare 6 000 grade Celsius.

Vanoggend op die trein het ek gelees van sogenaamde "double survivors". Tot tweehonderd oorlewendes van Hiroshima se atoombom het kort daarna gevlug na Nagasaki, waar 'n tweede kernbom, 'n plutoniumbom met die kodenaam Fat Man, drie dae later ontplof het . . .

Daar was verskeie oorlewendes ná die twee kernbomme. Hoe herstel enige mens egter van so 'n dubbele trauma? Byna twee-en-negentig persent van Hiroshima se ses-en-sewentig-duisend geboue is vernietig of erg beskadig. Die park is gebou in die stad se voormalige kommersiële hartklop.

Soos al die ander Japannese stede wat in puin gelê is ná die Tweede Wêreldoorlog, is Hiroshima daarna met fana-tieke ywer herbou. Agter die Atomic Bomb Dome se skelet troon die moderne middestad se hoë geboue. Net soos die gang van die seisoene, met die herfs vanoggend sigbaar in elke blaar in hierdie boomryke park, het die lewe voortgegaan in Hiroshima.

Die woord "peace" is sterk aanwesig by al die monumente. Hier is 'n Peace Pond met 'n Flame of Peace langsaan, wat eers uitgedoof sal word wanneer alle kernwapens wêreldwyd vernietig is.

Die Bell of Peace is 'n groot klok wat hang onder 'n koepel, omring deur 'n dammetjie vol lotusblomme. Langs die klok is 'n gedig op 'n bordjie deur ene Hiroshima Higan-No-Kai. Die eerste paar versreëls lui: "We dedicate this bell / As a symbol of Hiroshima Aspiration / Let all nuclear arms and wars be gone, and the nations live in true peace!"

Kenmerkend Japannees is hier ook 'n minder poëtiese vermaning deur die City of Hiroshima dat jy die klok nie onbehoorlik hard moet lui nie: "Do not strike the Bell with great force. After the sound reverberations fade away, you may gently strike the Bell again."

Ons besoek ook die Peace Memorial Museum, wat in 1955 geopen is. Hier is 'n aangrypende visuele uitstalling wat die bomontploffing en gepaardgaande skade uitbeeld, inligtingsborde wat die geskiedkundige konteks in detail beskryf, en 'n groot versameling artefakte, wat slagoffers se besittings insluit. Die boodskap is eenvoudig en treffend: "No more Hiroshimas."

Teen een van die mure is reusagtige foto's wat Hiroshima vóór en kort ná die atoombom toon. Die omvang van die vernietiging en tienduisende onskuldige mense se pyn en lyding is te veel om op een slag in te neem. Ek voel nog steeds bewerig.

Ons skiet helaas nie binne die museum nie. Dit is onderbelig en hier is honderde mense, veral skoolkinders, wat tussen die uitstallings saamdrom.

Die foto's van "nuclear shadows" is baie ontstellend. Die

ontploffing se ultraviolet-bestraling het letterlik die kleure van sekere oppervlakke, soos trappe, verander. As iemand dus op die trap gesit het en tydens die ontploffing in die pad van die bestraling was, het 'n "afdruk" van die persoon se skaduwee op die plek gevorm. Van hierdie spookagtige skaduwees is vandag nog sigbaar in die stad.

Ek lees verskeie getuienisse deur slagoffers wat die atoombom oorleef het. Kazuko Miyamoto, wat daardie oggend sestien jaar oud was en sy ma en broer verloor het, skryf: "Wretched bodies lying scattered all over a broad streetcar street. A baby's body half burned and swollen. A horse staring off in space with its eyes popping out. A great number of people, who would have been walking briskly along the street until a little while ago, were lying dead differently from each other. I saw hell. I was feeling numb."

Hier is ook 'n foto van 'n nuwe plant wat 'n paar maande later uit die puin ontspring het, nadat daar aanvanklik verwag is daar gaan vir tot vyf-en-sewentig jaar niks groei nie. Ek dink terug aan die bonsai van Hiroshima-sade in Stellenbosch se Botaniese Tuin, wat Willem Pretorius 'n paar weke gelede aan my gewys het. Nie eens 'n kernwapen kon die natuur finaal troef nie.

Twee artefakte gaan my nog lank bybly: Die een is 'n verskroeide driewielfietsie wat behoort het aan die driejarige Shinichi Tetsutani wat daardie oggend gesterf het; die ander is 'n nederige polshorlosie, met die wysertjies gestol om kwart oor agt, toe die tyd daardie oggend in Hiroshima tot stilstand gekom het . . .

* * *

Kyoto is die kulturele hoofstad van Japan. Vir meer as duisend jaar was dit ook die tuiste van die keiserlike familie. Met 1,4 miljoen inwoners is dit maar die agtste grootste stad in Japan, maar beslis een van die gewildste bestemmings om te besoek. Sedert ek en die span hier aangekom het, is ons onkant gevang deur die magdom mense op straat – meestal toeriste wat die stad se meer as 2 000 tempels en monumente kom verken. Dit was vreemd genoeg meer intens as in Tokio of Osaka – miskien omdat die stad soveel kleiner is.

Baie voetgangers dra tradisionele kimono's, maar jy sien nie sommer 'n ontwykende geisha op straat nie. Die middestad is antiek én modern, rustig en besig, 'n kreatiewe kookpot vol moontlikhede. Ons geniet dit om al die stadstonele in te neem, maar die gedruis en swaar voeteverkeer raak oorweldigend.

Ons het vroeër die week een oggend gaan asemskep in Kyoto se buitewyke by die ikoniese Sagano-bamboeswoud. Dit is 'n beroemde laning van slegs sowat 500 meter lank met bamboes weerskante van die paadjie.

Die geluid wanneer die wind deur die blare en takke waai, is een van Japan se amptelike soundscapes – akoestiese klanke wat deur die natuur self geskep word. Ek het helaas maar min van hierdie amptelike soundscape gehoor, want daar was te veel mededingende geluide van toeriste wat jolig klets en vir foto's poseer – selfs 'n omhelsende bruidspaar wat mekaar allerhande dinge belowe.

Ons het ook die nabygeleë Iwatayama-aappark, die tuiste van sowat honderd-en-sewentig makaak-ape, besoek. Die stappie bergop was nogal steil, maar dit was pret om die koddige ape dop te hou. Hulle is wild, so jy moet ten minste 'n veilige afstand van drie meter handhaaf. Jy mag ook nie oogkontak maak nie, anders kóm die ape vir jou. Ek het maar by die reëls gehou om 'n internasionale insident te verhoed.

Behalwe die ape is daar ook op die heuwel 'n puik uitkykpunt oor Kyoto. Genadiglik is hierdie antieke stad nie tydens die Tweede Wêreldoorlog deur bomaanvalle vernietig nie. Kyoto was glo aanvanklik teen Julie 1945 op die lys van stede wat die VSA oorweeg het as teiken vir die atoombom. Die

oorlogsekretaris Henry Stimson het die Amerikaanse presi-
dent, Harry Truman, versoek om Kyoto van die lys te verwy-
der weens die stad se kulturele belang. Stimson het Kyoto ver-
skeie kere voor die oorlog besoek, ook tydens sy wittebrood.
Kyoto is dalk weens sentimentele oorwegings gespaar . . .

* * *

'n Hoogtepunt van ons besoek aan Kyoto is 'n privaat tee-
seremonie by Camellia Garden. Dit vind plaas in 'n tradisio-
nele Japannese huis wat meer as honderd-en-twintig jaar oud
is.

Voor die seremonie begin, moet ek eers 'n tradisionele ki-
mono van sy aantrek. Aya, een van die assistente, help my
daarmee. Die kimono het verskeie lae; ek word omtrent heen
en weer gedraai. Dit is baie luukser as die yukata wat ek voor-
heen by 'n onsen aangetrek het. Ek wens ek kan in hierdie
gewaad deur die strate van Kaapstad stap. Ek lyk 'n bietjie
soos 'n oorgewig Japannese antwoord op Neo, Keanu Reeves
se karakter in die *Matrix*-flieks. As ek só in 'n Kaapse koffie-
winkel sou instap, sal die bebaarde hipsters sonder twyfel in
hulle flat whites verstik.

Keiko is die teemeester wat die seremonie lei. Sy buig laag
wanneer sy my welkom heet. Alles geskied met absolute res-
pek én presisie. Sy vertel dat wanneer iemand privaat onder
'n meester studeer, dit maklik twintig jaar of langer kan duur
voor jy as 'n teemeester kwalifiseer. Sy het byvoorbeeld op
agttien begin leer en vyf-en-twintig jaar later een geword.

Haar eie teemeester is 'n vrou van sewe-en-tagtig jaar, wat
op haar beurt nog steeds lesse ontvang van 'n selfs ouer tee-
meester van agt-en-negentig. Dit behels duidelik meer as om
net te leer hoe om 'n koppie tee keurig voor te berei.

Eers gee sy vir my meer agtergrond oor groentee, of mat-
cha. Boeddhistiese monnike het dit sowat agthonderd jaar ge-

lede uit China hierheen gebring. Aanvanklik is dit slegs deur monnike gebruik as medisyne en om hulle wakker te hou tydens lang meditasiesessies. Groentee was ook eers skaars en duur. Dit was 'n eksklusiewe produk en veral gewild onder die samurai en aristokrate, voordat dit mettertyd algemeen deur die breë publiek gebruik is.

Sy sê Japannese gebruik vandag steeds matcha vanweë die medisinale waarde en praat daarvan as 'n "dosage" eerder as 'n koppie tee. "It may be a little stronger and maybe, sorry, a little bitter." Die matcha bevat verskeie vitamines en antioksidante en help ook om vet te verbrand, iets wat ek beslis nodig het ná 'n maand in Japan.

Volgens Keiko was die Zen-monnik Sen no Rikyu (1522-1591) die vader van die tradisionele teeseremonie en hy staan bekend as "The Saint of Tea". Hy het die teeseremonie tot 'n kunsvorm verhef. Dit gaan nie net oor die formaliteit van tee drink nie, maar ook beklemtoon dit die respek en gasvryheid van die teemeester, en word daar gefokus op detail soos die blommerangskikking en die gereedskap. "It is also about the application to daily ordinary life," sê Keiko. "The way of tea is the same as the way of life." Sy verduidelik die vier hoekstene van die teeseremonie: Wa (harmonie), Kei (respek), Sei (reinheid) en Jaku (kalmte).

"Let's share this precious moment," sê sy. "The outside world is so busy and hectic and noisy. Put all of it aside and focus on the sound of pouring water and the sound of making tea. Relax and enjoy this space. Hopefully you will experience a mindful moment."

Die seremonie, wat in 'n afsonderlike vertrek plaasvind, is stil en heilig. Ek sit gekniel en wag voor 'n swart pot met kookwater. Keiko kom deur 'n sydeur die vertrek binne, op haar knieë.

Elke klein ritueel – van die skoonmaak van die gereedskap tot die skep van kookwater in die bakkie vol matcha – word bewustelik en met groot geduld uitgevoer. Ná die tyd wys sy my ook hoe om 'n koppie matcha keurig voor te berei.

Dit proe fantasties, dalk juis omdat ek werklik "teenwoordig" was.

* * *

Ons besoek een oggend vroeg Fushimi Inari, in die Sjinto-godsdiens die belangrikste tempel vir die god van rys, Japan se stapelvoedsel. Hierdie tempel, met sy indrukwekkende argitektuur, is geleë aan die voet van die berg Inari en lok elke jaar miljoene toeriste.

Twee standbeelde van jakkalse – wat in Sjinto beskou word as boodskappers van die gode – hou weerskante van die ingang wag. Die sleutel in die jakkals se bek simboliseer die sleutel na die skure waar rys geberg word.

Agter die hoofsaal stap ek deur 'n torii-hek wat my lei na die beroemde Senbon tori, wat beteken "duisende torii-hekke". Hier is letterlik duisende oranje hekke, geskenk deur maatskappye en individue, langs die vier kilometer lange roete tot bo-op die berg. Die prys per hek begin by 400 000 yen, of sowat R50 000, en raak duurder namate die hekke in grootte toeneem. Jy kan maklik 'n uur lank tot heel bo stap, maar die meeste besoekers verkies hierdie eerste deel waar die torii-hekke digby mekaar is.

Ek leer hier om te waak teen 'n poskaartprentjie of 'n Google image van 'n salige, zen-agtige wandeling tussen die duisende torii-hekke. Die werklikheid is meestal anders as op 'n poskaart.

Met die hordes toeriste wat rondom my deur die nou gangetjie beweeg, voel dit eerder of ek my weer in Osaka se Dotonbori-straat bevind en iemand enige oomblik 'n seekat-happie aan my gaan probeer smous.

* * *

Ek ontmoet ook 'n Suid-Afrikaner, Lianca van der Merwe, in Kyoto. Stéphan van der Watt, die sendeling van Kobe, se swaer Nico het vroeër haar kontakbesonderhede vir my gestuur. Lianca het ses jaar gelede 'n stresvolle kantoorwerk in Suid-Afrika vir Kyoto verruil. Deesdae werk sy as 'n kunsonderwyseres en fietstoergids.

Ons ontmoet vroegaand in Gion, Kyoto se beroemde geisha-distrik. Die geishas is allesbehalwe gesellinne of prostitute. Hulle is deel van 'n antieke tradisie en hoogs geskoolde kunstenaars wat dans, sing, musiek maak en bedrewe is in die voer van gesprekke oor 'n wye reeks onderwerpe.

As jy nie self by 'n geisha-vertoning kan uitkom, of baie yen wil uithaal vir 'n eksklusiewe afspraak nie, is "geisha hunting" jou beste kans om hierdie ikoniese kunstenaars in lewende lywe te gewaar. Dit is darem nie so erg soos dit klink nie. Die geishas vertrek gewoonlik saans ná ses op afsprake. Om 'n geisha te "jag" beteken maar net om op straat in Gion rond te hang en hopelik een te sien wat haastig vanuit 'n huis na een van die blinkswart taxi's stap.

"Ek vermy dit eintlik, want dit raak baie besig met toeriste en die arme geishas is baie skaam," sê Lianca, "maar die kans dat ons vanaand een gaan sien, is relatief goed. Hulle is baie mooi en hulle is my heroes. So, elke keer wat ek een sien, raak ek verskriklik opgewonde."

Sy wys my 'n gebou wat die duurste plek in Kyoto is waar jy 'n geisha kan ontmoet. Een aand se vermaak hier kan jou tot R200 000 uit die sak jaag. Lianca vertel my meer oor die geishas se voorkoms. "As sy baie versiering in haar hare het, is sy nog 'n jong geisha. Wanneer hulle meer volwasse raak, het hulle minder tierlantyntjies, want dan bewonder mense jou werklik vir jou talente."

Ons sien 'n groot getal mense by 'n ingang saamdrom.

Oral flits kameras en dit lyk soos 'n paparazzi-toneel of op die rooi tapyt by die Oscars. Ek sien twee regte, egte geishas wat haastig na 'n taxi trippel. Een van hulle dra 'n weelderige roesbruin kimono. Sy klim in die agtersitplek en groet die verbygangers vriendelik. Jaen is net betyds in posisie om alles op kamera vas te lê. Weer eens is ons buitengewoon gelukkig . . .

Kort hierna stap nog 'n geisha verby en wyk uit in 'n gangetjie. Sy trippel ligvoets weg, met my en Jaen agterna. Ek voel 'n bietjie skuldig, want ons is skaamteloos besig om 'n geisha te agtervolg. Maar ek is heeltemal betower, soos daardie *Looney Tunes*-muishond Pepé Le Pew wat altyd besig is om 'n katjie te agtervolg.

Sy bereik darem vinnig haar bestemming en stap by 'n deur in. Hopelik het ons haar nie te erg gesteur nie.

Ná al die opwinding besoek ons vir aandete 'n klein tradisionele restaurant wat onder meer horumonyaki – Japannese afval – bedien. Ons gesels verder oor die Japannese kultuur.

Lianca vertel my van Sen no Rikyu, dieselfde Zen-monnik wat die teeseremonie begin het, se bekende slagspreuk "Ichi-go ichi-e" ("One life, one encounter"). "Jy moet leef vir die oomblik. Jy moet respek hê vir elke oomblik wat jy beleef, want dit is uniek en spesiaal," sê sy. "Die Japannese is baie trots op alles wat hulle doen, selfs dit wat ons as 'n klein of onbelangrike werkie sou beskou. Hulle doen dit, en hulle doen dit perfek."

Die Japannese leefstyl het wel sy uitdagings. "Mense praat hier nie baie hard nie; ek word gereeld gevra om stil te bly," sê sy. "Hulle is baie ingehok hier; in Japan moet jy rustig wees en jou altyd gedra. Jy kan nie te veel aandag op jouself vestig nie. Dit was vroeër altyd vir my moeilik om net stil en rustig te wees en tyd op my eie deur te bring. In Japan het ek geleer om dit te doen."

Lianca vertel my sy wys altyd in haar klasse vir mense 'n foto van 'n Japannese parkeerarea en een in 'n ander land. "Dan vra ek altyd vir mense wat die verskil is. In Suid-Afrika ry jy by die parkeerplek in, maar in Japan ry almal agteruit in een in. Japan lyk op die oog af dieselfde as enige plek waar jy reeds was, behalwe dat dit presies die teenoorgestelde is. Dit is soos om in 'n spieël te kyk, dis soos 'n refleksie van wat jou eie lewe is."

In ligte luim sluit ek en Lianca ons kuier by 'n speletjiesarkade af. In Japan is hierdie arkades, met masjiene en speletjies wat herinner aan iets uit die tagtigerjare, steeds baie gewilde ruimtes vir ontspanning en ontsnapping.

Ons span kragte saam in die klassieke Space Invaders, raak mededingend terwyl ons in Mario-karretjies teen mekaar jaag en ek probeer selfs 'n paar danspassies uitvoer, met gemengde welslae.

Ek vermoed as jy in dié stad verveeld raak, is dit nie Kyoto se skuld nie.

* * *

Dit is vier dae vandat ek laas van Dan Carter se agent 'n e-pos ontvang het, en ek het nog niks weer gehoor nie. Dit was in elk geval net 'n impulsiewe idee, ek het nie verwag dat ons sou regkom op sulke kort kennisgewing nie.

Op pad na ons hotel in Kyoto sien ek 'n e-pos rol in van ene Dean Hegan. Hy werk vir CSM Sport & Entertainment en is vermoedelik die kommersiële bestuurder na wie Simon Porter in sy e-pos verwys het.

Dean se boodskap is ook kort: "How long would an interview take?" Ek begin byna liggies hiperventileer. Die agent sou nie hierdie vraag gevra het as hy nie ten minste my versoek oorweeg nie.

Ek wil nie oorgretig klink nie. En ek het my les geleer met Jake White, toe ek uit die staanspoor vir twee ure gevra het. Ek beantwoord dadelik die e-pos en noem dat een uur ideaal sal wees – dit sal die tyd insluit wat ons nodig het om die klank en mikrofone op te stel. Maar ek noem ook uitdruklik dat ons bereid is om by Carter se skedule en beskikbare tyd in te val.

Om die net so wyd moontlik te gooi, stel ek al ons beskikbare datums voor. Môre, sowel as vier dae volgende week. Ek weet egter dat môre die heel laaste dag is wat ons die 21-dag JR Pass kan gebruik om op die Shinkansen te ry, en dat enige ander dag ons begroting lelik gaan beduiwel.

Die res van die middag kyk ek elke paar minute byna obsessief op my foon of daar al 'n antwoord ingekom het.

* * *

Om 07:05 die oggend stuur PJ 'n whatsapp na ons Elders JAPAN!-groepie: "Dan Carter kan ons sien 3 uur vanmiddag!" Jaen antwoord dadelik: "Wie is Dan Carter?"

PJ antwoord: "Dis die ou wat my shuttle bus na verblyf opfok." (Ons het reeds vooraf 'n bussie bespreek om ons later die middag by die stasie in Nakatsugawa op te tel en na ons blyplek te neem voor ons môre die Nakasendo-pelgrimstog begin stap.)

Ek laat weet net "O bliksem, dis mal!" en maak my e-pos oop. Dean het 'n paar uur tevore, toe ons almal nog vas aan die slaap was, laat weet: "Dan could do 3 pm at the training ground in Kobe? He will have about 30 minutes. FYI the other dates wil not work."

Dit is dus ons enigste kans. Wat ons rus- en reisdag sou gewees het, het oornag een van ons belangrikste dae in Japan geword.

* * *

Ons moet vier treine haal om betyds by die JR Sumiyoshi-stasie in Kobe uit te kom, waar Natsuko Takahashi, een van die CSM-agentskap se werknemers, afgespreek het om ons by die Starbucks te ontmoet.

Dean het intussen laat weet ons mag eers met Dan Carter gesels ná die amptelike spanoefening. Die kameras mag ook nie tydens die oefening rol nie, maar ons kan daarna skiet indien spelers op hulle eie verder oefen. Dit is maar standaardvereistes. Die afrigters laat selde kameras toe tydens oefensessies. Netnou lek sekere instruksies of agterlynbewegings uit.

Dit was ons laaste oggend in Hotel MyStays in Kyoto. Ek is bly ons kon tydens hierdie besige week darem vyf aande in dieselfde hotel oornag. Kyoto was intens, maar goed vir ons.

Ons kon by die hotel reël dat ons swaar bagasie na Tokio gekoerier word, spesifiek na die Symingtons by die Tokyo Union Church. Oor vier dae, ná die Nakasendo-pelgrimstog, sal ons weer in Tokio aankom om die reeks se dertiende en laaste episode te skiet.

Op pad na die stasie koop ons koffie en croissants. Roxanne het 'n plekkie uitgesnuffel wat baie lekkerder koffie as Starbucks maak. Hierna begin ons treinritte na Kobe.

Ek doen op die trein verder navorsing oor Dan Carter. Sy tyd is baie beperk en hy staan selde onderhoude toe wat langer as 'n halfuur duur. Maar eintlik wil ek nie veel meer navorsing doen nie. Hopelik kan ons 'n lekker spontane gesprek hê wat nie net oor rugby gaan nie. Hy doen sekerlik meer as genoeg onderhoude met 'n eksklusiewe rugbyfokus en 'n lys vooraf uitgewerkte vrae.

Ek dra wel vandag my Japan-rugbytrui. Sedert ek dié trui in Nagoya gekoop het, probeer ek dit altyd dra wanneer ons rugbyverwante inhoud skiet.

Dit is vandag presies 'n week sedert ons in Kobe met die sendelinge Stéphan van der Watt en sy skoonpa gesels het. Ek stuur vir Stéphan 'n whatsapp oor die Dan Carter-onderhoud wat voorlê. "Hi Erns, lekker! Geniet die voorreg," antwoord hy.

Ons haal ál ons treine en daag betyds by die Starbucks in Kobe op. Oor tien dae is ons terug in Suid-Afrika, waar dinge 'n bietjie anders werk en treine wat betyds arriveer nié die norm is nie . . .

Natsuko groet vriendelik en bied aan om vir ons 'n taxi te reël vir die kort rit na die stadion. 'n Groot deel van haar werk is om na die spelers se behoeftes om te sien, veral wanneer hul gesinne ook in Japan kom woon en die kinders hier moet skoolgaan.

Sy vertel sy geniet die Suid-Afrikaners wat sy in rugbykringe ontmoet. Ek het geweet die oud-Bul Grant Hattingh speel tans vir die Kobelco Steelers, maar is verras om te hoor die voormalige Springbokslot Andries Bekker is tans deel van die afrigtingspan. Hy het 'n paar seisoene lank vir die Steelers uitgedraf en eers vroeër vanjaar sy tokse opgehang.

Toe ons by die stadion aankom, het die span maar pas begin met opwarmingsoefeninge – ons gaan beslis later hier klaarmaak as wat ons beplan het. Dan Carter is op die veld. Hy dra heldergeel tokse en 'n wit pet agterstevoorom op sy kop.

Ek herken 'n paar ander bekende spelers, soos die stewige Aussie-senter Adam Ashley-Cooper en die voormalige All Black-skrumskakel Andrew Ellis. En natuurlik Andries Bekker, wat met sy volle 2,08 meter en woeste baard op die kantlyn staan. Hy moet sekerlik tans die langste afrigter in wêreldrugby wees.

Ons twee gesels vinnig tydens die spanoefening. "Ek is nou al ses jaar hier," vertel Andries. "Dit is 'n fantastiese land met fantastiese mense. Die kos is amazing. Die lekkerste ding vir my – gelukkig of ongelukkig – is die bier. Kobe-biefstuk met 'n biertjie is altyd lekker. Die bier hier proe dalk 'n bietjie lekkerder as by die huis. Ek sal 'n paar Black Labels moet oorvlieg om te besluit."

Sy imposante baard pas by my prentjie van een van die Rigters in die Ou Testament. Soos Gideon, die seun van Joas. "Ek probeer hom uitgroei," sê hy droogweg daaroor. "Ek gaan nooit saam met my vriende uit en eet sop nie, want daar sit altyd noedels in my baard vas."

Hoe maak hy om skoene te koop hier rond? "Nee, ek probeer nie. Dit kom alles van die huis af."

Hy dink Suid-Afrikaners wat na Japan reis vir die Rugby-wêreldbeker, gaan lekker kuier. "Dis altyd moeilik as jy hier aankom, want jy verstaan nie wat die mense sê of wat die borde en goed sê nie, maar as jy jouself oopmaak, gaan jy dit baie geniet. Ek dink veral die Suid-Afrikaners en Nieu-Seelanders gaan groot partytjie hou."

Hier is 'n uiters geesdriftige Nieu-Seelandse vrou langs die veld wat ook graag met Dan Carter wil gesels. Ek kan nie uitpluis of sy 'n groot aanhanger, 'n joernalis of albei is nie. Maar dit lyk of sy 'n lang asem het.

Die spanoefening is verby, maar Dan is nie dadelik beskikbaar nie. Hy is een van die spelers wat nog individuele oefeninge doen ná die tyd, wat ons darem mag afneem. Hy werk deur sy hele skoproetine, lyn- en stelskoppe ingesluit. Meestal klits hy die bal lag-lag tussen die pale deur. Hoeveel keer in sy lewe het hy al aangelê pale toe?

Ek bewonder hom vir sy dissipline en fokus: om op 36, nadat hy reeds álles in wêreldrugby bereik en verower het, die laaste speler te wees wat nog op die veld is en verder oefen.

Teen kwart oor vier kry ons uiteindelik kans – darem vóór die Nieu-Seelander – om vir Dan te ontmoet. Hy groet vriendelik en vra dadelik om verskoning vir die lang oefensessie. Ek is onmiddellik bewus van sy stille charisma. Hy lyk soos 'n goeie luisteraar. Sy volle aandag is hiér, waar ons in die middel van die veld staan en gesels.

Dit was vandag bewolk en reënerig, en die stadion se sprei-ligte is reeds aan. Die muskiete is besig om Dan op te vreet, maar hy hou onverstoord aan gesels en piets net so nou en dan sy bene.

"Ek streef steeds daarna om elke dag beter te raak," sê hy. "Ek gaan ook nie vir die res van my lewe kan rugby speel nie, so ek moet maar die beste maak van die laaste paar jaar wat nog voorlê."

Die afgelope vier maande in Japan geniet hy die anders-heid van die kultuur, die vriendelike en kalm mense en sy gawe spanmaats. Hy hou daarvan om in klein, tradisionele restaurante met plek vir net ses tot agt gaste te gaan sushi eet.

"Die mense weier ook om kleingeld te hou. Ek het al ie-mand gehad wat agter my aanhardloop met kleingeld. En ek het onlangs verskeie waardevolle besittings op één slag verloor – my karsleutels, selfoon en iPad. Ek het alles terug-gekry."

Dan het 'n nuwe uitdaging kom soek in Japan. "Soms het 'n mens motivering en inspirasie nodig om iets nuuts te pro-beer en jou gemaksone te verlaat."

Dit is wel vir hom swaar om hier rugby te speel sonder sy vrou en twee jong kinders, wat in Nieu-Seeland woon. Sy vrou is tans swanger met hulle derde kind. "Gelukkig kry ons 'n lang af seisoen van ses maande, so ek is darem die helfte van die jaar by die huis."

Iets wat hy hier in Japan geniet, en waarna Duane Vermeu-len ook verwys het, is die anonimiteit. "Japan is so 'n groot land en rugby is nie die nommer-een-sport nie. So mense her-ken my nie sommer nie, ek hou nogal daarvan."

Ek vra hom oor sy Instagram-foto met die Rugbywêreld-beker. "Dit was wonderlik, soos 'n vinnige reünie met my nuwe beste vriend. Die beker bring soveel spesiale herinneringe terug. Dit bly die toppunt van wêreldrugby. Soms wil ek myself knyp as ek terugdink aan die manier waarop ek my toetsloopbaan kon afsluit, in my vierde Wêreldbekertoernooi.

"Dit is die ding van sport, daar is geen waarborge nie. Net omdat jy 'n suksesvolle loopbaan het, beteken nie jy verdien om die Rugbywêreldbeker te wen nie. Ek het vir meer as dertien jaar baie hard gewerk. Om die All Blacks te kon help om twee Wêreldbekertoernooie in 'n ry te wen, was 'n groot voorreg. Ek het as kind daarvan gedroom om maar net een toets vir die All Blacks te kan speel. Ek sou nie in my wildste drome kon dink hoe alles later sou uitwerk nie."

Mis hy dit om die haka te doen? "Nee, nie regtig nie. Dit gebeur nie dat ek nou sit en wens ek het nog toetsrugby gespeel nie. Ek het die beste gemaak van my tyd by die All Blacks en baie sukses behaal. So nou is dit tyd om aan te beweeg met hierdie nuwe hoofstuk."

Terwyl ek na hom luister, dink ek kort-kort in 'n onbewaakte oomblik: "Dis Dan Carter! Dis Dan Carter! Dis Dán Cárter!" Maar dit is maklik en lekker om met hom te gesels. Hy is nederig en uiters professioneel.

Ons praat ook oor Andries Bekker as afrigter. "Ek wens Andries het nog een seisoen gespeel, ek sou wou sien hoe hy oor die Japannese spelers storm. Dit is lekker om deesdae jou voormalige opponente te ontmoet en saam met hulle te speel, soos Adam Ashley-Cooper. Ek vind dit maak rugby so spesiaal, wanneer jou vyande jou vriende word."

Hy het verlede naweek die toets tussen Japan en die All Blacks in Tokio bygewoon. "Hoewel rugby nie voorop in die Japannese se gedagtes is nie, is baie meer mense nou bewus van die sport. Die opwinding gaan groot wees tydens die Rugbywêreldbeker. Ek weet egter nie of die Japannese besef hoeveel mense op die land gaan toesak nie."

Die All Blacks se eerste groepwedstryd teen die Springbokke

is vir hom 'n wonderlike vooruitsig. "Die twee spanne is onge-looflik mededingend. Dit was altyd die toetswedstryde waarna ek die meeste uitgesien het. En Suid-Afrika is ná 'n paar moei-like jare nou weer 'n sterk span."

Hy kon as kind al 'n bal skop nog voor hy behoorlik kon loop. "My pa het my reeds as vierjarige leer stelskoppe doen. Ons het nie rugbypale gehad nie, so ek het altyd die bal oor die huis se dak geskop. Die bal het dan by die dak af gerol en gereeld die geute gebreek. My pa was 'n bouer en dit het hom begin irriteer. Vir my agtste verjaardag het hy vir my rugby-pale in die agterplaas opgesit. Dit is seker die beste geskenk wat ek ooit ontvang het. Ek het elke dag pale toe geskop, aanhou oefen en my verbeel ek is Grant Fox."

En deesdae skop jong seuns pale toe en probeer Dan Car-ter wees. Hy lyk vir 'n oomblik selfbewus toe ek dit sê, en lag dan skamerig. "Ja, ek het spelers gehad waarna ek opgekyk het, wat my geïnspireer het. Nou is ek in die bevoorregte posisie om 'n volgende generasie te inspireer. Rugby het my so baie gegee, ek sal jongmense graag wil aanmoedig om dit te speel, want dit is 'n wonderlike sport. Ek het so baie in my lewe aan rugby te danke, ek is geseënd om in hierdie posisie te kan wees."

Ek vertel vir Dan hoe dit my geïnspireer het om te sien hoe hy vanmiddag die laaste speler op die oefenveld was. "Sodra jy dink jy hoef nie meer die harde werk te doen nie, sal jy nie op 'n hoë vlak kan presteer nie," sê hy. "Vir my is die werk alles. Die sukses wat ek behaal het, was suiwer te danke aan my werksetiek. As jy die resultate wil behaal, moet jy die werk insit, ook wanneer niemand kyk nie."

Ons het minder as tien minute oor. PJ en Jaen hou altyd daarvan as ek tydens 'n onderhoud 'n aktiwiteit saam met die persoon doen. Dit maak die prentjies meer interessant en gee hulle ook meer opsies tydens redigering.

Ek vra vir Dan of hy my sal leer hoe om pale toe te skop,

spesifiek met 'n stelskop. Ek het agttien jaar laas 'n rugbybal geskop, op die minste.

Dan lyk verras, maar is gretig om saam te speel. "Geen probleem! Ons moet dalk net 'n bietjie nader aan die pale gaan staan, jy is tans vyftig meter weg . . ."

Met my Japan-rugbytrui, swart jeans en K-Way-tekkies is ek beslis nie die ideale kandidaat om pale toe te skop nie. "Nee wat, jy lyk reg hiervoor," terg Dan, "jy sal sommer instap in Japan se nasionale span."

Dan plaas die bal in die middel van die veld, tussen die kwart- en doellyn. Hy wys my waar die "sweet spot" is, waar my voet die bal moet tref.

"Jy moet jou kop doodstil hou wanneer jy nader tree om te skop. Jou aanloop is belangrik. Elke speler s'n is anders. Ek neem gewoonlik vyf treë terug en drie dwars. En dit is wanneer jy regmaak om te skop dat die demone met jou kom praat. Wanneer jy dink: Hier is tagtigduisend mense wat kyk, ek mag dit nie mis nie . . ."

Het dit hom destyds gepla as die skare hom uitjou voor hy skop? "Nee, ek het dit eintlik geniet. Dit het my ekstra motivering gegee. Ek het bloot op my asemhaling gefokus en gevisualiseer hoe die bal tussen die pale deur gaan. So dan het ek die bal reeds oorgeskop vóór die eintlike skop."

Hy wys ook die spesifieke been in my voet uit waarmee ek die bal moet tref. Jy moenie met jou tone probeer skop nie.

PJ draf tot agter die pale. Nou is dit my beurt om te wys of ek iets by Dan geleer het. Dit is byna onmoontlik om nie te dink aan die feit dat Dan Carter gaan kyk hoe jy 'n bal skop as hy letterlik langs jou staan en kyk nie. Maar ek volg sy raad. Ek haal diep asem, visualiseer my sukses en tree vorentoe.

Ek skop sowaar die bal tussen die pale deur – laag, maar óór, met my eerste poging! "Die vlae is gelig! Japan loop met 3-0 voor teen die Springbokke. Of sal ons maar eerder nie oor daardie wedstryd praat nie?" sê Dan.

Ons praat tóg gou oor daardie dag in September 2015. "Dit was ongelooflik," sê Dan. "Gewoonlik skree die All Blacks nie vir iemand spesifiek wanneer twee neutrale spanne teen mekaar speel nie, maar tydens daardie wedstryd het almal vir Japan aangemoedig. Só 'n skok is wat die Rugbywêreldbeker spesiaal maak. Daardie uitslag het die Springbokke sterker gemaak. Hulle het die res van die toernooi uitstekend gespeel. Ons het hulle maar met twee punte geklop in die semifinaal. Dit was 'n klipharde wedstryd."

Dit is tyd om te groet. "Ek geniet jou Suid-Afrikaanse aksent," sê Dan, "dit maak dat ek Suid-Afrika selfs meer mis. Ek was seker vyf jaar gelede daar. Hopelik kan ek binnekort weer julle pragtige land besoek."

Ken hy enige Afrikaanse woorde?

"Ek ken die woord 'lekker'. Dit was 'n lekker skop van jou. Een uit een. Honderd persent. Ek sal daar stop as ek jy is."

Ek groet dié nederige superster met 'n buig en 'n "sayonara".

NAKASENDO

Ons reis van Kobe se Sumiyoshi-treinstasie na Nakatsugawa duur vier en 'n half uur. 'n Groot moegheid meld aan. Ek kan dit ook sien by die res van die span, hier waar ons in die donker treinry na nóg 'n stasie, nóg 'n hotel, nóg 'n vol skietdag wat môre voorlê.

Ek is nie selfingenome oor ons verbysterende reisplan nie. Fisieke uitputting, lang dae en min slaap kry tans die oorhand. Ons het agt dae laas 'n rusdag gehad. Wanneer die span onheilspellend stil raak – en gelukkig gebeur dit bitter min – weet ek almal is óf baie moeg óf daar is iets anders wat pla. En 'n Japannese treinwa met vier Suid-Afrikaners wat nie gesels nie, raak sommer ekstra stil . . .

Bun Booyens, voorheen my redakteur by *Weg*, het sy redaksie in ons oopplankantoor altyd fyn gemonitor. Hy kon dadelik aanvoel wanneer iets fout is. As kollegas suutjies met mekaar gesels of niemand 'n grappie maak of hardop lag nie, sou hy uit sy kantoor stap en vra waarom ons so stil is. As Bun vir ons hier op die trein dieselfde sou gevra het, sou ons almal antwoord dat ons moertoe moeg is.

By Nakatsugawa-stasie loop ons 'n jong Japannese man met 'n knyperbord raak. Hy is besig om Engels te studeer en moet as deel van 'n studieprojek 'n meningspeiling onder Engelssprekende toeriste doen. Ek kan skaars deur my eie oë sien, maar staan hom gou te woord. Dit is immers Vrydagaand ná 22:00 op 'n stil plattelandse stasie, en die kêrel is nog steeds aan die werk. Hy probeer duidelik sy Engels oefen, maar dit gaan maar effentjies.

'n Vriendelike gryskopomie van die Iwasusou-hotel, wat

glad nie Engels praat nie, wag ons geduldig in hier op die sta-
sie. Ons ry saam met hom sowat 'n kwartier tot by die hotel.

Dit is my tipe plek: Die meubels, matte en dekor lyk of dit
uit die sewentigs dateer. Iwasusou is 'n tradisionele ryokan
en laat my dink aan 'n Japannese weergawe van 'n klassieke
Karoohotel met lang gange en groot kamers, soos die een op
Middelpos. Lekker onpretensieus.

Dit lyk of hier gereeld geselighede en konserte aangebied
word. Daar is selfs 'n saaltjie met 'n verhoog. Teen die mure
is plakkate van 'n sangeres – ek vermoed sy tree steeds ge-
reeld hier op – met swaar grimering wat lyk soos 'n popster
uit die tagtigs. 'n Japannese Bonnie Tyler.

Die personeel is ywerige Japannese ooms en tannies wat
dalk in ander lande al op pensioen sou gewees het. Die omie
wat ons kom optel het en sy vrou is aan die stuur van hierdie
familiebesigheid.

Ek stel dadelik voor dat ons 'n ekstra aand hier bly en eer-
der môre behoorlik rus, maar die hotel is helaas vol bespreek.

Behalwe verskeie onsen binne en buite die gebou, het die
ryokan ook kleiner, private onsen op elke vloer. Ek trek die
verskafde yukata aan en stap na een van hierdie private bad-
dens – saligheid ná 'n lang en vol week. Die water is lekker,
nie naastenby so warm soos toe ek laas op die Kumano Kodo
by die Yunomine-onsen gebad het nie.

My gedagtes keer terug na die onderhoud met Dan Carter
vroeër vanmiddag wat so goed verloop het. Ek voel 'n bietjie
skuldig oor al die jare wat ek hom in onbewaakte oomblikke
dinge toegesnou het. Sy skopskoen het die Springbokke keer
op keer gekelder. Dan het ook maar net sy werk gedoen.

Ek slaap 'n barshou en word eers teen halfnege die oggend
wakker. Jaen lê ook nog uitgepaas op sy futon. Ons gaan heel
moontlik later as beplan begin om die Nakasendo te stap.

Ontbyt is eg tradisioneel: tee, miso-sop, rys, 'n klein gasbraaier waarop ons salm kan gaarmaak, verskeie bakkies vol groente, slaai, tofu, en natuurlik natto.

Ons is loshande die jongste gaste in die ryokan. Ek sien net bejaardes in yukatas rondstap.

PJ het vir ons goeie nuus: Daar was kansellasies en twee kamers is nou beskikbaar vir vanaand. Ons besluit eenparig dat vandag dus 'n rusdag gaan wees. Vir die eerste keer sedert ons amper 'n maand gelede in Japan aangekom het, kan ek 'n rusdag behoorlik benut, sonder die druk van dringende ander werk of sperdatums.

Ek slaap ná ontbyt weer van kwart oor nege tot net voor elf, toe ons na die ander kamer moet skuif. My kop is skaars op die nuwe futon se kussing, toe slaap ek weer en ek skrik eers vyf voor drie die middag wakker. Ek voel effens gedisoriënteerd én rasend honger.

PJ het intussen op ons WhatsApp-groep 'n aangrypende video aangestuur wat hy geneem het van 'n stokou omie wat by 'n private geleentheid hier 'n Enko-lied karaoke-styl sing. Groepe bespreek dikwels 'n vertrek by die ryokan om verjaarsdae te vier. Ek het laas Enko-musiek gehoor saam met Nozomi tydens ons effens katastrofiese karaoke-uitstappie in Tokio.

"Ek het nou amper begin huil, die scene was so mooi," skryf PJ in 'n boodskap saam met die video. Dit is inderdaad hartroerend, en bevestig weer vir my dié ryokan se karakter. En dat 'n mens nooit moet ophou sing nie.

Op die grondvloer is 'n groot eetkamer met ronde houttafels en -stoele. Lekker retro. Ek is die enigste gas wat dié tyd van die dag hier in die eetsaal sit. Die diens is flink. Ek bestel 'n koppie koffie, en kerrie en rys.

Buite is die herfs in volle swang. Die esdoringbome se blare gloei in skakerings van rooi, oranje, geel en roesbruin. PJ is besig om dit af te neem, sien ek.

My koppie en piering het ook fyn herfsblaar-versierings.

Hier is sonder twyfel vier stelle koppies en pierings by die ryokan: een vir elke seisoen. Ek het baie waardering vir die Japannese se diepliggende bewustheid van die seisoene.

* * *

Ek en PJ het lank besin oor watter tweede pelgrimstog ons gaan aanpak. Die Kumano Kodo was 'n groot hoogtepunt, maar ons wil graag nog een of twee stap-episodes naby die einde van die reeks insluit.

Aanvanklik wou ek graag die Shikoku-pelgrimstog gaan stap. Dit is 'n bekende sirkelroete op Shikoku, die kleinste van Japan se vier hoofeilande. Die volle roete is 1 200 kilometer lank, onderweg na agt-en-tagtig Boeddhistiese tempels. Só 'n pelgrimstog kan maklik twee maande duur.

Ons het egter weens tydsbeperkinge besluit om nie na Shikoku te reis nie. Ek was ook bekommerd dat twee of drie stapdae te min gaan wees om reg te laat geskied aan hierdie epiese pelgrimstog.

PJ het in 'n episode van die puik TV-reeks *Joanna Lumley's Japan* gesien hoe dié bekende Britse aktrise 'n kort deel van die Nakasendo Way stap, tussen die dorpies Tsumago en Magome. Die Nakasendo (die naam beteken "pad deur die berge") is 'n antieke roete van sowat 530 kilometer tussen Kyoto en die destydse Edo (deesdae Tokio). Dele van die roete het reeds in die agtste eeu ontstaan.

Die Nakasendo het eers tydens die Edo-tydperk (1603-1886) prominent geword as een van Japan se vyf hoofweë. Dit was destyds eerder 'n handelsroete as 'n godsdienstige pelgrimstog, hoewel daar ook Sjinto-altare langs die pad opgerig is. Amptenare van die Tokugawa-regering, feodale heersers, samurai, grondbaronne, monnike en handelaars het die roete gebruik om tussen die twee groot stede te reis.

Al langs die roete het klein posdorpies (jukus) ontstaan

waar reisigers hulself kon verfris, oornag bly en rusplek vir hul perde kry. Mettertyd het daar verskeie onsen langs die roete ontstaan. Die Japannese burokrasie was nog altyd verbete, en die posdorpies het die regering ook gehelp om sy inwoners se bewegings tussen Kyoto en Edo te monitor.

Daar is altesaam nege-en-sestig posdorpies op die Nakasendo. In die laat negentiende eeu het dié bergroete in onbruik begin verval weens die koms van die treinstelsel en die ontwikkeling van die meer prominente Tokaido-hoofweg, wat vandag steeds die hoofaar op Honshu-eiland is.

Terwyl die meeste posdorpies óf vervalle geraak het óf gemoderniseer het, is daar 'n paar wat danksy passievolle inwoners en nougesette restourasiewerk vandag nog 'n outentieke karakter het.

Deesdae is die Nakasendo 'n baie gewilde pelgrimstog. Min mense stap egter die volle roete, en stappers spandeer eerder net gemiddeld drie tot vier dae in die berge. Veral in die Kisoji-streek, wat die Kiso-vallei insluit, met elf posdorpies.

Ons JR-treinpasse het nou ná een-en-twintig dae verstryk. Treinkaartjies – veral op die duur Shinkansen – vir 'n lang rit na Tokio kan duur raak. Daarom het ons besluit om soos die reisigers van ouds vir 'n paar dae in die rigting van Japan se hoofstad te stap.

* * *

Die rusdag en baie slaap by Iwasusou het ons goed gedoen. Gisteraand het ons 'n bietjie pool gespeel, saki gedrink en in die onsen ontspan. Ons is nou gereed vir die Nakasendo se eerste dag, wat darem nie naastenby so steil en straf soos die Kumano Kodo sal wees nie. Vandag stap ons slegs 8,3 kilometer tussen die twee posdorpies Magome en Tsumago – glo een van die mooiste en gewildste dele van die roete.

Dit is 'n helderblou, vars Sondagoggend. Buite Iwasusou is

die esdoringbome se blare in al die herfskleure getooi. Geen slimfoonfoto of kameraskoot kan dit getrou vasvang nie.

Ons ry saam met die eienaar in sy kombi tot by Magome. Dié posdorpie se ligging is interessant: een nou straat – eintlik net 'n klippaadjie – teen 'n steil heuwel uit, met perfek gerestoureerde huise van hout en pleisterwerk aan weerskante.

Magome beteken "horse basket" en verwys na die mandjies wat perde destyds aan weerskante van hul lywe gedra het. Die straat hier is só nou dat reisigers destyds die mandjies moes afhaal en te voet daarmee teen die heuwel op stap.

Dit voel hier tegelykertyd diep Middeleeus en soos 'n bedrywige temapark. Waar ek op die Kumano Kodo ander stappers meestal een-een raakgeloop het, is hier honderde mense op straat. Dis omtrent 'n karnaval-atmosfeer. Groot groepe toeriste – heelparty gesinne met jong kinders – stap bultaf. Baie mense neem selfies by 'n ou houtmeul. Ander drom saam buite winkels wat klere en aandenkings verkoop. Stappers met groot rugsakke is heeltemal in die minderheid.

Tsumago is minder as 10 kilometer weg. Ek sien baie slenterstappers wat slegs hierdie kort deel van die Nakasendo kom aanpak. Dit is sommer 'n luilekker stappie van twee tot drie uur. As jy 'n TV-reeks probeer skiet, verdubbel die staptyd egter.

Hier is baie honde: poedels, spanjoele, chihuahuas, windhonde . . . ook 'n paar akitas, soos die getroue Hachiko. Party honde dra jurkies of het kleurvolle strikkies in hul hare. Ander word in stootwaentjies gekarwei. Die meeste se sterte swaai, maar party lyk iets tussen bedonnerd en bederf.

Ek verlang nou weer akuut na Catharien en ons honde Suki en Mika by die huis in Kaapstad. Catharien stuur byna elke dag op WhatsApp foto's van ons twee puppies. Mika is maar vyf maande oud. Ons het haar by die DBV in Gordonsbaai gekry kort voor ek na Japan vertrek het. Sy het die afgelope maand reeds baie gegroei in my afwesigheid.

Nadat hulle gister stout was en gate gegrawe het in ons agterplaas, het Catharien die twee vir hul sondes in Kersfees-hondeklere getooi en vir my foto's gestuur. Hulle het erg be-dremmeld – maar vir ons histeries snaaks – gelyk met rooi takbokhorings op die koppe.

By die Hillbilly Coffee Company, 'n klein koffiebrouery, haak ons vir 'n halfuur vas en drink van die lekkerste koffie op ons hele reis in Japan.

Ons stap dan verder teen die bult uit en kyk na die mooi houthuise en klipwerk. Ek lees op 'n inligtingsbord Magome is die drie-en-veertigste posdorpie van Tokio af. Dit is ook die geboorteplek van die skrywer Toson Shimazaki (1872-1943). Ek sal sy bekendste roman, *Before the Dawn* (1932), ook by my groeiende leeslys van Japannese boeke moet voeg.

'n Kennisgewing teen 'n winkelvenster vang my oog. Die opskrif lui "Be Bear Aware" en waarsku nogal ondubbelsin-nig: "Beware of bears that may suddenly appear in front of you between Magome and Tsumago along the Nakasendo Highway."

Jaen wil natuurlik dadelik hê daar moet iewers skielik 'n beer voor my verskyn. Hy sal dít baie graag wil afneem. Ek kies eerder 'n veilige afstand bó goeie televisie wanneer dit by bere kom. Dalk was daardie eerste paar minute van *The Revenant* destyds saam met Catharien die laaste strooi wat bere betref.

Hoër op teen die heuwel, net buite die dorpie, skep ek asem by 'n uitkykpunt. Vir die eerste keer sien ek werklik hoe bergagtig dit hier is. Die berge op die horison is dynserig. Plantasies sipresse hou wag op 'n nabygeleë heuwel. Ek sien ook in die verte kolle geel, oranje en rooi herfskleure teen die berghange.

Met Magome en die hordes mense en honde agter my, volg ek 'n nou voetpaadjie. Dit is nou meer woudagtig, met hoë seders en esdoringbome, bamboes en verskeie stroompies wat deur varings vloei. Nou en dan kom stappers van weerskante verby. Veral die Japannese dra klokkies op hul rugsakke as ekstra afskrikmiddel vir bere. Ek hoor hulle van ver af aankom.

Al langs die roete is daar ook gereeld 'n paal langs die pad waaraan 'n koperklok hang. Die instruksie lees: "Ring the bell hard Against Bears". As 'n reël lui ek die klok elke keer. Hard. Ek wil enige ontberings liefs vermy.

Intussen kon ek darem via Google uitvind dat, hoewel hier beslis bere voorkom, 'n mens bitter selde een sien.

Ek mis vandag my stapstok van die Kumano Kodo, veral teen die bulte uit. Ek het dit by 'n bushalte naby die Hongu Taisha vergeet. Maak nie saak waar in die wêreld ek my bevind nie, ek sal iewers iets wegsmyt. Veral stapstokke. Tydens die skiet van die eerste *Elders*-reeks in Spanje het ek sommer met my aankoms in Madrid twee blinknuwe, duur stapstokke van Cape Union Mart op die vliegtuig vergeet. Ek moes toe maar vir my 'n nuwe stapstok koop in die stad León.

Regs van die pad staan 'n ou huis met 'n tipe werkswinkel en 'n mooi tuin. Operamusiek speel binne die werkswinkel. 'n Omie wat 'n rooi pet agterstevoorom dra, kom uitgestap en stel homself voor as Owaki. Hy lyk baie soos Mr. Miyagi uit *The Karate Kid*, net 'n bietjie jonger.

Ek sien 'n houer vol groen bamboesstokke. "It's free," sê Owaki, terwyl hy doodluiters sy vingernaels staan en knip. Ek kies 'n stok. 'n Paar minute gelede was ek knorrig oor ek sonder 'n stok moet stap, en hier deel 'n omie dit gratis uit!

Hy wys vir my sy netjiese tuin. Dit is duidelik sy trots. Teen 'n stuk hout is die frase "We love peace" gegraveer. Ek sien ook 'n klein Boeddha-altaar met 'n beeldjie.

"I am really happy, because my wife is out of town," sê hy en begin lag, steeds doenig met die naelknipper. Wie weet wat gebeur as Owaki alleen by die huis is . . .

Ons groet. "See you again," sê hy. "I stay here all day."

Ek het nog nooit die herfs só intens beleef soos vandag nie. Die kleurvolle herfsblare val voor my oë van die bome af. Die voetpaadjie is al byna volledig bedek met blare wat kraak onder my voeteval. Ek dink aan 'n liriek van die sanger Bacchus Nel: "Daar's 'n man met 'n besem wat die herfs opvee". Daardie man sou vandag oortyd moes werk op die Nakasendo.

Hier is beslis meer stappers as op die Kumano Kodo, maar dit is glad nie 'n vertrapping nie. Ons stap maklik vir 'n kilometer aaneen sonder om enigiemand anders te sien.

Bo-op die steil Magome-pas bereik ek 'n tradisionele houthuis wat lyk asof dit vroeër 'n skuur kon gewees het. Hierdie teehuis is meer as driehonderd jaar oud en dateer uit die Edo-tydperk. Buite teen die muur hang 'n ry oranje persimmons (in Suid-Afrika ken ons meestal die sharon fruit-vorm hiervan).

"Free tea" staan op 'n bordjie geskryf. Water kook in 'n swart ketel bo 'n vuurherd wat in die vloer gesak is. Ek herken dadelik die omie met die donkerblou yukata en breë-randhoed wat by 'n tafel groentee bedien. Sy naam is Mr. Suzuki en hy was in Joanna Lumley se Japan-reeks.

Hier sit ses ander stappers om die tafel. Mr. Suzuki het in Lumley se reeks 'n pragtige volksliedjie a cappella gesing. Nog voor ek dit kan versoek, trek hy spontaan los met "Kiso-bushi". Almal sit tjoepstil en luister. Sy hoë stem sweef deur die vertrek. Wanneer hy in die koorgedeelte "yoi yoi yoi" sing, moedig hy ons aan om in te val.

Ek wonder hoeveel keer per dag Mr. Suzuki hierdie liedjie sing. Maar hy doen dit met oorgawe en passie, asof hy dit nou vir die eerste keer ontdek het en met 'n gehoor móét deel. Dit is 'n betowerende toneel en laat my terugdink aan 'n Duitse omie, Antonius, wat op my eerste stapdag tydens die vorige *Elders*-reeks vir my die "Ultreia"-lied by 'n restaurant gesing het.

Ná die tyd vra ek Mr. Suzuki waaroor die liedjie gaan. "It's about the Nakasendo Road," sê hy en beduie met sy hand na die roete wat verby sy teehuis loop.

Mr. Suzuki is beïndruk met die nuus dat hy in Suid-Afrika op televisie gaan wees. Hy is al twaalf jaar lank 'n instelling hier op die Nakasendo. Teen 'n muur pryk verskeie knipsels uit koerante en tydskrifte, en 'n foto van hom langs Joanna Lumley. Hy wys my 'n Nederlandse gidsboek waarin 'n portretfoto van hom buite sy teehuis pryk. "I am a samurai," sê hy met 'n laggie.

Dit lyk al weer asof ons eers ná donker by Tsumago gaan uitkom. Ons slaap vanaand in 'n herberg, Hostel Yui-an, by die dorpie Nagiso, sowat 10 kilometer verby Tsumago. Die eienaar gaan ons gelukkig kom optel by die bushalte in Tsumago.

Ons volg in elk geval eers 'n kort afdraaipaadjie na twee watervalle, Odaki en Medaki. Ek hoor reeds van ver af die water se dreuning. Odaki, die groter een en sowat 10 meter hoog, se naam beteken "manlike waterval". Medaki is effens kleiner en die "vroulike" weergawe.

Musashi Miyamoto (1584-1645), een van Japan se bekendste samurai, het glo in die Edo-tydperk by hierdie watervalle sy swaardkuns kom oefen. Hy en 'n beminde, Otsu, het hier naby gekamp. 'n Seksuele verhouding was egter strydig met 'n samurai se "Weg van die Swaard", en die twee het toe maar elkeen onder 'n waterval gaan afkoel – vandaar die manlike en vroulike name.

Ek het gelukkig nie tans 'n soortgelyke dilemma nie, en sit eerder rustig op 'n klip langs die beeldskone Medaki-waterval en ontspan met 'n glasie gin.

Net ná sononder stap ons Tsumago se nou hoofstraat binne. Dié posdorpie lyk selfs nog meer Middeleeus as Magome. En anders as vanoggend is hier nie toeriste wat ronddrentel nie. Ek sien g'n ander mens nie. Al die winkels is ook reeds gesluit. Dit voel of ek my op 'n leë filmstel bevind.

Ons is haastig om by die bushalte te kom, maar ek sien daarna uit om hierdie posdorpie môreoggend te kom verken.

* * *

Wanneer ek op die futon in die kamer by Hostel Yui-an wakker word, is Jaen en PJ reeds besig om buite te skiet.

Ek en Jaen deel elke aand 'n kamer; my snorkery pla hom gelukkig nie meer sedert hy in Toyota City oorpluisies gekoop het nie. Ons is albei boonop dikwels in die aande só moeg dat dit waarskynlik 'n aardbewing gaan verg om ons wakker te maak. Geen natuurramp het ons gelukkig tot nou toe getref nie, nie eens 'n ligte aardbewing nie.

Die span se toewyding aan die projek is verstommend. Ons het selde 'n af dag, stap soms kilometers ver – in stede of teen berge uit – en is bedags ten minste agt ure lank aan die werskaf. Saans moet PJ en Jaen al die kaarte aflaai en backups maak, en die toerusting se batterye herlaai.

Behalwe al die hulp met logistiek én morele ondersteuning staan Roxanne se hande vir niks verkeerd nie. Sy begelei dikwels vir Jaen wanneer hy agteruit moet beweeg vir stapskote in die woud, en spring in om te help as ek enigiets kort, of om 'n sak of twee vas te hou terwyl ons skiet. Dikwels moet sy vinnig wegswenk om nie per ongeluk in 'n kameraskoot te beland nie. En sy bederf ons gereeld met 'n happie by 'n deli of 'n geriefswinkel – sy weet ek het ook 'n soettand.

Ek is so bly die vier van ons werk en kuier lekker saam. 'n Projek soos hierdie kan maklik ontspoor as almal nie oor die weg kom nie.

Jaen stap die kamer binne. Hy is besig om my af te neem. Ek lê op my futon en probeer op my laptop om vir nóg kaartjies vir die Rugbywêreldbeker aansoek te doen. PJ en Roxanne is op sy hakke met 'n geskenkpakkie. Hulle begin te sing: "Veels geluk, liewe Erns, omdat jy verjaar . . ." Dit is my 39ste verjaarsdag. Darem nog 'n paar jaar jonger as wat Mitsu in Toyota City geskat het. Ek sou nie eens 'n jaar gelede gedink het ek sou ooit in Japan verjaar nie . . .

Die span gee vir my 'n verjaarsdagkaartjie met 'n briefie by: "Wat 'n plek het ons nie gekies om dit in te vier nie, nè? Daar was 'n paar kere die laaste paar maande wat dit gevoel het asof ons nooit in Japan sou kom nie, maar ons het aangehou en hier is ons! Baie dankie dat jy ons vertrou om jou storie te help vertel en hierdie avontuur saam te deel – it's been one hell of a ride so far!"

Hulle ken my baie goed. Daar is twee geskenke in die pakkie. Ek kry 'n rooi sakdoek met 'n Mount Fuji-patroon op. Dit gebeur dikwels dat joernaliste my in onderhoude vra watter items ek altyd inpak wanneer ek op reis gaan. Ek vergeet altyd om "my sakdoek" te antwoord.

Die tweede geskenk is 'n rooi Daruma-poppie, natuurlik een sonder pupille. Ek sal mooi moet dink waarvoor ek graag wil wens, of watter doelwit ek wil bereik, voor ek die linkeroog verf . . .

* * *

Vandag is nie 'n stapdag nie. Ons gasheer by Hostel Yui-an laai ons by Nagiso-stasie af. Ek bêre my rugsak en hoed vir die dag in 'n toesluitkassie by die stasiegebou vir 300 yen (R35). Ons ry met 'n bus tot by Tsumago.

Dié was die eerste van die posdorpies op die Nakasendo wat gerestoureer is om weer te lyk soos tydens die Edo-tydperk. Ek lees in 'n brosjure dat, toe die inwoners in 1968 met die projek begin het, hulle 'n reël gemaak het: "Not sell, rent or demolish." Dit was 'n gesamentlike poging deur die hele gemeenskap om die dorp as 'n tydkapsule te bewaar. Hier is geen bogrondse elektriese kabels of telefoonlyne nie. Ek sien ook nie enige vending machines in die hoofstraat nie.

Die dorpie het interessante winkels. Ek ontmoet 'n eksentrieke modeontwerper, Obarajun. Buite sy winkel is 'n kennisgewing: "My works are expensive but thinking in the value very low price."

"I make my fabric, my original fabric. You try on," sê hy. Ek sou nie verwag het om 'n modeontwerper wat sy eie materiaal maak – geïnspireer deur die klere wat brandweermanne tydens die Edo-tydperk gedra het – in hierdie dorpie aan te tref nie. Dit is die tipe boetiekwinkel wat dalk meer tuis sou wees in stede soos Tokio of Osaka.

Obarajun bring vir my 'n blink blou jas. "Very cool," sê hy. Ek weet nie of ek al gereed is vir die loopplanke in Milaan nie, maar ek voel tuis in hierdie baadjie. Die prys is egter 'n stewige 180 000 yen (sowat R22 500). Jou klere is besonders, Obarajun, maar nee dankie.

By 'n ander winkel verkoop 'n omie oyaki, gevulde kluitjies wat hy met die hand maak. Ek koop vir my en die span elkeen een, maar toe ek wil betaal, skud hy net sy kop en wys na die kameras. Ek probeer selfs met 'n Google Translate-boodskap op my foon: "I would like to support you and pay for the food. Thank you for your kindness." Steeds wil hy niks weet nie.

Okuya is 'n geskiedkundige gebou van hout wat pragtig gerestoureer is, met 'n manjifieke Japannese mostuin. Vandag is dit 'n museum wat aantoon hoe 'n tradisionele herberg destyds gelyk het.

Een van die assistente, Kazumi, vertel vir ons dat keiser Meji (1852-1912) hier tuisgegaan het toe hy op die Nakasendo gereis het. Keiser Meiji was die simbool van 'n nuwe era vir Japan ná die lang tydperk van isolasie. Hy was modern vir sy tyd en het sy hare geknip, homself in 'n Franse militêre uniform getooi en skoene met veters gedra.

Laatmiddag ry ons weer met die bus na Nagiso-stasie. Daarvandaan vertrek ons trein na Kiso-Fukushima. Ons gaan buite die dorpie by Hotel Morino oornag. Môre is ons laaste stapdag op 'n pelgrimstog in Japan.

* * *

Tydens ontbyt by die Hotel Morino lees ek op Netwerk24 van 'n man wat doodgeskiet is tydens 'n motorkaping in Welkom. In Japan voel ons wêrelde verwyder van hierdie tipe tragiese nuus. Ons wonder of dit aanvanklik moeilik gaan wees om ná langer as 'n maand in Japan weer aan te pas by Suid-Afrika se daaglikse realiteite.

Ons neem die trein na die posdorpie Yabuhara. Vandag stap ons slegs 6,1 kilometer tot in Narai. Daarvandaan gaan ons treinry, terug na Tokio, waar ons die laaste paar aande weer by die Symingtons sal tuisgaan. Hulle het intussen laat weet die bagasie wat ons van Kyoto af gestuur het, het hulle veilig bereik.

Terwyl ons die steil Torii-pas begin uitklim, is Jaen op die uitkyk vir bere. Hy wil steeds baie graag 'n beer op die Nakasendo afneem. Ek stop by 'n kennisgewingbord met die titel "Bear Alert". Die sintaksis het duidelike leemtes: "It is very often but keep in mind that you may encounter bears. We recommend that you ring this bell."

Ek lui maar die klokkie, net vir ingeval.

Halfpad teen die pas uit bereik ons Maruyama Park, met 'n monument wat Japan se groot haiku-skrywer Matsuo Basho (1644-1694) gedenk. Basho het duisende haiku's geskryf. Met 'n Google-soektog kom ek af op een van sy laaste haiku's: "Sick on my journey / only my dreams will wander / these desolate moors."

Aangesien haiku's van die eerste gedigte was wat ek op hoërskool geskryf het, moet ek darem sekerlik ook in Japan my hand aan een waag: "Maruyamapark / waar haiku's kom bene rek / woorde moet ook rus."

Bo-op die pas bereik ons die Ontake-jinja-tempel. Van hier af kan reisigers Ontake – 'n heilige berg in die Sjinto-godsdiens – in die verte sien. Die pas het sy naam gekry toe 'n torii-hek hierbo gebou is.

Narai is nou naby. Die roete is baie stil; buiten twee Amerikaners van San Francisco het ek nog nie ander mense raakgeloop nie. Ek stap verby 'n perdkastaiingboom met 'n gat daarin. Daar bestaan 'n legende dat iemand lank gelede 'n pasgebore baba in dié gat agtergelaat het. 'n Plaaslike vrou wat nie kinders kon hê nie, het glo die baba gevind en liefdevol grootgemaak. Sedertdien staan hierdie boom glo as die "Baby-bearing Horse Chestnut" bekend.

Die laaste kilometer se herfsbome is van die mooistes op die Nakasendo, dalk selfs in die hele Japan. Die blare kraak onder my skoene soos ek Narai binnestap. Narai is ook 'n baie mooi en outentieke posdorpie. Ek wens ons kon 'n bietjie langer hier vertoef.

Op pad na die stasie loop ek twee vrouens, Cathie en Yoshiko, raak. Hulle het dertig jaar gelede vir 'n week lank saam die Tokaido-roete gestap. Nou doen hulle dit ná al die jare weer. "Walking is a good way to be friends for a long time," sê Cathie.

Ek dink aan die goeie vriende wat ek gemaak het tydens twee Camino's en 'n paar ander staptogte. Die Nakasendo was goed vir ons. Nou wink Tokio se wolkekrabbers en neonligte. Oor minder as 'n week is ons terug in Suid-Afrika.

Ek is bly ons kon in Japan gereeld stap. Dit bly vir my terapeuties. Ek dink John Muir stem saam: "I only went out for a walk and finally concluded to stay out till sundown; for going out, I found, was really going in."

TOKIO 2

Ná die laaste stapdag op die Nakasendo en 'n lang treinrit kom ons eers om 20:30 by Shibuya-stasie aan. Om weer in Tokio te wees, die Shibuya Crossing te sien en by Johann en Hennie Symington in die pastorie te kan kuier, voel soos 'n tuiskoms. 'n Bedrywige paar dae lê egter voor. Ons het gehoop om dalk teen die einde van ons reis asem te skep en selfs 'n dag of drie vakansie te hou, maar daar is net te veel inhoud en onderhoude wat ons graag nog vir die reeks wil skiet.

Ons is ook slegs 'n paar uur terug in Tokio voor ek, PJ en Jaen wéér treinry, dié keer vir 'n daguitstappie na Nagoya. Op kort kennisgewing kon ons 'n onderhoud vasmaak met 'n dinamiese Suid-Afrikaanse sakeman, dr. Johan van Zyl.

Ek sit by die venster tydens die treinrit. Dit is 'n mooi en wolklose herfsdag. In die verte sien ek Fuji-san in al haar glorie. Ek het dit glad nie verwag nie. Voor ek myself kan keer, skree ek uit pure opgewondenheid kliphard "Fuji!" op die stil trein. 'n Paar koppe draai in my rigting. Ek is seker verskeie Japannese het nou groot geskrik en is glad nie dik van die lag nie, maar so is dit nou maar.

Johan is Toyota se grootbaas in Suid-Afrika én Europa. Sedert April 2017 is hy ook Senior Managing Officer by die Toyota Motor Corporation – die eerste Afrikaan om in hierdie pos aangestel te word. Hy pendel tussen België, Japan en Suid-Afrika. Hy is juis op pad om 'n vliegtuig na Brussel te haal toe ons vir sushi ontmoet by 'n Japannese restaurant in die luukse Marriott Hotel by Nagoya se stasie.

Hy het Japan reeds in die vroeë negentigs die eerste keer besoek. "Die eerste ding wat jou tref, is hoe alles werk, hoe skoon en netjies dit is, en hoe mense die reëls volg. As die verkeerslig rooi is, wag almal. Die land is verskriklik dinamies; elke keer wat ek hier kom, sien ek iets nuuts en anders."

Japan bly vir hom een van die mees unieke plekke in die wêreld, veral vanuit 'n ekonomiese oogpunt. "Japan is nie 'n land met natuurlike hulpbronne nie, maar hulle het besluit om hulle mense te ontwikkel," sê hy. "Hulle voer materiale in, vervaardig goed en voer dit dan uit. En deur dít te doen het Japan die derde grootste ekonomie in die wêreld geword."

Hy is self baie lief vir rugby en is van plan om op die pawiljoen die Springbokke te ondersteun tydens die Rugbywêreldbeker. "Ek sal maar moet seker maak daar is baie belangrike vergaderings wat daardie tyd in Japan gebeur," skerts hy.

Ons gesels ook oor ekologies vriendelike tegnologie in die motorbedryf. "Toyota het reeds twintig jaar gelede begin om hibriede tegnologie te ontwikkel. Mirai, die naam van ons waterstofvoertuig, beteken 'toekoms'. Japan gaan 'n waterstofsamelewing skep. Waterstof gaan nie net gebruik word as die draer van energie in 'n kar nie, maar ook in fabrieke, want jy kan dit stoor, opgaar en vervoer."

Hy meen die ontwikkelende lande is besig om 'n geleentheid mis te loop. "Jy moet nou 'n sprong maak óór ou tegnologieë," sê hy. "Afrika het dit gedoen met slimfone. Daar is omtrent nie meer landlyne nie, want ons het daai sprong gemaak. As jy olie koop, dan gaan die geld uit, maar as jy jou eie waterstof het, bly die geld mos in jou eie land."

Maar gaan boere nie 'n Hilux-dieselbakkie se brul mis as alles eendag waterstof vir energie gebruik nie? "Ons gee hom 'n kunsmatige brul," sê Johan laggend. "Hy sál brul!"

Ek vra hom wat hy die meeste van Suid-Afrika mis. "Jy mis jou mense. Met die nuwe tegnologie is jy die hele tyd in kontak, maar dit is maar net anders. Daar waar jou mense is, dáár is dit lekker."

* * *

'n Karnaval-atmosfeer heers by die prefekturale gebou in Sai-tama, 'n voorstad 50 kilometer noord van Tokio. Ek, PJ en Jaen het sowat 'n halfuur per trein van Shibuya tot hier gereis.

Ons woon 'n rugby-ekspo – ook 'n pop-up-museum ge-noem – by wat die Rugbywêreldbeker onder plaaslike in-woners moet bemark. Saitama is een van die toernooi se gasheerstede. Drie groepwedstryde, die mees hoëprofiel-een waarskynlik Argentinië teen die VSA, vind by die Kumagaya-stadion hier naby plaas.

Maar wat vanoggend eintlik spesiaal maak, is dat die Webb Ellis-trofee, die Rugbywêreldbeker se gesogte prys, hier ten toon gestel word.

Nadat ek in Kobe met Dan Carter gesels het oor sy besoek aan die trofee in Tokio, het ek 'n kans gevat en 'n e-pos na drie van die Rugbywêreldbeker se media-adresse gestuur, in die hoop om dalk 'n geleentheid te kry dat ons by die trofee mag skiet.

Drie dae later het ek teruggehoor van Nicholas van San-ten, die toernooi se Internasionale Kommunikasiebestuurder. Hy het laat weet vandag is die heel laaste dag wat die trofee vir eers in Japan te sien gaan wees, voor die Trophy Tour na altesaam agttien lande regoor die wêreld voortgaan. Hier-vandaan is die beker op pad na onder meer Frankryk, Nepal, Ierland, Maleisië en Duitsland.

Nicholas is self op pad na Londen vir Japan se komende rugbytoets teen Engeland op Twickenham, maar hy het vin-nig gereël dat ons hier in Saitama by die pop-up-museum kan skiet.

Ek kan eenvoudig nie ons voorspoed glo met die reeks se rugby-inhoud nie! Tien dae gelede sou ek nooit kon droom ek sou met Dan Carter 'n onderhoud voer óf langs die Webb Ellis-trofee staan nie.

Tipies Japannees is hier allerhande kleurvolle elemente en kostuums wat nie noodwendig aan rugby verwant is nie.

'n Groot pers opblaas-eend – byna twee verdiepings hoog – wieg buite die gebou. Kos en aandenkings is te koop onder gazebo's, twee Power Rangers hou my dop, en iemand wat soos die Dood aangetrek is, sluip agter hulle verby.

Binne die gebou se vierkant, waar hordes besoekers tans instroom, loop 'n paar gelukbringers – almal geklee in die Brave Blossoms-rugbytrui – in bonkige kostuums rond. Een van hulle is nóg 'n pers eend, 'n ander een se kop beeld Mount Fuji se krater uit. Tog 'n vreemde gesig: 'n fluffy, glimlaggende, ligblou figuur wat Japan se rugbytrui dra, met 'n bruin kuif – en 'n kraterkop. Net in Japan . . .

Kinders hop opgewonde langs die gelukbringers, wat drukkies uitdeel en poseer vir foto's. Die kinders omhels die gelukbringers en roep: "Rugby! Rugby!" Dít is hoe 'n nuwe geslag Japannese rugby-ondersteuners aan die sport bekendgestel word.

Ek sien oud en jonk hier rondstap: babas, kleuters, tieners, ouers en ook 'n paar bejaardes – klein en met geboë rûe – wat lyk asof hulle al ver oor 'n honderd jaar oud is.

Hier is allerlei aktiwiteite met plastiekrugbyballe vir die kinders. Hulle kan balle in 'n net probeer gooi en selfs pale toe aanlê. My eerste twee pogings sal maak dat Dan Carter sy kop in skaamte laat sak, maar ek kry darem met my derde skop die bal oor die dwarslat.

Jy kan ook 'n sak (iets soos 'n bokser se slaansak) "duik", wat dan elektronies die impak in kilogram meet. Die rekord is glo 274 kg. Ek was nooit 'n groot tackler nie, maar ek besluit om te probeer. Ek dink my laaste halfhartige tackle-poging was in Junie 1997 op Hoërskool Brandwag se rugbyveld – meer as een-en-twintig jaar gelede.

Die twee Japannese assistente deins weg toe ek die sak volspoed bestorm. Ná die tyd sit ek met 'n seer skouer en, helaas, 'n beskeie lesing van 174 kg.

Hier is 'n groot plastiekbal vol lootjies. Om vir 'n prys in aanmerking te kom, moet jy "kumagaya2019" op Instagram volg. Dan kan jy by 'n tafeltjie aanmeld en 'n Rugbywêreldbeker-prys optel, wat enigiets van plakkers, sneesdoekies, 'n lapelwapen of 'n drasak kan wees. Elke keer dat 'n prys opgeëis word, lui die vrou agter die tafel met die hand 'n outydse klok, amper soos 'n skoolklok. Ek is die gelukkige wenner van Wêreldbeker-wet wipes.

Dit neem ons 'n rukkie om die regte verdieping van die gebou te vind waar die trofee en uitstalling is. Al die deelnemende lande se truie pryk op mannekyne. Op die agtergrond speel die bekende Wêreldbeker-temalied "The World in Union". Dit klink soos die Nieu-Seelandse sopraan Kiri Te Kanawa se weergawe.

Die uitstalling sluit verskeie stukke rugby-memorabilia in, soos Japan se rugbytrui van die 1991-Rugbywêreldbeker in Engeland. Ook die Gilbert-rugbybal waarmee Japan ons in 2015 se toernooi geklop het – die bal wat deel was van een van die grootste skokke in wêreldrugby. Vir Suid-Afrikaners is daar kwalik 'n hartseerder rugbybal op aarde. Hopelik gebeur daar nie weer so iets by die toernooi hier in Japan nie.

Die Webb Ellis-trofee staan agter glas, bo-op 'n klein podium. Dit is die ware Jakob, in 1906 gemaak deur Carrington Co. in Londen. Die beker is genoem na William Webb Ellis (1806-1872), wat volgens legende in 1823 op skool tydens 'n sokkerwedstryd met die bal in sy hand begin hardloop het. Só is 'n nuwe sport glo gebore, op die dorpie Rugby in Engeland. Dié beker is al sedert die eerste wêreldtoernooi in 1987 die amptelike trofee.

Twee amptenare verwyder plegtig vir ons die glaskoepel. Daarna staan hulle soos lyfwagte nét buite die kameraskoot, erg bekommerd dat ek met my hande aan hierdie Heilige Graal sal raak.

Ek hou my vingers sentimeters weg van die beker. Dit is

kleiner as wat ek gedink het: 38 cm hoog, skaars hoër as 'n liniaal se lengte. As 'n simboliese gebaar maak ek asof ek die beker vashou en bo my skouers lig. Om te dink Madiba het hierdie einste beker aan Francois Pienaar oorhandig op die gelukkigste dag van ons jong demokrasie. En in 2007 het John Smit, Jake White en Thabo Mbeki saam met dié beker feesgevier in Parys.

Hoeveel spelers van regoor die wêreld het nie al daarvan gedroom om hierdie beker te kan lig nie! Eensklaps, hier langs die beroemde beker, dink ek terug aan die eerste keer wat ek 'n beker gewen het.

Dit was die prysuitdeling by die Laerskool Handhaaf in 1988. Ek het die Junior Redenaarskompetisie gewen met 'n toespraak getiteld "Dwelmmisbruik – die mens se grootste vyand". Maar wat ek veral nou onthou, is dat die trofee oorhandig is deur een van my groot OP-rugbyhelde, Frans "Domkrag" Erasmus. Ek was nege jaar oud en het bewend van opwinding "ou Grote", soos Zandberg Jansen hom mos altyd op TV genoem het, se hand geskud.

Frans het met Suid-Afrika se terugkeer uit isolasie die geleentheid om self in die Rugbywêreldbeker te speel met enkele jare gemis. Hy was toe reeds 35 jaar oud, en sy beste jare was verby. In 1998 het hy sy vrou verloor in 'n motorongeluk buite Grahamstad, en 'n maand later sou hy self daar in 'n ongeluk sterf, net honderd meter van haar ongelukstoneel.

My oog soek en vind dié woorde op die Webb Ellis-trofee: "1995 SOUTH AFRICA . . . 2007 SOUTH AFRICA."

Gaan 2019 weer ons jaar wees?

* * *

Ons reis van Saitama na Akihabara-stasie, waar ons vir Roxanne ontmoet. Die res van die dag gaan ons saam Tokio se beroemde "Electric Town" verken.

Akihabara beteken "autumn-leaf field". Herfsblare is egter glad nie hier in 'n mens se gedagtes nie, want Akihabara staan bekend as die elektroniese hoofstad van die wêreld. Met goeie rede, want hierdie dinamiese, blink deel van Tokio is die tuiste van 'n magdom elektroniese winkels, speletjiesarkades en ikoniese popkultuur-elemente soos anime en manga. 'n Nerd se hemel op aarde.

Ek is egter glad nie 'n kenner van anime nie. *Spirited Away* is die enigste Studio Ghibli-fliek wat ek al gesien het. Ek het ook nog nooit enige manga-strokies gelees nie.

Die hoë, rooigeverfde Sega-gebou, wat oorkant die pad voor ons opdoem nes ons uit die stasiegebou stap, is 'n massiewe speletjiesarkade. Ek was op laerskool verslaaf aan videospeletjies – eers Nintendo se hand-held Donkey Kong en later die TV games, soos ons dit genoem het. My eerste TV game was Rockman 2, en daarin was die teks op die skerm én die klankbaan diep Japannees.

Sega laat my spesifiek dink aan die eerste Sega-speletjie, Sonic the Hedgehog, wat in Suid-Afrika vrygestel is. My speletjies was deur Nintendo en ek het nooit 'n Sega-masjien gehad nie, maar op M-Net se K-TV was daar 'n vindingryke kompetisie waar kykers kon inbel en dan oor die telefoon die speletjie speel. Jy moes instruksies soos "Forward forward forward, grab grab grab!" gee. Ek het verskeie kere probeer inbel, maar kon nooit deurkom na Candice Hillebrand en kie nie. (Candice Hillebrand . . . wat het van haar geword?)

Oral op straat sien ek jong meisies met baie grimering wat voubiljette uitdeel. Hulle is almal aangetrek soos Franse diensmeisies. Akihabara is juis ook die geboorteplek van die Maid Café-verskynsel. Die eerste tak, Cure Maid Café, het in 2001 oopgemaak. Deesdae is daar meer as tweehonderd van hierdie kafees in Japan, met dosyne in Akihabara. Dit kom ook deesdae voor in lande soos China en Suid-Korea – selfs die VSA.

In 'n Maid Café word gaste deur jong meisies tussen die ouderdom van 16 en 25 bedien. Jy word "master" of "mistress" genoem. Jy moet glo voel asof jy in jou eie huis sit en bederf word.

Die diensmeisies verf graag oulike gesiggies – soos 'n kat of 'n hond – op jou kos met tamatie- of sjokoladesous. Daar is verskeie sang- en dansitems op 'n verhoog. Hulle speel ook speletjies met klante, waarvoor jy dikwels ekstra betaal. Dit sluit in bord- of kaartspeletjies, PlayStation, of selfs die handspeletjie rock-paper-scissors (wat glo slegs in Suid-Afrika "ching-chong-cha" genoem word).

Ander kere is die meisies aspris ontwykend of pleinweg onbeskof, net om later huilend of pleitend te groet wanneer die klant die kafee verlaat. Asof dit nie reeds bisar genoeg klink nie, kan die meisies by sommige kafees jou voete masseer, jou met 'n lepel voer of jou ore skoonmaak . . .

Dit is egter onskuldige vermaak en niks pervers of onder die belt word enigsins geduld nie. Soos met die meeste plekke in Japan, geld hier streng reëls.

Die meeste meisies gebruik skuilname. Hulle trek gewoonlik aan soos Franse diensmeisies, maar kan ook ander kostuums dra. Cure Maid Café het byvoorbeeld 'n Victoriaanse tema.

Die meisies wat hier buite op straat staan en die kafees bemark, is erg kamera-sku. Hulle draai weg die oomblik dat iemand 'n selfoon uithaal. Hulle koes behoorlik vir PJ en Jaen se kameras.

Ek het nie juis 'n dringende hartsbegeerte om 'n Maid Café te besoek nie, maar ek is nog altyd nuuskierig oor subkulture. Solank 'n Japannese tienermeisie nie in 'n onbewaakte oomblik my ore begin skoonmaak nie, behoort als oukei te wees. Ons besluit om in te loer by @Home Café, een van Akihabara se bekendstes, met vier verdiepings, elk met 'n ander tema.

Die bestuurder wil helaas niks weet van enige kameras nie. Ons brief van die ambassade oortuig hom ook nie. Hy sê hy kan slegs ons versoek oorweeg indien ons vooraf skriftelike toestemming by @Home Café se hoofkantoor gekry het. Die burokrasie gaan beslis hierdie rondte wen. Veral Jaen is teleurgesteld – hy geniet 'n stukkie Japannese absurditeit dalk die meeste van ons almal.

Ons besluit dat ek steeds vir 'n uur lank die kafee soos 'n gewone klant sal besoek en dan maar ná die tyd op straat vir die kamera vertel wat ek gesien het. Ek gaan na die vyfde vloer, betaal die toegangsfooi van 700 yen (R95) en tuimel in 'n diep Japannese weergawe van *Alice in Wonderland* se hasegat af . . .

'n Bloedjong Japannese meisie groet my met 'n uitbundige "Okaerinasai-mase goshujin-sama!" Dit beteken "Welcome home, Master". Vir die volgende uur is ek dus 'n meester.

Dit wil voorkom of die tema iets is soos "tipiese Franse diensmeisies in 'n Amerikaanse diner". Die onderbeligte vertrek het 'n verhogie met 'n pienk gordyn. Die mure en dekor is ook oorwegend pienk. Op die tafels is goue klokkies wat jy seker gebruik om jou diensmeisie se aandag te kry.

Die klante is nogal divers: toeriste – oud en jonk, alleenlopers, paartjies en groepies vriende – blaai deur die spyskaarte, klets met diensmeisies of kyk nuuskierig rond. Hier is ook baie Japannese besoekers, van tieners tot ouer mense.

Ek is verlig oor die verskeidenheid mense. Voor die tyd was ek bekommerd dit gaan slegs ek en 'n leërskare manlike "otakus" wees wat hier sit. "Otakus" verwys na "geeks" of "nerds", spesifiek Japannese wat só obsessief raak met rekenaarspeletjies, anime of manga dat hulle sommer heeltemal voeling met die werklikheid verloor. Sommiges verlaat selde hul huise en het weinig sosiale vaardighede. Daar is verskeie subkategorieë, maar otakus het meestal een ding gemeen: Akihabara, en veral 'n Maid Café, is hulle speelplek.

My kelnerin, of eerder persoonlike diensmeisie, stel haar-self voor as Macaron. Haar rooigekleurde hare is in twee poniesterte. Ek hoop maar sy is ten minste sestien jaar oud, want sy lyk veel jonger, asof sy nog op laerskool moet wees en met My Little Pony speel.

Macaron vra my naam en waar ek vandaan kom. "Erns, from Minami Afurika," antwoord ek. Sy knik opgewonde, vou haar hande saam en trippel laggend weg. Binne enkele minute is sy terug by my tafel met 'n geskenk: chopsticks in 'n houertjie waarop Japan en Suid-Afrika se vlae pryk. Dit word "Moe Chopsticks" genoem.

Volgens die inligting op die houertjie is die uitspraak van "chopsticks" en "bridge" dieselfde in Japannees. So ook "give" en "build". So wanneer iemand in Japan vir jou chop-sticks as 'n geskenk gee, beteken dit hy of sy wil 'n brug van vriendskap na jou bou. Ek het nooit gedink ek sal só iets in 'n Maid Café in Akihabara leer nie . . .

Macaron bring ook vir my 'n goue lojaliteitskaart, met "Master ERNS" (en 'n hartjie) agterop geskryf in pienk koki. Dit lyk soos 'n plastiekbankkaart met die woorde "Licence of Your Majesty" voorop, en instruksies oor hoe om die @Home Café app op jou foon af te laai.

Dis alles vir my sover heerlik vreemd, maar ek vermoed tog dit gaan 'n eenmalige besoek wees.

Die spyskaart is diep kawaii: 'n rysgereg met 'n omelet bo-op staan as "Pipiyo-piyo-piyo Hiyoko-san Rice" bekend. Die "Moe-Moe Pink Curry" word glo vergesel van 'n "Purery Curery Enchanting Spell". Van die geregte word gegarneer dat dit soos 'n babahondjie, beer of rob lyk. Vir nagereg is een van die opsies 'n "Mofu-Mofu Toy Poodle Cake".

Wáár bevind ek myself? Iewers waar Hello Kitty en 'n pop-kultuur-geisha mekaar ontmoet.

"Promises kept between Masters and Maids" word ook op die spyskaart gelys. Jy mag slegs foto's van die geregte neem en glad nie van die meisies of die vertrek nie. "Body touch is prohibited". En jy mag nie vra vir enige van die diensmeisies se persoonlike besonderhede nie.

Ek is nie juis honger nie en bestel die "Drink Combo" teen 1 250 yen (R170). Dit behels 'n nie-alkoholiese drankie én ek kan saam met 'n diensmeisie poseer vir 'n Polaroid-foto.

By 'n tafel naby my speel 'n man en 'n giggelende diens-meisie rock-paper-scissors. Tydens 'n sangitem deel vyf diens-meisies die verhoog en sing 'n speelse Japannese liedjie in hoë stemmetjies, met gechoreografeerde dansies. Hulle het almal mikrofone, maar ek vermoed dis net 'n CD wat speel, hulle sing nie regtig hardop nie. Die gehoor word aangemoedig om saam hande te klap. Ek val maar in by die res.

Een oorywerige Japannese man, seker so in sy vyftigs, raak 'n bietjie meegevoer en gaan staan met wuiwende arms voor by die verhoog. Hy sing luidkeels saam en klink later net of hy skree. Ek het nie enige uitsmyters hier gesien nie, en gelukkig raak dit nie nodig vir enige ingryping nie. Hopelik is hy maar net 'n middeljarige otaku wat tuis voel by die @Home Café.

Macaron bring my bestelling. Eers volg 'n kort ritueel. Sy skud die drankie in 'n staalhouer voor sy dit in my glas skink. Dan sê sy iets wat klink soos "meaauw-meaauw", wat ek moet herhaal. Ons "meaauw-meaauw" vir 'n paar sekondes, voor sy met haar hande 'n hartjievorm maak en vra dat ek dieselfde doen.

"Moe moe kyun" sê sy en wys met die hartjievorm na die drankie. Dit is glo 'n towerspreuk wat maak dat die drankie lekkerder smaak. When in Rome ... Ek "Moe moe kyun" dus saam, met my eie hande in 'n hartjievorm. Die uitspraak is rofweg "mooi-mooi-kioen".

Ek wonder of Catharien haar oë sou rol of onbedaarlik sou lag as sy my nou moes sien.

Die drankie smaak soos Japannese Jannie-verjaar-koel-drank met 'n bietjie gas daarin. Lekker soet. Nog twee sangitems volg. Ek moet kies saam met watter diensmeisie ek 'n foto wil neem. Ek hou dit maar eenvoudig en kies vir Macaron. In dié stadium sien ek nie kans vir 'n verwerpte diensmeisie se tranedal nie.

Jy word verhoog toe geroep vir die foto. Ek wag 'n geruime tyd voor "Elens!" se naam deur die vertrek weerklink. Op die verhoog is 'n boks vol ekstra versierings. Ek kies 'n Alice band met wit haasore en sit dit op my kop. Macaron staan langs my, ons glimlag vir die kamera en hou albei ons hande in hartjievorms. Die flits gaan af en vang een van die vreemder oomblikke vas wat al ooit van 'n Westerling in 'n Japannese rugbytrui vasgelê is.

My vriend Le Roux Schoeman sê dikwels: "Hou dit weird." Dit kon netsowel Akihabara se leuse gewees het.

* * *

Dit is Vrydagoggend, ons derde laaste dag in Japan. Ons ry trein van Shibuya in Tokio na Yokohama, Japan se tweede grootste stad, met 'n bevolking van 3,7 miljoen mense. Dié hawestad vorm tegnies nog deel van die Tokio-metropool. Ons treinritte van Shibuya na Kozukue-stasie in Yokohama duur slegs drie-en-dertig minute. Hiervandaan is dit 'n stappie van sewe minute tot by die Nissan-stadion.

Ons het helaas nie tyd om Yokohama ordentlik te verken nie, maar ek wou tog graag by dié stadion uitkom. Dit is Japan se grootste een, met 72 327 sitplekke. Op 21 September 2019 skop die Springbokke se veldtog in die Rugbywêreldbeker hier af. Op 30 Junie 2002 het dié stadion die Sokkerwêreldbeker se eindstryd gehuisves, toe Brasilië vir Duitsland 2-0 geklop het danksy twee doele deur die legendariese Ronaldo.

Ek het op die stadion se webwerf gesien begeleide toere vir die publiek word op weeksdae aangebied. Die toere fokus egter op 2002 se Sokkerwêreldbeker. Ek het vroeër 'n e-pos gestuur aan die stadion se bestuur om te hoor of ons hier mag skiet. Ene Kanji Tanaka het gou geantwoord en laat weet ons is welkom.

Die stadion is gróót. Dit is 'n stil weeksoggend, behalwe vir iemand wat teen die trappe buite die ingang op en af draf, en 'n vrou wat verbystap met 'n baba in 'n stootwaentjie. Ek kan my nie eens indink hoe die atmosfeer hier gaan wees 'n uur voor die Springbokke se eerste wedstryd nie. Derduisende aanhangers, vlae wat wapper, kosstalletjies met sushi en ramen . . . Hopelik sing die Suid-Afrikaners wat al die pad tot hier moes gereis het sommer reeds voor die tyd "Olé" en "Shosholoza". En mag iemand waarskynlik die heel eerste vuvuzela na Japan insmokkel en dit hier luidkeels kom blaas.

Ons ontmoet vir Kanji by die adminkantoor. Hy groet vriendelik. Hy is 'n jong administrateur hier en duidelik ingenome dat 'n kameraspan uit Suid-Afrika die stadion wil besoek. Hy begelei ons na die rugbyveld, wat omring word deur 'n atletiekbaan. Die speeloppervlak lyk perfek. 'n Groot sproeier maak die gras nat en twee mans stap al langs een kantlyn af met 'n grassnyer.

Buiten die Bokke se eerste kragmeting, gaan verskeie ander belangrike groepwedstryde ook hier plaasvind, wat insluit 'n wedstryd tussen Japan en Skotland. Dít gaan waarskynlik 'n maak-of-breek-wedstryd wees om te bepaal watter span deurgaan na die kwarteindronde. Later in die toernooi speel die Nissan-stadion ook gasheer vir die twee halfeindstryde én die finaal.

Ek en Catharien het reeds agttien maande gelede aansoek gedoen om kaartjies vir die Rugbywêreldbeker te koop. Weens die enorme aanvraag na kaartjies werk dit soos 'n lotery, behalwe dat jy nie jou kaartjies verniet wen nie. Jy wen wel die geleentheid om hulle te koop – as jy gelukkig is. Die geluksgodin was aan ons kant en ons het 'n Yokohama-stadionpakket gekoop vir al vier groepwedstryde hier.

Ek is redelik seker slegs die werkers mag hierdie heiligdom betree, maar ek probeer nogtans vir Kanji oorreed om my op die veld toe te laat. "No, no, it's not allowed here," sê hy laggend. "You can only go to the end of the track."

Ek stap maar langs die kantlyn en gesels met die kamera. Ek voorspel dat die Springbokke die All Blacks hier met vier punte gaan klop. Maar selfs al verloor hulle daardie aanvangswedstryd, het die Bokke steeds 'n baie goeie kans om die uitkloprondtes te haal: Ons gaan sekerlik darem te sterk wees vir Namibië, Italië en Kanada.

Op Saterdag 2 November 2019 gaan die nuwe wêreldkampioen in hierdie einste stadion die Webb Ellis-trofee lig. Hoe het Jake White gesê? Ek moenie hoop nie, ek moet glo.

Bokke, bring die beker huis toe, asseblief. Ons land het dit nodig.

* * *

'n Sumo-ervaring was reeds tydens ons vroeë beplanning in Suid-Afrika ononderhandelbaar. Ons móés eenvoudig Japan se nasionale sport in die reeks dokumenteer. Sumo is meer as tweeduisend jaar oud en die wortels gaan terug na antieke tye – volgens legende is die ganse Japannese beskawing se ontstaan te danke aan die uitslag van 'n sumo-geveg.

Sumo was glo ook deel van godsdienstige rituele om die Sjinto-gode te behaag en 'n goeie oes te verseker. In die negende eeu het die sport se status aansienlik gestyg, met sumo wat gereeld in die keiserlike hof plaasgevind het.

Verskeie faktore tel ongelukkig teen ons. Daar vind jaarliks landwyd slegs ses sumo-toernooie plaas. Die toernooie in Tokio is in Januarie, Mei en September – dus nie wanneer ons in die land is nie. Die enigste toernooi in November is in die stad Fukuoka, wat nie deel is van ons reisplan nie.

Afgesien van die toernooie is daar soms aftreeseremonies

van sumo-stoeiers, of rituele by 'n tempel of fees waar daar wel gestoei word, maar toeriste het nie sommer toegang tot so iets nie.

'n Ander opsie is om een van die vele kommunale sumostalle in die Ryogoku-buurt in Tokio te besoek, waar die sumo-stoeiers woon, oefen – en veral baie eet. Maar daar is streng reëls hiervoor: Jy moet deur 'n Japannese persoon vergesel word, begeleide toere kan baie maklik 10 000 yen (byna R1 400) per persoon kos, en jy moet vir tot twee uur tjoepstil sit en kyk hoe twee Japannese reuse mekaar in 'n ring rondstoot.

Vir my sal dit eerste prys wees om self 'n sumo-belt (mawashi) te dra en in 'n ring (dohyo) te kan hurk voor 'n regte, egte stoeier (rikishi). Dit sal ook die lekkerste televisie maak. Karl Pilkington van *An Idiot Abroad* het tydens 'n Japan-episode in 'n dohyo beland, maar ek vermoed die BBC het beter kontakte en 'n ruimer begroting as ons.

Met ons terugkoms in Tokio ná die Nakasendo het ek maar vrede begin maak daarmee dat ons nie by sumo gaan uitkom nie. Ek kon gelukkig in Kyoto 'n ninja- en samurai-ervaring inpas. Maar PJ wou nie moed opgee nie en het aanhou soek.

Uiteindelik het hy op Raien Sumo Tokyo afgekom, 'n besigheid wat maar 'n paar maande gelede begin het. Hier kan jy as toeris vir 12 500 yen (sowat R1 700) 'n outentieke sumo-ervaring van twee uur kry, met 'n voormalige rikishi as instrukteur. Jy kry ook die kans om self in die ring jou staal te wys.

Ons het bespreek en gelukkig maklik toestemming gekry om die sumo-ervaring af te neem.

* * *

Ons eet gou hamburgers by 'n restaurant in Shinjuku se stasiegebou en ry dan verder trein tot by Mitaka, 'n voorstad in die weste van Tokio. Ek het al van Mitaka gelees, want dit is waar Studio Ghibli se museum is. Studio Ghibli is Hayao Miyazaki se wêreldberoemde animasie-ateljee wat anime-trefferflieks soos *Spirited Away* (2001) en *Howl's Moving Castle* (2004) gemaak het. Ons het oorweeg om dié museum te besoek, maar dit is altyd lank voor die tyd volbespreek.

Raien Sumo Tokyo word gehuisves in die Subaru Comprehensive Sports Centre. Ons ontmoet daar ons gids, Yumi Iwamura. Sy is 'n lang en lenige vrou wat tot onlangs voltyds as 'n lugwaardin by Emirates gewerk het. Nou is sy die bestuurder by Raien Sumo Tokyo. Haar Engels is uitstekend en sy gaan vanmiddag as ons tolk optree.

Die ring is in die middel van die vertrek. Die deursnee is 4,55 meter en die oppervlak is van klei, met 'n laag sand bo-oor en 'n dik tou al om die rand. In sumo word die ring as 'n heilige ruimte beskou, en nie-stoeiers kry selde toegang.

'n Stoeier, geklee in slegs 'n swart sumo-belt, is besig om die ring zen-agtig met 'n besem skoon te vee. Ek het 'n groter en dalk selfs ouer rikishi verwag.

Anders as in byvoorbeeld boks is daar in sumo glad nie verskillende gewigsklasse nie. Hierdie rikishi het natuurlik 'n stewige beenstruktuur en lyk sterk soos 'n os. Iemand wat by enige rugbyklub sal kan instap as die eerste keuse vir vaskopstut. Dalk pas hy net nie by my stereotipiese idee van 'n logge reus oortrek van die vetrolle nie.

Hy slaan homself naderhand ongeërg so met die plathand op sy boude, swaai dan albei sy arms soos iemand wat opwarmingsoefeninge doen, en gaan sit in 'n hurkposisie in die ring. Yumi stel hom aan ons voor as Raien.

Twee stil en vriendelike Sweedse toeriste, Philip en Janine, het ook vir die sumo-ervaring bespreek en teken saam met my 'n vrywaringsvorm. Hoewel die sport steeds slegs deur mans beoefen word, is vroue hier welkom om in die ring te tree en in die pret te deel.

Ons trek die verskafde oefenklere aan. Ek besluit om ook soos 'n regte rikishi te vertoon, en staan en wag in slegs my onderbroek vir Raien om my met die belt te help. Die twee Swede hou maar by 'n oefenhemp en -broek.

Ek sou graag heelwat minder wou geweeg het, en het nogal gehoop om 'n paar kilogram af te skud skud tydens die reis in Japan. Daar het natuurlik dadels van gekom.

Die gemiddelde sumo-stoeier eet sowat vierduisend kalorieë per dag – meer as dubbel wat 'n tipiese persoon inneem. Hulle slaan ontbyt oor om te oefen en eet dan later twee groot maaltye, wat gewoonlik uit chankonabe – 'n hot-pot-gereg met groente, seekos of vleis – bestaan. Rys en meer as een bier is ook gewoonlik op die spyskaart. In 'n sumo-stal kraai koolhidrate koning.

Ek was nou nie vir meer as 'n maand in 'n sumo-stal nie, maar ek het tog hier in Japan doelgerig en met mening ge-eet, asof ek vir 'n sumo-toernooi voorberei. Nou probeer ek myself maar oortuig dat dit eintlik die hele tyd die plan was, sodat ek nou nog meer as tevore soos 'n bleek rikishi met 'n bril lyk. Gelukkig is ek glad nie selfbewus om minder vleiend voor die kamera te verskyn nie. PJ moes my immers al twee keer kaalbas in 'n onsen afneem.

Raien draai die wit belt, wat 'n volle dertig voet lank is, geduldig om my lyf. Ek sou dit nooit self kon doen nie. Hy staan agter my en vra dat ek vorentoe buk. Dan trek hy die belt styf, amper te styf. Raien giggel. Ek voel soos 'n graad 8-outjie wat 'n wedgie kry by die skoolboelie.

Ek is nou só gebind en geknoop en gedraai, ek is bang my stem breek 'n tweede keer. Jaen geniet die toneel terdeë. "Klap net jou boude," vra hy. "Krap so 'n bietjie jou boud daar." Die instruksies wat ek darem soms ontvang én uitvoer . . .

Ons stap die ring binne. Eers wys Raien vir ons 'n paar basiese strekoefeninge om mee op te warm. Elke strek – bene, arms en nek – word agt keer herhaal. Raien praat glad nie

Engels nie en tel vir ons af in Japannees: "Ichi, ni, san, shi, go, roku, shichi, hachi."

Sumo het verskeie rituele voor die eintlike geveg, soos "shiko", waar jy eers jou regterbeen hoog lig voor jy jou voet in die grond plant en hurk. Dan herhaal jy dieselfde proses met jou linkerbeen.

My balans is treurig. Ek sukkel so met shiko dat ek skeef trap en by die ring uit struikel, wat almal laat uitbars van die lag. Ek het verloor nog voor ek begin stoei het!

Ek is ook glad nie soepel nie. Laas in die negentigs kon ek met reguit bene buk en aan my tone raak. Sumo stel hoër eise. Ek moes maar aanhou joga doen het ná my eerste Camino, maar sowat ses maande daarna het ek begin momentum verloor.

Raien wys ons hoe om in die ring te beweeg: Jou voetsole moet altyd aan die grond raak. Jy moet so half sleepvoet beweeg, skuur-skuur oor die sand en klei. Hy wys ons ook hoe jy jou hande voor jou bors moet vou. Dit herinner my aan daardie twee handjies van die blou Sanlam-logo.

Dan probeer ek en die twee Swede om die beurt om vir Raien met ons hande en voorkop oor die tou te stoot. Hy bied geen weerstand nie, maar elke keer as sy voet naby die tou kom, slaan hy brieke aan. Asof hy eenvoudig vries, 'n pause-knoppie druk. Ek beur en boor met my voorkop en swoeg en ploeg en raak later skoon rooi in die gesig, maar Raien beweeg nie 'n millimeter nie. Hoe meer ek kreun van inspanning, hoe harder lag hy.

Die man is wragtig so sterk soos 'n os. Ek voel skoon simpel dat ek hom vroeër 'n bietjie vlak gekyk het. Raien het duidelik al in 'n sumo-stal gewei.

Hy wys vir ons nog rituele voor 'n stoeigeveg begin. Chirichozu is 'n fassinerende antieke ritueel waar twee stoeiers oorkant mekaar hurk en met 'n reeks handbewegings vir mekaar wys dat hulle nie enige wapens wegsteek nie.

Daarna mediteer die stoeiers vir 'n paar sekondes, en dan staan albei op om eers sout oor die ring te strooi. Dit is een van die oudste godsdienstige reinigingsrituele in sumo. Raien vertel elke stoeier het sy eie, unieke manier van sout gooi.

Nou is dit my beurt vir 'n "geveg" met Raien. Die sumo-ervaring is egter baie toeristevriendelik – eintlik kry jy maar net weer die geleentheid om al die rituele te doen en die laggende Raien uit die ring te probeer stoot.

Ek vra wel dat Raien 'n bietjie terugbaklei. "Dis die laaste episode, so as jy seerkry is dit oukei," sê PJ laggend. "Tel hom op en gooi hom, so net een keer," wil Jaen graag van Raien hê.

Sumo se reëls is bedrieglik eenvoudig: Die een wat eerste buite die ring trap, of binne die ring aan die grond raak met enige deel van die liggaam behalwe die voetsole, verloor die geveg. Jy kan jou opponent druk en stoot, en ook sy belt gryp en dit gebruik as 'n manier om hom van balans te dwing. Gewoonlik duur 'n geveg etlike sekondes, en selde langer as 'n minuut.

My pa was op hoërskool 'n Springbok-amateurstoeier en het in die VSA en Europa by byeenkomste gaan stoei. Ek hoop maar iets van die Grundling-stoeigeen manifesteer in my sodra ek en Raien behoorlik kontak maak.

Ek en Raien doen die vooraf-rituele wat hy my geleer het. Ons strooi die sout in die ring. Ek besluit om dit vir geluk oor my skouer te gooi, wat vir Yumi en Raien 'n vreemde ding is om te doen. Hulle is nie bekend met dié bygeloof nie, maar is dadelik beïndruk toe ek hulle daarvan vertel. Raien buig selfs vinnig twee keer om dankie te sê dat ek hom iets nuuts geleer het. Daar is nou maar net geen einde aan Japannese hoflikheid nie – ook in die sumo-ring.

Die stoeigeveg begin. Raien hou natuurlik baie terug, anders het ek sekerlik binne 'n halfsekonde klei geproe. Terwyl ons in die middel van die ring verstrengel is, gee Raien my met die plathand 'n paar taai klappe op my kaal rug. Ek het dit glad nie voorsien nie. Daar is sonder twyfel nou 'n paar rooi handmerke op my rug.

Die volgende oomblik voel dit of alles in stadige aksie gebeur wanneer hy my aan my belt optel en hoog bo die grond lig. As ek gedink het die wedgie vroeër was erg ... Die grond is ten minste 'n halwe meter weg. Die vooruitsig dat Raien my met minagting uit die ring gaan slinger, en hoe hard ek met Moeder Aarde sal kontak maak, flits deur my gedagtes. Die feit dat dit sal sorg vir goeie televisie is nie veel van 'n troos terwyl jy skree en met jou voete in die lug spartel nie, oorgelewer aan die genade van 'n laggende honderdkilogram-plus-Japannees.

In 'n verrassende wending plant Raien my egter weer met my voete op die grond. Hierdie kat het blykbaar nog nie klaar met sy muis gespeel nie. Ek storm vir oulaas met my natgeswete voorkop teen sy bors, maar my wiele begin nou afkom. Dit is eintlik 'n verligting wanneer hy my uit die ring stoot en ek op die grond rol.

Ek kan skaars asemhaal. Hoe lank was die geveg? 'n Halfminuut, of 'n halfuur? Ons gaan staan weer oorkant mekaar en buig plegtig, nes regte rikishi ná 'n geveg.

Dit is byna onmoontlik om in die kamera te praat, want ek is nog heeltemal uitasem. Danksy Raien kon ek in elk geval 'n vinnige blik kry op die intensiteit én uitputting van sumo.

Die Grundling-stoeigeen het waarskynlik by my pa gestop, maar ek dink steeds hy sal trots wees op my.

* * *

Ek is nog steeds pootuit ná die sumo, maar daar is geen ruskans nie. Ons moet so gou moontlik weer in Shibuya uitkom. Johann Symington het 'n baie interessante gas na die pastorie genooi.

Koichi Mino is 'n Japannese predikant in sy sestigs. Hy is getroud met 'n Suid-Afrikaanse vrou, Maretha. Koichi het in 1978 sy teologiegraad aan die Universiteit Stellenbosch behaal. En hy kan vandag steeds Afrikaans praat.

Ons ontmoet vir Koichi en Maretha by die pastorie. Met sy baadjie, lang das en kantpaadjie lyk Koichi uitgeknip soos 'n NG-dominee, maar 'n Japannese een.

Ek is baie opgewonde oor hierdie geleentheid om Afrikaans te praat met 'n Japannese persoon, en dit is iets wat die kykers ook behoort te geniet. Koichi is egter aanvanklik minder opgewonde. Hy was nie daarvan bewus dat ons hom gaan afneem nie – Johann was bang dit skrik hom af. Dit verg mooipraat om hom te verseker dat als oukei gaan wees. Koichi is maar huiwerig oor die lapelmikrofoon wat PJ in sy baadjiesak bêre.

Die kameras rol en ek vra hom hoe dit gaan. "Goed, baie dankie," antwoord hy, duidelik nog op sy senuwees. Ek vra hom oor sy studiejare op Stellenbosch.

"Ek het my tesis in Afrikaans geskrywe. Ek het teruggekom Japan toe om te werk, maar ek het dit baie geniet op Stellenbosch, dit was vir my 'n baie lekker tyd gewees. Ek ken 'n wynboer beter as 'n teologiestudent." Hy begin lag. Ek kan sien hy is nou darem heeltemal op sy gemak.

Tydens sy studies het hy op 'n plaas gebly. "Die mense was baie gasvry teenoor my, dit was 'n goeie ondervinding gewees." Hy vertel die mense het hom soos 'n kind in hul huis laat voel.

Hy geniet Suid-Afrika só dat hy en Maretha in haar geboorteland wil kom aftree. "My vrou se ma lewe nog, maar sy voel baie eensaam, so ons wil by haar wees," sê hy. "Ons gaan in die Strand of Stellenbosch woon."

Waarna sien hy die meeste uit? "Natuurlik om vleis te braai," antwoord hy laggend.

Ek het kort voor my vertrek prof. Ernst Kotzé se *Afrikaans-*

Japannese Woordeboek (2017) by Frikkie Wallis van die
W.A.T. op Stellenbosch geleen. Prof. Kotzé woon in Port Eliza-
beth en was 'n dosent by die departement Afrikaans toe ek by
die destydse U.P.E. studeer het. Hy doen al sedert die negentigs
navorsing oor Afrikaans en Japannees.

Dié woordeboek is 'n groot rooi boek. Ek wou dat ons
reeds in die eerste episode in Kaapstad die boek wys, maar
ons het nie daarby uitgekom nie. Toe pak ek dit maar in en
bring dit saam Japan toe.

Ek het natuurlik op my eerste oggend in Tokio dieselfde
boek raakgesien op Johann se boekrak. Maar nou het ek vir
die eerste keer in byna vyf weke 'n geleentheid om dit in die
reeks te gebruik.

Ek vra vir Koichi wat sy gunsteling- Afrikaanse woord is.
Hy dink eers, en sê dan iets wat soos "riefde" klink, of dit is
ten minste wat ek hoor. Ek vra hom om die woord weer uit te
spreek. "Riefde," hoor ek weer. "Liefde . . ." fluister Roxanne.
Koichi se gunstelingwoord is "liefde".

"Ek het regtig 'n egte liefde in Suid-Afrika ondervind tus-
sen mense, en teenoor God," sê hy. "Ek hou ook van 'dit
maak nie saak nie'. Dit is vir my 'n baie mooi uitdrukking."

Ek soek die woord "liefde" op in prof. Kotzé se woorde-
boek. Die Japannese woord is "ai". "Ai, waar sal ons die lief-
de vind," sê-vra ek, en Koichi lag te lekker.

Kyk hy graag rugby? "Af en toe," antwoord hy. "Ek kyk
baie keer die Springbokrugby op YouTube."

Die onderhoud staan einde se kant toe. "Dis nou seker ge-
noeg?" vra Koichi. Ja, dit is. Ek sê vir hom baie dankie. "Jy's
baie welkom in ons land," antwoord hy.

Mag Koichi een van die dae ook weer welkom voel in ons
land. En mag hy gereeld braai.

* * *

Dit is ons laaste skietdag in Japan. Môre kan ons vir 'n verandering laat slaap, ons sakke pak, vir oulaas in 'n interessante plek soos Akihabara gaan rondloop en 'n paar aandenkings koop. Môre laatmiddag vertrek ons met 'n bus van Shibuya na Tokio se Haneda-lughawe.

Dan begin die lang terugtog van byna vier-en-twintig uur tot in Johannesburg. Daarna moet ek nog Kaap toe ook vlieg. Ná vyf intense weke in Japan voel Suid-Afrika soos 'n ander planeet.

Ons het reeds meer as genoeg inhoud vir die reeks se laaste episode, maar ons wil tog graag teen sononder gaan skiet by die Tokyo Skytree – op seshonderd-vier-en-dertig meter die hoogste toring ter wêreld. Die Skytree is ook, naas die Burj Khalifa (agthonderd-agt-en-twintig meter), die hoogste struktuur op aarde. Dit is 'n uitsaaitoring vir radio en televisie en is ná minder as vier jaar konstruksietyd in Mei 2012 vir die publiek geopen.

Die amptelike webwerf gee fassinerende feite. Die toring het 'n unieke kleur, "Skytree White", gebaseer op 'n tradisionele Japannese blou-wit kleur met die naam aijiro. Daar is op hierdie spesifieke kleur besluit om harmonie te bewerkstellig met die toring se onmiddellike omgewing. Net nog 'n voorbeeld van hoe die strewe na harmonie orals in Japan merkbaar is.

Die toring se harmonieuse ontwerp word só beskryf: "The creation of city scenery transcending time: A fusion of traditional Japanese beauty and neo-futuristic design."

Die spesifieke hoogte van seshonderd-vier-en-dertig meter is gekies omdat die drie syfers 6 (mu), 3 (sa) en 4 (shi) saam die woord "Musashi" vorm. Dit was die antieke naam van die streek wat hedendaagse Tokio insluit.

Sorakara-chan is die Tokyo Skytree se amptelike gelukbringer. Dié karakter is 'n dogtertjie met 'n blou rok en 'n kop in die vorm van 'n ster. Sy het glo in die buitenste ruimte op haar ster, Pointy Star, gesit en deur 'n teleskoop die Skytree deur die wolke sien uitsteek. Dit het haar laat besluit om Tokio te besoek.

Ons ry trein van Shibuya na die Tokyo Skytree-stasie in die Sumida-buurt. Dit is reeds namiddag en die son sak al hoe vroeër soos die winter naderkom – vandag sommer skuins ná halfvyf.

Op die trein gesels ons oor moontlike maniere om hier te kom woon en werk. Die Japan-gogga het ons al vier duidelik gebyt. Engels gee is sekerlik 'n opsie. Jaen maak ook 'n interessante opmerking: Hier is dalk 'n geleentheid vir gimnasiums. Iets soos CrossFit. Ons het nêrens in die stede gimnasiums gesien nie. Waar oefen die Japannese?

By die Skytree staan ons in 'n lang ry om kaartjies te koop. Die weer is vandag aan ons kant, maar dit het natuurlik ook honderde ander besoekers gelok.

Hier is vier hysbakke. Elkeen is versier volgens een van die seisoene. Ons ry met die Winter-hysbak en bereik binne vyftig sekondes die uitkykdek op 'n verbysterende hoogte van driehonderd-en-vyftig meter. Dit is vyftig meter hoër as die Abeno Harukas-gebou wat ons in Osaka besoek het. Ook hier in die Skytree kan besoekers 'n 360° panoramiese uitsig oor die stad geniet.

Die toring het selfs 'n loopweg op vierhonderd-en-vyftig meter, maar dit kos ekstra. Ons is tans beslis hoog genoeg. Die son gaan ook binne tien minute sak, so ons wil eerder net hier by een van die vensters skiet.

Hier is ongelukkig 'n magdom mense. Dit verg moeite en geduld om deur al die besoekers te beur, maar uiteindelik staan ek voor 'n venster. Die uitsig is duiselingwekkend. Ek kyk af op 'n betonoerwoud wat tot aan die horison strek. Al die miljoene mense wat in daardie geboue doer onder besig is om 'n lewe uit te kerf . . .

Maar ek sien nie net wolkekrabbers nie. Ook parke, tuine en die breë Sumida-rivier wat soos 'n aar deur die stad vloei, met verskeie brûe. Helaas is dit tans te dynserig om Fuji-san 'n laaste keer op die westelike horison te sien.

Ek sien al die buurte en plekke wat ek in Tokio besoek het in die weste: Shibuya, die keiserlike paleis, Shinjuku, Akihabara . . . By 'n ander venster kyk ek suid, na Odaiba, Tokyo Bay en die Stille Oseaan.

Ek probeer 'n paar slotgedagtes op kamera oordra, maar hier is so 'n gedruis van mense oral om my dat ons ná 'n paar pogings halt roep. Ek gaan eerder net hierdie onpeilbare vista waardeer. Dit voel gepas om kort voor ons vertrek te kyk hoe die son sak oor nóg 'n dag in die Land van die Opkomende Son.

'n Mens kan baie by die Japannese leer oor hoflikheid, vriendelikheid en harmonie. En hul vermoë om op te staan en die land te herbou ná groot terugslae, of dit nou natuurrampe of oorlog is.

Hierdie ongelooflike stad het radikaal anders gelyk ná die Tweede Wêreldoorlog en 10 Maart 1945. Sowat 41 vierkante kilometer van die stad is vernietig nadat die Amerikaners 1 665 ton se brandbomme op die stad laat neerreën het. Ongeveer honderdduisend onskuldige burgers het gesterf tydens Operation Meetinghouse, en meer as 'n miljoen is dakloos gelaat. Tokio was plát, maar kyk hoe het die Japannese hierdie manjifieke stad weer herbou tot wat dit vandag is – een van die mees ikoniese bestemmings ter wêreld.

Dit is sterk skemer en ons moet begin aanstaltes maak. Daar wag nog een spesiale aktiwiteit in Shibuya, daar waar ons avontuur begin het.

Op pad na die hysbak kyk ek vir die laaste keer na die weste. Ek kan nie glo wat ek sien nie: Noudat die son gesak en die dynserigheid weg is, troon Fuji-san se perfekte silhoeët op die gloeiende horison. Met nie 'n wolk in sig nie. Sy wys ons vir oulaas haar gesig.

Ek kan maar net vooroor buig en sê: "Arigatou gozaimasu."

* * *

Ons laaste aktiwiteit is om met go-karts deur die strate van Shibuya te ry. Reeds voor ons besoek aan Japan was dit iets wat ons baie graag wou doen.

PJ het flink gereël dat ons al vier een van Mari Mobility se Street Kart-toere kan doen en dit mag verfilm. Hoewel dit eerstens 'n lekker spanuitstappie is op ons laaste aand in Tokio, wil ons dit graag ook deel van die reeks se afsluiting maak.

Jaen het reeds aangebied om die aksie eerder vanaf een van die maatskappy se motorfietse (met 'n ander bestuurder) te volg, sodat hy met die kamera naby ons kan bly.

Vir 'n land met baie reëls en wette is die owerhede verbasend min gepla oor go-karts wat teen tot 60 km/h en meestal in 'n konvooi deur Tokio se strate ry. Jy moet wel 'n rybewys – of in ons geval 'n internasionale rybewys – byderhand hê om hieraan te kan deelneem. Hier is ook nie 'n aparte baan soos 'n bus- of fietsbaan op straat vir die go-karts nie. Nee, jy gebruik presies dieselfde bane as al die ander voertuie in hierdie besige megastad.

Die kantoor is slegs 'n tienminuut-stappie weg van Shibuya-stasie. Teen die mure van die vertrek is kennisgewings wat sê die maatskappy – vroeër bekend as MariCar – het niks uit te waai met die speletjiesreus Nintendo nie. Nintendo is bekend vir die gewilde TV- en rekenaarspeletjie Mario Kart. Die twee maatskappye is al geruime tyd lank in 'n hofstryd gewikkel. Nintendo beskuldig Mari Mobility van kopieregskending en dat hulle onregverdig voordeel trek uit die verhuring van Mario Kart-karakters se kostuums.

Gelukkig is ons net hier om go-karts te ry. Ons gids is 'n

jong Amerikaner met die gepaste naam Carson. Hy beduie ons na waar 'n groot aantal onesies hang.

Dit is tyd vir 'n laaste bietjie cosplay in Japan. In Tokio ry jy tog nie sonder 'n kostuum in 'n go-kart rond nie. Roxanne dra 'n geel beerkostuum, ek kies 'n groen drakie, PJ is aangetrek soos Mickey Muis en Jaen – hoewel hy nie self in 'n go-kart gaan sit nie – is uitgevat as *Alice in Wonderland* se Cheshire Cat.

Ons sit laag in die rooi go-karts. Carson, wat ons deur die strate gaan lei, verduidelik aan ons 'n paar basiese handgebare en ons maak seker die flikkerligte werk. Anders as in die Mario Kart-speletjie, is hierdie nie 'n regte resies nie. Ons mag nie jaag nie en niemand slinger piesangskille na mekaar nie. Tog voel dit met die wegtrek of ek my binne-in 'n TV-speletjie bevind. Hoe dan anders as jy digby 60 km/h in 'n blikkerige knortjor deur die strate van Shibuya ry? Sonder veiligheidsgordels of 'n valhelm.

Op kniehoogte lyk die hoë geboue en flitsende skerms selfs meer intens. Langs ons ry fietse, motorfietse, taxi's én 'n bus. In die verte snel 'n trein bogronds verby. Gelukkig bestuur Japannese ook aan die linkerkant van die pad; dit is dalk een van die min ooglopende ooreenkomste tussen Suid-Afrika en Japan.

Die voetgangers kan nie glo wat hulle sien nie. Hulle gaap ons aan. Party staan en waai, ander probeer haastig 'n foto of video met hulle slimfone neem. Ek hou my duim in die lug en waai in die verbygaan vir die voetgangers. Ná 'n paar draaie nader ons die Shibuya Crossing, wat op hierdie Saterdagaand op sy besigste is. Wanneer die lig groen slaan vir voertuie, ry ons oor die beroemde diagonale oorgange.

Carson ken sy storie; hierdie is nie sy eerste trippie nie. Ek voel glad nie onveilig nie, want dit is gou duidelik dat die res van Tokio se verkeer skynbaar hierdie kordate go-karts gewoond is. Ons ry verskeie kere oor die Shibuya Crossing om vir Jaen genoeg geleentheid te gee om ons af te neem. Later ry 'n bus – nogal The Ultimate Party Bus – vol jongmense verby wat ons jolig groet.

Ek het later soveel selfvertroue dat ek met my arms in die lug, sonder om eens die stuurwiel vas te hou, by Jaen verbyry. Maar ek doen dit darem net vir enkele sekondes op 'n slag. Hierdie is natuurlik nie 'n TV-speletjie nie . . .

Ná sowat 'n uur parkeer ons weer by die kantoor. Dit was nou heerlik om ons kuier in Japan op so 'n hoogtepunt af te sluit. Oorkant die gebou is 'n luukse klub met die frase "Unforgettable Emotions are Here" teen die muur. Dit geld sommer vir die hele Japan.

Op pad terug na die pastorie stap ons 'n laaste keer oor die Shibuya Crossing. Ek staan weer langs Hachiko se stand-beeld, op die plek waar ek meer as 'n maand gelede vir Duane Vermeulen gewag het.

Die beroemde Britse reisiger Isabella Bird het Japan in 1880 besoek en geskryf: "Japan offers as much novelty per-haps as an excursion to another planet." Om te dink reisigers het die land reeds in die negentiende eeu so intens beleef . . . Wat sou Isabella sê as sy vanaand hier by die Shibuya Cros-sing gestaan het?

'n Japannees stap nader; hy lyk nuuskierig oor die kameras. Toe hy hoor ons kom van Suid-Afrika af, roep hy uit: "Sorry for South Africa! What a game!" Hy verwys duidelik na daar-die wedstryd in Brighton . . . Ons gaan dit waarskynlik nog jare lank hoor, maar hopelik voel nóg hy nóg ons jammer vir die Springbokke tydens die Rugbywêreldbeker in Japan.

Japan bly maar net vir my 'n oorweldigende ervaring, maar op 'n positiewe manier. Aanvanklik het alles half vreemd en omgekeerd gevoel. Maar ek het ook iets begin besef van ons almal se gedeelde menslikheid, selfs binne 'n kultuur wat so radikaal van myne verskil. Ek wonder hoe groot die aanpas-sing gaan wees om weer by die Suid-Afrikaanse ritme – of soms juis die gebrek daaraan – in te val. Dit is iets waaroor ek en die span die afgelope paar weke baie gesels het.

My fisieke reis deur Japan eindig nou hier, maar daar is 'n ewe belangrike binnereis – subtiel en kosbaar – wat voortgaan, ook wanneer ek terug is in Suid-Afrika.

Ek sien baie daarna uit om terug by Catharien en die honde te wees. Al het die vyf weke op 'n manier verbygevlieg, was dit 'n lang tyd weg van die huis. As alles goed uitwerk, is ek oor minder as 'n jaar terug in Japan vir die Rugbywêreldbeker. Saam met Catharien, soos ons destyds op ons tweede date in Kaapstad gesels het.

Ek ervaar 'n vreemde gevoel hier langs Hachiko. 'n Gevoel wat nie sommer in 'n spesifieke woord gaan lê nie: Ek staan in Japan, en ek verlang reeds na Japan . . .

* * *

Ek is terug op OR Tambo, vliegvoos ná twee vlugte van altesaam 23 uur én 'n langerige stop op Doha se lughawe.

Reeds voor paspoortbeheer en doeane is daar 'n oponthoud. 'n Vrou met 'n knyperbord staan nors en gaan almal wat verbystap se name na. Die passasiers is moeg en moerig ná die lang vlug. Verskeie maak luidkeels in 'n verskeidenheid bevoorregte aksente beswaar. Ek mis Japan.

Ons het drie stelle van twee hardeskywe in ons rugsakke waarop ure en ure se filmmateriaal geberg is. 'n Opwindende nuwe reis lê voor oor die volgende paar maande – om dit in dertien episodes te redigeer.

Hiervandaan moet ek nog 'n laaste vlug haal, tot in die Kaap. By die vervoerband groet ek die span. Dit was 'n wonderlike voorreg om hierdie groot avontuur saam met PJ, Roxanne en Jaen te kon aanpak. Om vyf weke lank basies onafskeidbaar te wees in 'n vreemde land, met die bykomende druk van 'n TV-produksie wat allesbehalwe 'n vakansie was, het baie van almal geverg. Ons het dit reggekry om saam te reis, kliphard te werk én baie te lag. Sonder ego's wat handuit geruk het of om oor nietighede vas te sit. Niemand het hom- of haarself slordig gedra nie. Dit voel of ek drie kosbare nuwe vriende vir die res van my lewe gemaak het.

By die lughawe se lounge is 'n "Out of order"-kennisgewing teen die koffiemasjien geplak en die wi-fi werk nie. "The wi-fi is off-line . . . we don't know when it will be back on again," verduidelik die ontvangsdame. Dit voel of Suid-Afrika nog dieselfde is, maar ék nie. Ek mis Japan.

Voor my vlug na Kaapstad haal ek by sekuriteit my laptop uit my rugsak. Ek vertel vir die beampte van die vroeëre oponthoud en hoe ongeduldig die passasiers was. Sy skud haar kop en sê: "Eish!"

Ek begin lag. "I haven't heard that word in a long time," sê ek. En eensklaps mis ek Japan 'n bietjie minder.

* * *

2 Julie 2019. Dit is al meer as ses maande sedert ons teruggekeer het uit Japan. Vanaand gaan die eerste episode van *Elders: Japan* op kykNET uitgesaai word. Ons het die afgelope paar maande hard gewoeker en is byna klaar met die redigering van al dertien episodes.

Japan het my nog glad nie gelos nie. Ek het opnuut besef dat reis na en ervarings op nuwe plekke jou eindeloos meer verryk as geld of materiële dinge. Ek dink almal, veral Westerlinge, moet minstens een keer in hulle lewens Japan besoek. Of dit nou vir die Rugbywêreldbeker, die Olimpiese Spele of 'n ander rede is.

Japan is 'n bestemming wat jou lewe kan verander en jou met nuwe oë laat kyk na die mense om jou, na jouself en die lewe. Suid-Afrika kan soms soos 'n omkykplek voel, waar jy voortdurend op jou hoede moet wees. Japan is weer 'n opkykplek, waar jy voortdurend verras word. Ek wil nog baie soontoe reis, sodat ek meer kan leer en ervaar en op die ou end nóg minder van Japan kan verstaan, soos Scarlett tydens ons onderhoud by die keiserlike paleis in Tokio vertel het.

Ek is baie opgewonde om binnekort saam met Catharien in Japan te wees en die Springbokke te ondersteun. Mag Duane Vermeulen in daardie eerste Bok-skrum sak en mag die span ons trots maak in die Land van die Opkomende Son.

Hoewel ek sedert my besoek aan Japan meer as genoeg sushi geëet het, is ek steeds treurig met chopsticks. Ondanks goeie voornemens het ek ook nog nie Marie Kondo se boek gelees nie. My studeerkamer sal haar waarskynlik na 'n asma-pompie laat gryp, selfs al het sy nie asma nie.

Ek is ook maar nog steeds slordig met deadlines, uitstel en 'n perfeksionisme wat my gereeld pootjie – ook tydens die skryf van hierdie boek. Maar ek herinner myself dikwels aan die Japannese konsep van wabi sabi – en ek probeer met gro-ter deernis na die onvolmaaktheid binne myself en ander kyk.

Kenko het eeue gelede geskryf: "Leaving something incom-plete makes it interesting, and gives one the feeling that there is room for growth."

Hier op die lessenaar, langs my laptop, loer 'n Daruma-poppie vir my met een swartgeverfde oog. Dit is dieselfde poppie wat die span vir my op my 39ste verjaarsdag in Japan present gegee het.

Wanneer ek hierdie sin klaar geskryf het, is dit tyd om vir hom 'n tweede pupil te verf.

Arigatou gozaimasu

My eerste boek, *Elders*, was 'n baie moeilike geboorte. Ek het tydens die skryf daarvan een aand in 'n droom half hulpeloos vir my destydse redakteur by die reistydskrif *Weg* geskreeu: "Toemaar Pierre, ek dink ek het net één boek in my." Dit was toe nie die geval nie. *Sushi & Shosholoza* was in baie opsigte 'n groter uitdaging om te skryf as my eerste boek. Baie dankie aan my uitgewer, Hester Carstens van Queillerie. Sy het van meet af in hierdie boekidee geglo en my dwarsdeur die skryf van die manuskrip begelei, aangemoedig en my tegemoetgekom op baie maniere, veral toe my skrywerstreke weer begin aanmeld het. Baie dankie dat jy my awregse en stuk-stuk manier van skryf verduur het en boonop die manuskrip puik geredigeer het. Ek hoop jy sien na dese kans vir nog boekprojekte vorentoe, want ek mag dalk selfs meer as twee boeke in my hê. 'n Groot dankie ook aan Etienne Bloemhof van NB, wat ook van vroeg af dele van die manuskrip gelees het en veral in die boek se beseringstyd – en dit was 'n beseringstyd wat meer as 'n oorstootdrie geverg het – my ondersteun het met hope geduld en 'n grappie of drie wanneer ek dit regtig nodig gehad het. Baie dankie aan Mike Cruywagen vir die treffende ontwerp, Susan Bloemhof vir die setwerk (wat ook 'n paar unieke uitdagings gebied het . . .) en Liesl Roodt vir die keurige proefleeswerk. En baie dankie aan my liefste Catharien, wat al weer met 'n neurotiese kêrel én skrywer moes saamleef. Ek sou nie hierdie boek betyds kon voltooi as dit nie vir haar liefde en ondersteuning was nie. Hierdie hele lawwe plan om 'n TV-reeks te gaan skiet én 'n boek oor die reis te skryf was darem ook 'n lekker recce vir ons Japan-vakansie wat voorlê. Dan wil ek ook graag baie dankie sê vir die A-span – PJ Kotzé, Roxanne Ferreira en Jaen Kleynhans – wat hierdie onvergeetlike reis saam met my meegemaak het. Ek hoop om nog baie saam met julle te kuier en ook vele projekte in die toekoms saam aan te pak. Laastens 'n groot dankie aan kykNET, die reeks se borge – Toyota SA, ClemenGold Gin, Showmax en Sure Travel – en almal met wie my paaie in Suid-Afrika en Japan gekruis het tydens die skiet van *Elders: Japan* en die skryf van hierdie boek. Ek kan maar net vooroor buig en sê: "Arigatou gozaimasu."

www.ingramcontent.com/pod-product-compliance
Lightning Source LLC
Chambersburg PA
CBHW020150090426
42734CB00008B/772